银行价值经营创新丛书

银行经济资本

领先银行的创新逻辑与实务方法

融和友信　廖继全　主编

企业管理出版社

图书在版编目（CIP）数据

银行经济资本：领先银行的创新逻辑与实务方法 / 廖继全主编. —北京：企业管理出版社，2015. 2

ISBN 978 - 7 - 5164 - 1012 - 7

Ⅰ. ①银…　Ⅱ. ①廖…　Ⅲ. ①银行—资本管理
Ⅳ. ①F830. 45

中国版本图书馆 CIP 数据核字（2015）第 017837 号

书　　名：银行经济资本：领先银行的创新逻辑与实务方法
作　　者：廖继全
责任编辑：丁　锋
书　　号：ISBN 978 - 7 - 5164 - 1012 - 7
出版发行：企业管理出版社
地　　址：北京市海淀区紫竹院南路 17 号　　**邮编：**100048
网　　址：http：//www. emph. cn
电　　话：编辑部（010）68701408　发行部（010）68414644
电子信箱：bankingshu@ 126. com
印　　刷：北京通天印刷有限责任公司
经　　销：新华书店
规　　格：170 毫米 ×240 毫米　　16 开本　　18 印张　　300 千字
版　　次：2015 年 3 月第 1 版　　2015 年 3 月第 1 次印刷
定　　价：198. 00 元

前　言

经济资本是基于内部管理需要的、对金融机构风险的全面度量，是金融机构全面风险管理必不可少的抓手和工具。通过经济资本，金融机构的所有风险都可以得到度量，而且不同种类的风险、不同业务的风险和不同金融机构的风险还可以进行比较。

经济资本并非起源于监管部门的外在要求，而是金融机构应对市场激烈竞争的自觉创新。可以说，经济资本是国际领先银行最近10年来最具创新性和最有影响力的管理工具，被广泛应用于银行风险的度量与管理、风险调整定价、资本的战略使用和最优分配、投资者价值创造角度的绩效度量、以及员工报酬的衡量等各重要领域。

但是有关经济资本的真正优秀著作仍然很少，尤其是对于银行实务业者而言，想要找到一本既原貌总结业界创新思维又完全契合实务需要的经济资本案头工具书是非常困难的。本书的目的就是想填补这样的一个空白，即帮助中国金融机构真正了解和全面掌握有关经济资本工具的整套原理和方法，并切实加以有效应用。

全书共分15章，第1~4章诠释经济资本的基本概念与基础问题，第5~9章阐述主要风险类别的经济资本，第10~14章讲解经济资本的基本数学方法（对于经济资本的应用是不能绕过的），第15章介绍经济资本管理系统信息化建设的方案与经验。

第1章通过厘清经济资本、财务资本（账面资本）、监管资本相互之间的界限，准确给出了经济资本的真实内涵，并对经济资本的计量方法按风险类别进行了概要性介绍，在此基础上提出了经济资本管理的核心作用与基本思路，为全书基于经济资本的控制风险、提升回报、科学定价、完善激励的逻辑与方法提供了一个总体框架。

第2章在原理上解释了投资组合的经济资本是如何分配到该投资组合项下每一个资产中去的问题。通过数字例解，对个体交易的两个著名的资本配置方法分别说明了二者的优缺点，并且以简明的方式提供给了读者。这两个方法是：风险贡献法和尾部风险法。第 12 章则是通过更加数学化的方法，进一步探讨了如何把一个投资组合的经济资本分配到子投资组合中去的相同问题。

第 3 章把重点放在了整个信用投资组合经济资本的计算所需的投入要素上。尽管这一章的结论是建立在一个个案银行的数据之上，但为信用风险经济资本的实践提供了一个宽泛的概念框架。

第 4 章关注的是违约损失率或偿还率，以及它们的模型化和它们对于经济资本的影响。直觉上，在经济衰退期中，不仅违约率会更高，而且违约企业的资产价值会更低，而后者提高了违约损失率。这个相关性的问题通过使用经验证据在第 3 章和第 4 章中得到了解决。第 4 章的着眼点是违约损失率的真实影响应该如何引入到经济资本模型之中。

经济资本的模型化将在信用风险的模型化之后讨论，因为前者依赖于后者。信用风险的模型化有三个基本的方法：强度模型、结构模型和经验模型。强度模型将违约事件描述为一个意外的事件，并且对违约不做任何经济原因方面的假设。这种模型建立在所谓的违约强度的一个随机过程之上，这个随机过程描述了违约的瞬间概率。不同违约事件的相关性通过强度过程之间的相关性描述出来。经验模型基于历史数据的计量估计。结构模型则将违约描述为来自于债务人财务环境的一个事件。默顿（Merton）于 1974 年在他的开创性工作中首先描述了违约的结构方法。默顿假设一个具有股权和单一非抵押债务的企业，这个企业的资产是通过几何布朗运动来描述的。如果在债务到期日，这个企业的资产价值低于其债务的面值，这个企业就会违约。股票价格在默顿的模型中是一个对于公司资产的买入期权，而债务的面值就是这个买入期权的执行价格。默顿模型出现以后，人们从学术和应用的角度对它做出了许多改进和扩展。但所有的这些模型都建立在默顿模型之上，并且通常被称为默顿种类模型。

从经济资本的角度来看，针对于默顿模型的最重要改进是由瓦希塞克（Vasicek）作出的。瓦希塞克将默顿模型应用于一个债务人的投资组合中。如同默顿模型中那样，每个债务人的特征是由对数正态收入来刻画的。一个债务人在他的资产价值低于其债务的最低价时就会违约。不同债务人之间的相关性来自于他们的资产之间的相关性。资产之间的相关性是由所有资产对于一个一般的系统性因素的依赖性而描述的。因此，每一个债务人的资产报酬都有一个系统性因素，这个因素唯一地描述了债务人运气的好坏。通过假设一个具有零偿还率的同质贷款投资组合，瓦希塞克推导了投资组合损失的分布函数。为了引入异质的投资组合和非零的随机偿还率，瓦希塞克模型也进行了改进和扩展。所以，“瓦希塞克模型”这个术语通常包含对原始瓦希塞克模型所作出的扩展模型。

为了描述属于不同行业和不同地理位置的企业的不同系统风险效果，瓦希塞克模型中的单一系统风险要素被一个相关的系统风险要素的集合所取代。瓦希塞克模型的这个多因素的扩展依赖于一些其他模型，例如 KMV 的资产组合管理模型、风险计量集团的信用计量模型等。但是并不是所有的投资组合信用风险模型都是默顿 - 瓦希塞克种类的（例如 CSFB 的信用风险相加模型）。

第 5 章讨论零售信用风险暴露的经济资本。这一章的讨论是在信用卡业务的环境中进行的。但是，这一章讨论的大多数概念同样可以应用于其他的零售投资组合。本章给出的有关三个信用风险经济资本的宽泛方法是在更加广泛的零售业务领域中流行的方法。估计违约损失率和违约暴露的困难只与信用投资组合有关。

第 6 章详解交易对手信用风险的经济资本。在交易对手风险的框架中，信用风险和市场风险是相重合的。这一章指出交易对手信用风险与一般的信用风险的一个显著区别是暴露的大小和方向是不确定的。这个特征使得银行必须有一个专门的方法来计算交易对手风险的经济资本。这一章在概念和应用方面详细地介绍了这个专门的方法。所有的衍生投资组合都要求银行为交易对手信用风险和市场风险准备经济资本。

第 7 章分析证券化资产批次信用风险的经济资本。它强调了证券化资产批次的信用风险不能用与债券或贷款投资组合相同的方式来模型化。它也证明了一个批次的级别对于计算这个批次信用风险的经济资本是不够的。平均而言，高级别的（例如 AAA，AA）高级批次要求的经济资本显著地低于具有相同级别的公司债券所要求的经济资本，而低级别的次级批次要求的经济资本显著地多于具有相同级别的债券（例如 BB，B）。这一章以合理的方式描述了处理证券化资产批次信用风险的最新的两个模型。这两个模型分别形成了巴塞尔新协议中描述证券化资产资本充足性的基于评级方法和监理公式方法的基础。

第 8 章研讨市场风险的经济资本。这一章描述了计算市场风险的监管资本和经济资本方面的定性的问题。最一般的方法是在一个交易可预见的合理的期限内和置信水平上计算投资组合的在险价值，然后标量化在险价值以反映与企业意愿的资不抵债水平相应的期限和置信水平。投资组合市场价值变化的正态分布是一个合理的假设。在正态分布假设和随机游走假设下推导标量因素是简单的。在得出标量因素之后，经济资本的计算就依赖于在险价值的计算。

第 9 章处理操作风险的经济资本。这一章是围绕导致运营风险可度量定义的巴塞尔新协议的资本充足性公式而展开讨论的。尽管在之前，一些金融机构已经为操作风险配置了经济资本，但是这些机构配置经济资本的方法都不尽如人意。因此，不像其他经济资本方法，操作风险的经济资本与巴塞尔新协议的度量和管理框架是相吻合的。

高级度量方法（AMA）构成了巴塞尔新协议运营风险的关键部分。AMA 并不只指代一种单一的方法或者模型，它指代的是具有某些共同指导原则的模型的集合，这些模型都引入了如下的信息：①内部数据，②外部数据，③场景分析，④内部控制环境和商业环境。AMA 模型是分析化的，并且其资本度量反映了一个可以一年持有期限和 99.9% 置信水平进行比较的合理标准。因此，AMA 提供了一个讨论和发展操作风险经济资本方法论的合理框架。

独立地模型化操作损失事件的频率和严重程度是一个好的出发点。操作损失事件的频率和严重程度可以通过模拟或者与其他的方法结合起来，得到加总的损失分布。这是操作风险经济资本模型的典型的分析核心，而这种方法也被认为是损失分布方法。损失分布方法和信用风险模型化之间存在着一个明显的类似。事件的频率类似于违约而严重程度是偿还率的补充。

但是，内部数据的缺乏使得我们必须通过引入外部数据和构造场景来模型化频率和严重程度。而且，认识到操作损失依赖于随时间变化的内部控制（与外部商业环境相关）后，需要建立损失对于控制状态的外在依赖性。操作风险经济资本的“艺术”在于可观测的信息，例如在历史损失、历史和当前的控制状态、以及与潜在操作风险有关的累计信息的条件下，如何估计未来的意外损失。

第 10 章列出了 AMA 种类的模型，并且探讨了从控制环境与商业环境中引入信息等相关问题。第 10 章的主要目标是推导一个理论上合理的风险调整的业绩度量。这一章正式引入了风险度量的一致性原则，并且探讨了利润率的度量，例如风险调整资本报酬和从这一角度出发的经济利润增值。这些度量方法的缺点也一并提示出来。此外，这一章还介绍了一个基于资本资产定价模型的新的利润率度量。

第 11 章提供了渐进单一风险要素框架的基本元素，这个框架已经成为了巴塞尔新协议的内部评级法（IRB）的基础。投资组合在险价值（VAR）的一般解析形式的渐进表示和在险价值（VAR）对于个体暴露的资本配置在渐进单一风险要素的框架下推导出来了。根据这一配置，暴露水平的资本只依赖于暴露的特征而不依赖于暴露的构成。渐进单一风险要素框架的这一个特征给出了基于评级的资本配置，并且也为巴塞尔新协议中的 IRB 方法奠定了基础。此外，这一章还讨论了对于未分散的异质风险的资本调整，这个调整一般被称为分散化调整。

第 12 章从量化的观点检查了三个流行的风险度量：标准差、在险价值（VAR）和条件损失。每一个度量都有其本身对于风险贡献的定义：标准差度量基于方差的风险贡献，在险价值（VAR）度量基于分位数的风险贡献，条件损失则度量基于损失的风险贡献。这一章认为用一个“非原始”的风险度量（例如，VAR 度量的基于协方差的资本配置）可能会导致违反直观含义的结果。

第 13 章介绍了非线性风险的经济资本度量。非线性度量是条件损失度量的一个自然的扩展。条件损失可以表示为一个选定的置信水平之上的投资组合在险价值（VAR）的算术平均。条件损失也可以被认为是一个由位于 0 和 1 之间的在险价值（VAR）的加权平均值，其中权重函数等于 0，如果在险价值（VAR）低于置信水平；而权重函数等于 1 除以资不抵债的概率，如果在险价值（VAR）高于置信水平。非线性度量是处于 0 和 1 之间不同水平的投资组合的 VAR 的加权和，而权重函数是满足一定条件的任意函数。这一章是推广经济资本模型和经济资本理论的一个尝试。

第 14 章为合理化经济资本模型提出了一个广泛的框架。随着巴塞尔新协议的第二支柱的引入，合理性成为了一个重要的议题。合理性有两个层次：投入的合理性和评级或资本模型的合理性。这个领域中还没有任何的研究。发展出一个宽广的框架，在这个框架的参数中，金融实务人员和金融监管者可以进一步探讨经济资本合理性的问题。

第 15 章专门就经济资本管理系统的信息化建设提供了实施性框架蓝图。这是把经济资本的核心逻辑与方法转化为银行现实价值的最关键一步。从实际成功经验出发，可以倡导对金融机构的监管资本管理与经济资本管理两大资本管理系统实行相对独立的规划部署与系统运行。

目　录

第1章
经济资本的涵义与作用

经济资本与监管资本和账面资本的区别

在银行经营实际中,资本是一个很重要的概念,银行常用的资本概念包括账面资本、监管资本和经济资本。参考中国银监会有关文件以及国内同行的专著论述,本书首先对这三类资本及其关系进行诠释。

资本定义

资本

所谓银行资本,是指投资者投入到银行中的各种资产。一般情况下,银行无须偿还且可以长期周转使用该资产。基于银行资本的这种特性,一定数量的资本是维持银行正常运转的必要前提。当然,除了维持银行的正常运转外,资本还具有弥补损失的作用。因此,资本是否充足成为了衡量银行经营是否稳健的重要指标之一。

资本是一家金融机构已经持有的或是必须持有的金额,目的在于防范头寸价值减少或者商业损失等风险,从而保护存款者和一般债权人不受损失。

从根本上讲,银行是经营风险的企业,因为它通过承担金融风险而获得收益。但银行凭借什么承担风险,又凭借什么吸收社会资金呢?就是因为银行有足够的资本,才有能力应付可能的损失,并确立自己的市场信誉。常用的资本概念包括账面资本、监管资本和经济资本。

账面资本

打开一张银行的资产负债表,表的左边是"资产"方,右边是"负债和所有者权益”方。最直接的观点是将所有者权益中的“实收资本”视为资本。事实上，一家上市的跨国银行，其账面资本的构成通常包括三方面：普通股、优先股和附属银行债。

普通股、优先股和附属银行债三者之间通常按照一定的比例分布，如按照60%、30%和10%的结构等，这样做主要是出于税收和融资成本方面的考虑。

监管资本

监管资本指根据监管机构为保证金融稳定，防范银行过度风险的行为，保障金融市场稳定运行，规定银行必须持有的资本。

2010年，巴塞尔委员会所公布的《巴塞尔资本协议III》将银行的监管资本分为核心一级资本、一级资本和二级资本，并且制定了资本工具的合格性标准，以提高一级资本工具吸收损失的能力。

巴塞尔资本协议统一了国际银行的资本组成和计量标准，定义银行资本包括核心资本和附属资本。我国银监会在商业银行资本充足率管理办法中明确提出，商业银行资本包括核心资本和附属资本。核心资本包括实收资本或普通股、资本公积、盈余公积、未分配利润和少数股权。附属资本包括重估储备、一般准备、优先股、可转换债券和长期次级债务。

经济资本

经济资本的标准定义是：在一个给定的容忍度下，用来吸收由所有风险带来的非预期损失的资本，它是测量银行真正所需资本的一个风险尺度。

经济资本并非针对预期损失提取，而是针对非预期损失提取。预期损失通过提取准备金来抵消，而经济资本抵御的是非预期损失，并且经济资本是针对一定容忍度而言的，在该容忍度之下的非预期损失由经济资本来吸收，而超过该容忍水平的损失便成为极端损失或灾难性损失，这些损失不能被经济资本吸收，如果这种极端损失发生，银行就可能破产倒闭。

需要多少经济资本取决于各业务单元的非预期损失，因此对经济资本进行分配是具备客观基础的。一方面，各业务单元存在多少风险，或者有多少非预期损失，就应该分配等额的经济资本；另一方面，各业务单元占用多少经济资本，就意味着承担了多少风险。

经济资本与监管资本的区别

1. 风险精确度不同

与监管资本相比，经济资本在风险测度方面具有更高的精确性。监管资本体现了监管当局的要求，但它不能准确显示银行实际吸收非预期损失的能力，这是因为风险加权资产不能作为银行风险的准确测度，监管资本的相关规定也很难充分反映特定银行的风险特征；而经济资本反映了市场及银行内部风险管理的真实状况和实际需求，它是银行为承担自身风险而需要配备的资本。

2. 经济学含义不同

从可用资本的角度看，监管资本的外延要宽于经济资本。因为监管者认为银行资本的功能在于消化和吸收银行的损失，所以，银行提取用于备抵贷款、租赁和证券损失的准备金，银行的某些长期性和后偿性的、可以缓解兑现存款压力的债务，也被列入监管资本范畴。故监管资本中除权益资本外，还包括损失准备金、资本准备金和债务资本等。相比之下，经济资本的范围要小一些，因为可用的经济资本总量通常应小于或等于账面资本，而账面资本的范围又小于监管资本。

3. 风险覆盖功能不同

与监管资本相比，经济资本必须覆盖更广的风险范围。根据《巴塞尔新资本协议》，资本充足率中的监管资本仅需要覆盖信用风险、市场风险和操作风险。也就是说，监管资本需要覆盖的是银行面临的主要风险而非全部风险。相比之下，经济资本覆盖的风险范围更为广泛，它不仅要抵御信用风险、市场风险和操作风险，还要用来抵御流动性风险、银行账户中的利率风险、战略风险和声誉风险等；特别是经济资本还必须涵盖集中度风险和经济周期风险，这些都是《巴塞尔新资本协议》第一支柱（即 8% 的资本充足率要求）中没有包括的，而实际上这一点对银行风险管理至关重要。从这个意义上讲，经济资本超出了监管资本的覆盖范围，可以作为商业银行实现全面风险管理的重要基础。

经济资本与账面资本的区别

1. 概念基础不同

账面资本是建立在财务会计基础上的资本概念，而经济资本则主要是建立在风险计量基础上的资本概念。

2. 管理内容不同

针对账面资本的管理是指所有者权益维护、资本投资和资本融资政策、资本结构安排等有关资本的财务活动；而针对经济资本的配置管理是指通过计量、分配和考核银行各业务单元所需的经济资本，对风险资产进行约束和组合管理，以实现经风险调整后资本回报率最大化的目标。

3. 风险相关度不同

经济资本是银行根据内部风险度量模型计算得到的在未来一定时期内银行所面临的非预期损失，它与风险直接相关；而账面资本只是会计概念，不直接与银行实际承担的风险挂钩，但是银行因为承担风险而遭受的损失最终会反映在账面资本的减少上。当银行面临破产时，账面资本承担各类损失带来的最后清偿任务。因此，银行为了保持稳健经营，必须保证自身所拥有的可以用于冲抵风险损失的账面资本大于计量出来的经济资本要求。

资本要求与可用资本

要准确理解各种资本之间的数量关系，首先要有效地区分两组概念，即可用监管资本和可用经济资本，经济资本要求和监管资本要求（见表1－1）。通常所说的经济资本和监管资本，是指实际的可用资本，要注意同经济资本要求和监管资本要求区分开来。

表1－1 可用资本与资本要求

	可用资本	资本要求
监管资本	核心资本＋附属资本－扣减项	8%×风险加权资产
经济资本	账面资本	在既定容忍度下的非预期损失

可用监管资本是符合监管标准的、可用来度量银行资本充足率的实际的可用资本；而监管资本要求则是按照风险资产规模确定的银行需要具备的最低资本数量，它在数值上等于风险加权资产乘以8%。要注意，可用监管资本不一定等于监管资本要求。当资本充足率大于8%时，意味着可用监管资本大于监管资本要求；反之则相反。可用经济资本是指银行可以用来抵御非预期损失且可以在各业务单元间进行配置的实际可用资本；而经济资本要求是指在一定容忍度下，为了抵补全行或特定业务单元的非预期损失而需要配置的资本，它在数额上等于非预期损失。在既定容忍度下，可用经济资本不一定总是等于经济资本要求。从总量上看，当可用经济资本大于或等于非预期损失时，银行在既定风险容忍度下是安全的，其安全系数等于“1-容忍度”；反之，银行就是相对不安全的，需要及时补充资本或调整风险资产组合。

监管资本的管理

监管资本是商业银行按照监管规则计量的资本数量，包括两种定义的监管资本：一是实际可用的监管资本、二是监管资本要求，前者基于监管机构的合格资本定义计量，后者基于风险加权资产计量。银监会2012年6月7日发布《商业银行资本管理办法（试行）》，其中给出了更新、更复杂的监管资本计量规则，并要求商业银行2013年1月1日按照新资本管理办法填报资本充足率报表，实质是要求商业银行按照新资本管理办法管理内部风险，实现风险约束下的股东价值最大化。

监管资本管理

最低资本充足率要求是商业银行面临的强制外部约束，因此，商业银行在盈利目标下的风险加权资产摆布成为监管资本管理的主要内容。监管资本管理基于RWA的计量结果，为银行客户提供内部监管资本管理工具，支持银行监管资本计量、分配、预算和调节的管理流程，从而满足商业银行以监管资本管理暂时代替经济资本管理的需求。监管资本管理示意图如图1－1所示。

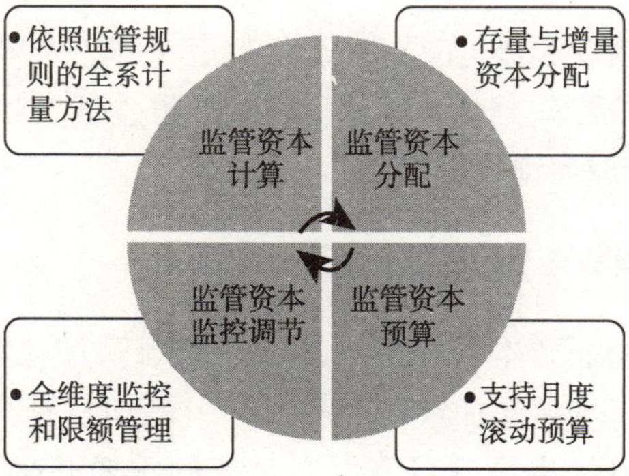

图1－1　监管资本管理

监管资本计量

基于RWA，可以计量每笔交易的监管资本占用，即实现自下而上的资本占用计量，确定各类银行业务所需要占用的资本，据此可以提出监管资本需求。监管资本在机构、条线、产品、行业等维度的分布，也为监管资本优化配置指明了方向。

从风险加权资产计量得出的监管资本占用近似虚拟的经济资本，在无法获得经济资本数据时可替代经济资本用于内部资本管理。按照监管机构合格资本定义统计得出的监管资本是实物资本，是总的可用监管资本，是从上到下的监管资本分配和预算的对象。

监管资本分配

基于监管资本计量，将业务交易层面的资本占用从业务底层汇集上来，可按条线、机构、产品从下到上汇总。存量业务监管资本占用的汇总即是支持已有业务所需的资本总量，源自业务发展计划的从下到上的资本占用汇总，即是支持未来增量业务所需资本总量。自下到上虚拟的监管资本占用汇总与实的监管资本自上到下分配，构成监管资本分配的管理闭环。依据风险调整后收益率的监管资本分配，近似服从股东价值最大化目标。

监管资本预算

监管资本预算始于业务综合计划，终于资本分配计划，可融入商业银行的全面预算管理。商业银行依据监管资本管理系统的计算，可合理制定监管资本在机构、地区、行业、条线和产品的预算，并固化在监管资本管理系统中。利用监管资本管理系统，可实现监管资本的月度/季度滚动预算。

监管资本监控和调节

监管资本监控和调节可实现 T+1 的监管资本在机构、地区、行业、条线和产品维度的盯市跟踪、分析和汇总，动态监测监管资本预算执行情况，执行监管资本限额管理和预警管理。

风险加权资产(RWA)计量与管理

依据《商业银行新资本管理办法(试行)》，风险加权资产(RWA)等于信用风险加权资产、市场风险加权资产和操作风险加权资产之和，是按照监管规则计量的风险总量，也是计算资本充足率的重要基础。风险加权资产反映了商业银行所承担的风险总量，风险加权资产的分布和分类简单、直观描述了商业银行的风险轮廓。

RWA 分别计量信用风险、市场风险和操作风险的风险加权资产，支持监管规则给定的全部资本计量方法。

RWA 计量方法模块化组合

基于商业银行数据基础和风险量化能力的实际情况，银监会给出了商业银行先标准法后计量模型法的分步实施的可选择建议。如表 1－2 所示，商业银行可先行采用标准法计提信用风险、市场风险和操作风险加权资产，并计算资本充足率，满足监管报送和简单的内部资本管理要求。随着商业银行内部风险管理能力的提升，可逐步过渡到初级法和高级法风险加权资产计量。

表 1－2　RWA 计量方法

	标准法	初级法	高级法
信用风险	□权重法	□内部评级法	□内部评级法
市场风险	□标准法	□内部模型法	□内部模型法
操作风险	□基本指标法	□标准法/替代标准法	□高级计量法

RWA 计量流程

不同方法的 RWA 计量复杂程度和数据条件要求不同，在风险暴露分类、风险权重计算方面，权重法和标准法相对内部评级法和内部模型法计量简单、数据条件要求较低。商业银行可以根据自身的管理现状、数据基础条件和 IT 预算分期分层次实施 RWA，确保每期实施的 RWA 计量过程环节数据充分、数据质量可靠、计量结果精确，以利于 IT 投入发挥实效。RWA 的计量流程如图 1－2 所示。

目前，中小商业银行具备标准法 RWA 的精确计量条件，标准法的 RWA 也能充分支持巴Ⅲ监管报表，同时满足银行日常内部风险管理分析需要。

对信用风险加权资产规定，商业银行可以采用权重法或内部评级法计量信用风险加权资产。商业银行采用内部评级法计量信用风险加权资产的，应当符合本办法的规定，并经银监会核准。内部评级法未覆盖的风险暴露应采用权重法计量信用风险加权资产。商业银行申请采用内部评级法计量信用风险加权资产的，提交申请时内部评级法资产覆盖率应不低于 50%，并在三年内达到 80%。权重法下信用风险加权资产为银行账户表内资产信用风险加权资产与表外项目信用风险加权资产之和。

对市场风险加权资产，市场风险资本计量应覆盖商业银行交易账户中

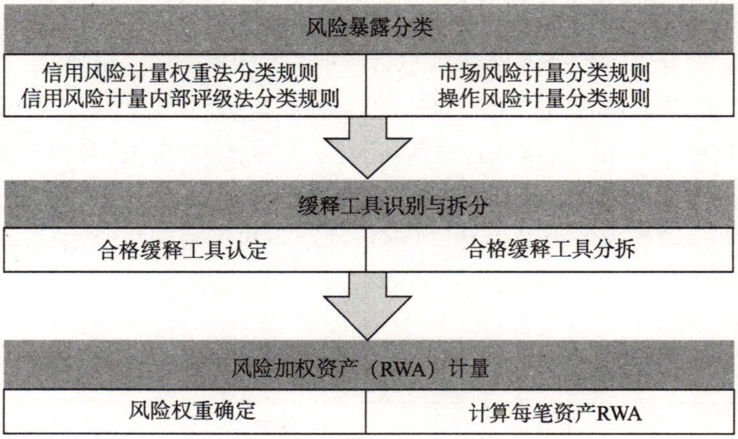

图1－2　RWA计量流程

的利率风险和股票风险，以及全部汇率风险和商品风险。商业银行可以采用标准法或内部模型法计量市场风险资本要求。未经银监会核准，商业银行不得变更市场风险资本计量方法。商业银行采用内部模型法，若未覆盖所有市场风险，经银监会核准，可组合采用内部模型法和标准法计量市场风险资本要求，但银行集团内部同一机构不得对同一种市场风险采用不同方法计量市场风险资本要求。商业银行采用内部模型法，内部模型法覆盖率应不低于50%。商业银行市场风险加权资产为市场风险资本要求的12.5倍，即：市场风险加权资产＝市场风险资本要求×12.5。

对操作风险加权资产，办法中的操作风险是指由不完善或有问题的内部程序、员工和信息科技系统，以及外部事件所造成损失的风险，包括法律风险，但不包括策略风险和声誉风险。商业银行可采用基本指标法、标准法或高级计量法计量操作风险资本要求。商业银行操作风险加权资产为操作风险资本要求的12.5倍，即：操作风险加权资产＝操作风险资本要求×12.5。

监管资本管理的意义

从中国银行业的现状看，实施资本管理具有突出的战略意义。

首先，监管资本管理是我国银行业向《巴塞尔新资本协议》靠拢、实现国际接轨的重要途径。

其次，经济资本管理是我国银行业建立风险控制长效机制的重要保证，其内在的约束机制保证了银行新增业务风险在整体上与风险偏好水平一致。

最后，资本管理是银行实现全面风险管理的重要途径，其管理范围涵盖了信用风险、市场风险、操作风险等风险类别，不仅包括表内信贷资产，而且包括表内非信贷资产和所有表外资产，并与各类产品的名义收益和预期损失相结合，全面拓展了风险管理的内涵与外延。

经济资本的主要作用与基本计量方法

监管资本和经济资本都起着风险缓冲器的作用，但二者的计量方法不完全一致，前者是按照监管机构统一的风险资本计量方法计算得出，计算方法相对简单，可能无法反映银行所承受的真实风险；而经济资本要求银行使用内部计量系统测量，具体方法由银行根据实际情况自己选择，更为准确地反映了银行所承受的实际风险。近些年，国际银行界的风险管理逐步向以风险计量和资本优化配置为核心的全面风险管理过渡，商业银行更加注重资本管理和价值管理。经济资本管理逐渐成为商业银行管理技术的核心，在商业银行风险管理、资产配置、产品定价、业务决策等领域发挥着重要作用。

经济资本的主要作用

全面的风险管理既是商业银行稳健运营和健康发展的必然要求，也是在激烈的国际竞争和复杂的国际环境中增强核心竞争力的重要手段。尽管经济资本是一种新兴的银行管理理论，涉及较多复杂的经济计量模型，但其将风险与资本相匹配的理论核心是要求风险需要资本覆盖。承担风险就要占用资本，占用资本就要求获得回报，经济资本的占用反映了银行的风险偏好。

银行损失的分类

银行风险是指银行在经营过程中由于各种不确定性因素影响而使其资产和预期收益遭受损失的可能性。商业银行经营货币的特性决定了其经营风险的特殊性，这表现在：银行的自有资本金在其全部资金来源中所占比重极低，属于高负债经营；银行的经营对象是货币，具有特殊的信用创造功能；银行作为市场经济的中枢，其风险的外部负效应巨大。银行各个不同的部门、分行和各项业务承担着由于经营风险而面临遭受损失的可能，因此它们都要求被补偿或消化，以维持银行的稳健运营。

对银行风险所造成的损失进行细分，是提出经济资本概念的前提。银行风险存在的潜在损失根据损失发生的不确定性程度，可以分为预期损失、非预期损失险防线。

银行是经营风险的特殊企业，为了有效地管理风险、减少损失，必然要承担一定的成本，这个成本并非银行付出的财务成本，而是经济成本。经济资本，就是指由商业银行的管理层内部评估而产生的，配置给资产或某项业务，以用来抵御银行承担的非预期损失，减缓风险冲击所需要的资本。经济资本是随着银行风险管理技术的演进而逐步形成的，也就是说，经济资本是银行弥补非预期损失而对应的资本储备，这部分资本储备相当于用来弥补潜在损失的保险准备金。

银行的经济资本是基于银行全部风险之上的资本，也被称为风险资本。它是一种虚拟的、与银行风险的非预期损失相当的资本。经济资本不是真正的银行资本，它是一个算出来的数字，以抵御银行的非预期损失。经济资本是商业银行为抵御非预期损失而“应该有”的资本，是银行业务风险所产生的资本需求。

经济资本量的决定

经济资本理论的核心是风险与资本相匹配，银行在经营中必须确保自身拥有足够的经济资本。由于经济资本本质上是弥补非预期损失的资金，因此它在数量上就等于银行内部计算的风险的非预期损失。经济资本就是银行弥补非预期损失而需要的资本金，虽然它不能直接从银行财务报表上看出，但是可以利用一定的风险管理技术计算出来。银行可以根据内部风险管理需要，运用内部模型和方法对其发生概率和损失金额进行量化，并据此计算资本额加以防御。信用风险、市场风险和操作风险是商业银行面临和关注的主要风险，根据《巴塞尔新资本协议》纳入资本要求的风险只有信用风险、市场风险和操作风险三大类，因此银行经济资本计量的核心就是对这三大类风险的量化。因此，经济资本的计算公式应当表现为：

经济资本 = 信用风险的非预期损失 + 市场风险的非预期损失 +
操作风险的非预期损失 − 重叠计划的损失

经济资本的具体金额取决于银行的风险水平和风险容忍度(即置信水平)。

置信水平,也叫做置信度、可靠度、置信系数,它是指总体参数值落在样本统计某一区间内的概率。给定的置信水平由银行的管理层进行规定,指的是在一个给定的时期内银行发生支付风险的可能性,它反映了银行的风险容忍度。在计算经济资本时,常需要设定一个置信水平。因此,非预期损失即是指在一定容忍度下,超过平均损失值,但低于该容忍度下最大损失值的损失;经济资本也就是指在一个给定的置信水平下,用来吸收或缓冲所有风险带来的非预期损失的资本。在通过抽样方式对总体参数作出评估时,由于样本的随机性,其结论总是不确定的。置信区间是指在某一置信水平下,样本统计值与总体参数值间误差范围。置信区间越大,置信水平越高,选择的置信水平越高,发生支付风险的概率也就越低。

容忍度的设定取决于银行的经营理念以及监管当局的资本充足率要求。银行的经营理念越保守,设置的容忍度就越小,置信水平也就越高,银行也就越安全,反之亦然。但是,即便是最大胆的银行,容忍度也不可能设置得过高,否则覆盖风险的资本可能无法满足监管资本充足率的要求。资本覆盖风险到什么程度的问题,实际上就是如何划分非预期损失和极端损失的问题,也就是容忍度的设定问题。容忍度越大,非预期损失越少,所需的经济资本也越少;容忍度越小,非预期损失越多,所需的经济资本也越多。

经济资本及其分配的重要作用

经济资本能够吸收既定置信水平下未预期到的损失,是与银行风险水平相匹配的资本,对于商业银行和存款人来说,经济资本才是真正重要的,因为它才是银行现有风险实际需要的资本水平。引入经济资本的目的就在于衡量银行经营活动中的实际资本要求,因为相对于传统财务上计算的资本来说,经济资本计量更具有前瞻性。

通过对经济资本进行分配,可以清楚地显示各部门、管辖行和各项业务的风险水平,从而实现资本与风险的匹配。在经济资本分配的基础上,通过对各部门、管辖行和各项业务的资本利润率评价,不仅能够考察其盈利能力,更能充分考虑到该盈利能力背后承担的风险。经济资本作为一种虚拟资本,当它在数量上超过银行的实际资本或监管资本时,说明银行的风险水平已超过了其实际承受能力,这时银行就应该通过一些途径增加实际资本或是缩减其风险承担行为,经济资本就成为了银行确定其风险控制边界的基础。经济资本大大提高了风险的敏感度，能够比较准确地反映出资产的风险特性，并通过差异化的定价吸收资产的各种风险损失，从而使资产收益可以抵补所有分配的成本、获得不同资产或业务单元对股东价值贡献的具体信息，继而调整资产或业务发展结构，帮助银行达到股东价值增值和计算经风险调整绩效的目的。

商业银行的核心经营理念是价值最大化，价值最大化并不等于利润最大化，而是利润最大化与风险最小化的结合和统一。经济资本解释了风险需要资本覆盖的基本原理，体现了银行承担风险就是占用资源的基本理念。经济资本对银行的约束就是对风险的约束，对资产规模的扩张速度的约束。有多少经济资本，才可能缓冲多少非预期损失。这个原理不但对整个银行适用，对银行各个分支机构、各个业务部门、各个产品线等同样适用。每个单位都受风险限额的制约。通过经济资本额限额，各个单位不再单纯追求利润，而是以最小的风险代价去追求最大的利润，想方设法在有限的经济资本额度内尽量创造更多的利润。经济资本对银行的意义，就好比血液对于人的身体，它在整个银行内部流动，为各个分支机构、各个业务部门、各个产品线带来动力和约束力。

资本约束资产，资本多寡决定资产规模大小，资本的价值取向决定资产组合的结构，因此资本管理是现代商业银行经营的核心，而风险管理则是实现资本管理的手段。风险管理的意义在于自下而上的测量风险，确定各类银行业务所需占用的资本；风险管理的核心是资本经营，通过风险管理为资本取得它所期盼的回报。经济资本管理是最佳的风险管理工具。各类风险管理部门（含信用风险、利率风险、市场风险、流动性风险、操作风险）负责根据银行业务发展计划提出和分管资产存量计算所需经济资本数额，资本管理部门负责汇总，并根据风险分散效应和监管资本要求提出全行所需要的经济资本总额、各类风险的经济资本限额。同时资本管理部门也负责经济资本总额从总行到各类风险管理部门的分配、预警与监控办法的制定，各类风险管理部门再将经济资本分配到业务层面。经济资本计量和分配之后，可计算风险调整后的资本回报率（RAROC）和股东资本增加值（EVA），并融入绩效考核机制。经济资本管理流程如图 1－3 所示。

经济资本主要应用于以下四个方面：

第一，用于商业银行的贷款定价。过去，商业银行过于传统的贷款定价方法将信贷资产质量的动态变化忽略了，信贷资产的非预期损失没有考虑，风险和收益没有进行有效的统一。运用经济资本，可以通过利用风险调整

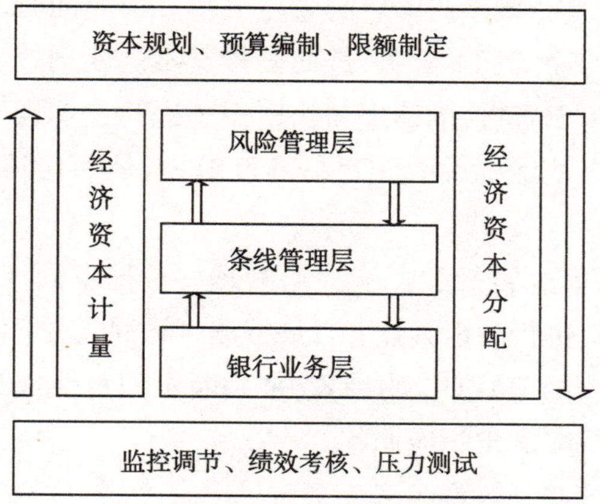

图1-3　经济资本管理流程

的资产收益率(RAROC)工具，对客户的信用等级以及客户在还款期限内的转移概率进行分析，将预期损失、非预期损失以及还款期限内的收益计算出来，然后比较得出的RAROC值和银行要求的最低收益率，衡量各项业务的风险与收益是否相匹配，由此来确定每项业务是否贷款或者制定有关的贷款条件。

第二，用于商业银行的资产配置和组合管理。包括计算银行所需的经济资本总量，并将结果与账面资本进行对比，从而对自身资本的充足状况进行评价。把有限的经济资本分配于各类风险、各个层面以及各种业务之间，计算各种资产组合所需的经济资本，衡量各类组合资产的风险收益，对银行的各类风险和总体风险进行总量控制。动态监测各类组合资产并以此为依据，及时有效地对RAROC指标恶化的组合资产采取措施，通过对新增资产的业务结构进行调整、或将存量资产出售、进行证券化等，力求银行在可承受的风险范围内实现最大化的收益。

第三，用于商业银行的绩效考核。商业银行的利润和规模都是能够及时体现出来的指标，而其风险恰恰相反，是隐蔽的、滞后的。如果没有一种能够平衡利润和风险，并能够体现在激励机制中的经营理念，就很容易造成两种极端：一是片面追求短期规模的扩张和当期利润的最大化，从而导致过大的长期风险隐患；二是片面强调"零风险"，导致管理者和业务人员在估计风险时的"不作为"。这两种极端都会对银行的长期稳定及健康发展产生不利的影响。如果运用RAROC工具作为利润中心及个人绩效考核的重要指标时，由风险带来的未来预期损失量可以被商业银行转化成当期成本，直接调控当期盈利，衡量经风险调整后的收益大小。与此同时，可以考虑为非预期损失做出相应的经济资本储备，进而衡量资本的使用效益。如此一来，银行所承担的风险可以直接、准确地和长期效益进行挂钩，经营管理等人员的行为和银行整体以及最终的盈利目标高度统一，从而使得绩效考核体系更加合理科学。

第四，用于对商业银行的经营战略管理。根据不同产品组合的风险调整收益率 RAROC，银行决定其业务发展战略。同时，银行可以通过对不同地区和行业贷款组合的 RAROC 的计算，来判断不同行业或地区的风险程度，进而对业务发展战略做出相应调整。

经济资本的核心是体现经济资本对风险资产增长的约束和对经济资本回报的明确要求。基于以上理念，经济资本管理的目标主要有两个：控制业务风险和提高风险调整后的收益。经济资本直接对应于风险，银行可通过向分支机构、业务部门分配经济资本额度的方式控制风险。同时，银行通过优化经济资本配置提高资本回报水平。为此，银行必须在价值最大化目标与具体的经营管理活动之间建立适当的关系及其运行机制，这就是银行的经济资本管理制度。通常情况下，经济资本管理主要包括以下几个方面工作：

①经济资本计量。通过风险计量模型计量非预期损失，这是计算经济资本回报率的基础，因而是整个经济资本管理体系的关键。

②绩效考核。价值最大化是银行经营的核心目标。经济资本回报率指标因兼顾了收益和风险两方面的因素，体现了风险和收益对称的原则，比会计利润指标更能真实反映经营绩效和价值创造，因而以此作为商业银行内部绩效评估的主要指标，可以充分体现银行的价值理念和政策导向。

③经济资本配置。银行通过经济资本约束机制，控制风险增长。如果商业银行分支机构和业务部门的风险控制在上级行分配的经济资本数额内，则风险控制在可承受范围内，风险抵御能力充分。如果分配的经济资本被占用完，则不能再新增占用经济资本的业务量。为提高经济资本的使用效率，确保占用的经济资本能够达到最低回报要求或更高回报水平，银行应尽量将有限的经济资本配置到风险较低而回报水平较高的业务上，重点支持和发展这类业务。银行可根据各个内设机构、部门和业务的经济资本回报率水平决定业务发展战略和方向。对回报率水平和价值创造较高的机构、部门和业务，给予更多的扶持政策；而对回报率低甚至是负贡献的，则采取限制和收缩政策，以避免价值损失。

经济资本计量的基本方法

经济资本测量

经济资本测量的研究是随着风险度量方法的发展而演进的,经济资本计量可以理解为风险的量化。商业银行面临的风险种类很多,但从世界范围内的量化技术来看,市场风险的量化最为成熟,信用风险的量化取得了非常大的进步,操作风险的量化仍处于初级阶段,而其他风险的量化基本处于探讨阶段。

经济资本计量可以理解为一种风险计量的方法,如果商业银行没有了风险,经济资本就没有存在的价值,所以说经济资本计量方法的推进是基于风险度量方法的不断发展。目前国内外研究经济资本的计量主要基于 VaR 风险度量方法。

VaR 是在一定置信水平下和一定期限内可能发生的最大损失。VaR 方法在市场风险管理中已逐渐发展成熟,目前正逐渐被应用于信贷风险管理中。通过 VaR 来计量经济资本,首先要推导贷款组合的损失分布,然后从组合损失分布中计算出 VaR 值,再将 VaR 值减去预期损失即可得出贷款组合的非预期损失,从而得出经济资本数额。

信用风险经济资本计量涉及参数的计算

信用风险是指由于借款人或市场交易对手违约而导致损失的可能性,更一般地讲,信用风险还包括由于借款人的信用评级变动和履约能力变化所导致其债务的市场价值变动而引起损失的可能性。信用风险是金融市场最古老、最重要的风险形式之一,也是商业银行面临的主要风险。

国际先进银行信用风险经济资本的计量模型以模型计量风险源于 20 世纪 80 年代兴起的数量金融革命。这一革命始于布莱克-斯克尔斯(Black-scholes)期权定价模型的广泛应用,该模型与计算能量的飞速提高结合在一起,使数量金融专家能够建构起风险和定价模型,并通过模型将大量的市场数据转变为对损失和回报的预测。信用风险计量模型使用模型的方式来计算出信用损失的概率密度函数(Probability density function),进而衡量和预测一个信贷组合的风险框架。信用风险计量模型在风险管理、资本配置、信贷定价、最优组合上都有着重要的作用,是现代金融数量化、高效化和精确化的具体体现,所以国际大型银行不惜花费大量人力、物力和财力来开发这个工具。信用风险计量模型分为由上至下模型(top-down)和由下至上模型

(bottom-up)，前者主要用于消费贷款，如信用卡贷款、助学贷款等，此类贷款用途单一，贷款数额小，单笔损失量不大，所以在计算风险时只需要对同类贷款应用大数定律和历史数据进行推断。由下至上模型是用来模拟大、中型商业信贷，此部分贷款额度高、潜在损失大，需要单独观察评估，然后再予以汇总得出整个资产组合的风险水平。由下至上模型是巴塞尔委员会重点讨论的内容。

信用风险经济资本计量——内部系数法

国际上信用风险经济资本计量要求银行使用内部评级系统，能够输出经过合格验证的风险参数(PD、LGD、EAD)。国内银行由于风险数据积累有限和风险计量能力薄弱，多数采用内部系数法近似计量信用风险经济资本。

信用风险的发生是由多种类型的风险因子驱动的，以信用风险发生路径为依据对信用风险的驱动因子分类，主要有：客户的信用级别、产品的信用结构、银行与客户之间的风险缓释技术的安排、客户信用等级的迁徙概率、客户主营行业的状态、客户主要经营区域的信用文化、银行内部管理水平、宏观经济状况等因子。

信用风险经济资本计量原理如下：

信用风险经济资本金额
=风险敞口×经济资本配置系数×资产质量动态调整系数
=(净未尝余额×风险权重)×经济资本配置系数
×资产质量动态调整系数
=[(未尝余额-可认可的抵质押物金额)×风险权重]
×经济资本配置系数×资产质量动态调整系数

可认可的抵质押物金额，是指银监会认可的可以直接抵扣风险敞口的存单等金融质押物和特殊保证金账户。

风险权重是针对客户信用风险分级后设置的经济资本计量使用的参数，该参数数值的确定没有一定的方法可循，取决于银行的风险偏好和经济资本对监管资本弹性系数所定。比如，有的银行认为，客户信用风险分级的数据不是很准确，希望淡化客户的信用风险而强化风险缓释的作用，于是，就可以缩小不同信用等级客户之间风险权重的差距，加大不同风险缓释类型对资本节约的作用。

经济资本配置系数，是经济资本量化和配置的核心参数，设定的过程更加重要。通常做法是通过银行内外部专家，依据巴塞尔资本协议和我国银监会对产品类别的划分标准,对银行的产品进行归类,将能满足风险管理的产品类别进行风险大小的排序,再根据监管资本的资本充足率的要求,将中等风险大小的产品类型的经济资本配置比率设置为与资本充足相当的比率,将比风险中心具有更大信用风险的产品的经济资本配置比率提高,将比风险中心风险小的产品类型的经济资本配置比率降低,以此来完成产品的经济资本配置比率的设定。

经济资本对风险状态的敏感性要求,不同风险状态的资产需要配置不同的经济资本,根据银行的资产质量分类标准,结合不同资产质量包含的风险的差异,设定动态调整系数。产品配置中可以通过贷款五级分类来体现资产质量的变化过程。

市场风险经济资本

目前国内商业银行的交易账簿内容越来越丰富,交易类型和交易量越来越大,同时交易账簿在产生利润的同时,估值的波动性也越来越大。

商业银行的市场风险来源于股权风险、商品、货币和外汇的价格变动,当然还包含特定的风险,即交易对手的信用风险,这些共同组成了市场风险的来源。风险的每一个组成部分都包括一般性市场风险特性和来源于一家银行特殊的投资组合结构的具体风险特性。市场风险除了存在于标准证券工具如债券外,还存在于各种衍生工具中,如期权、证券衍生产品或外汇和利率衍生产品。

市场风险的经济资本的量化需要回答这样一个问题:在给定的一段时间内,金融机构在最坏的情景下(比如发生概率为1%),最大损失将是多少?这样的损失可以用风险价值 VaR 定量估计,其计算方法主要有以下三种。

(1) 历史风险价值(Historical VaR)。

在进行历史风险价值处理时,系统可以通过一个自定义的区间来改变数据日期,然后重复计算资产组合的市场价值。因此,系统可以根据不同的市场日期,重复的从不同的市场表(比如风险因子)中取到市场数据。

(2) 矩阵风险价值(Matrix VaR)。

系统使用的矩阵风险价值计算方法是一种 Delta 法,与传统的 Risk Metrics 法非常相似。然而,经济资本管理解决方案不需要像 Risk Metrics 那样将现金流日期与风险因子相匹配(比如标准化的现金流组)。

(3) 蒙特卡洛风险价值(Monte Carlo VaR)。

系统使用 Monte Carlo 风险价值法的主要目的是使其与 Monte Carlo 技

术相关的取样错误达到最小化。使用 Monte Carlo 法目的只是创建 N 个模拟情景，在第 i 个模拟情景中，系统可以使用风险因子来创建收益曲线，然后再根据用户定义的估价方法评估资产组合的价值。

该风险因子既可以是正态的概率分布[$dx = a(t)dt + \sigma dz$]，也可以是对数型分布[$dx/x = a(t)dt + \sigma dz$]，但是风险因子分布的漂移率受制于无套利模型。

操作风险经济资本

操作风险的资本计量与其他风险的资本计量在逻辑上是一致的，要充分覆盖业务中包含的风险。

中国银监会在《商业银行操作风险监管资本计量指引》中，对标准法的监管资本计量进行了详细的说明。主要体现在两个方面：其一，业务条线的划分。与 Basel 规则相比，银监会特别规定了第 9 项"其他业务条线"，主要是针对我国商业银行的一些特殊难以归于其他 8 条业务线收入的处理。其二，我们计量操作风险的核心就是梳理业务条线与会计科目的对应关系。

操作风险经济资本计量可以借鉴 RWA 中阐述的基本指标法、标准法/替代标准法、高级计量法的计量思路和逻辑类似处理。

上述业务条线与会计科目定义完成后，银行可以利用标准法、替代标准法计量操作风险经济资本。

第二支柱经济资本

通常经济资本管理除了考虑巴塞尔协议第一支柱下要求的三大风险（信用风险、市场风险、操作风险），还深入研究第二支柱下提到的银行账户利率风险、流动性风险、集中度风险的经济资本占用，提出科学合理的管理建议方案。

银行账户利率风险

利率的变动通过改变收入和支出影响机构的利润。而收入和支出对利率的敏感性同时还影响机构的资产、负债和表外业务的价值，因为当利率发生变化时，未来现金流的现值也随之改变，同时还有因为利率的改变而对业务量的间接影响。虽然，银行账户的利率风险是银行风险的一个正常部分，但是过度的利率风险会对一家银行的利润和资本充足率构成重大威胁。

有两种基本技术来评估银行账户的利率风险：缺口方法（重定价缺口和久期缺口）和模拟方法。尽管缺口方法经常使用，但是由于它的简单结构和限制性时期不太适合计算经济资本。大多数银行基于使用最糟糕情景所估计的损失,采用模拟法决定经济资本,这种损失的严重性和它们发生的概率决定了经济资本量。

在NPV的动态模型中,它可能在考虑到现存或新业务的未来增长基础上,提供前瞻性的风险度量。当NPV模型辅以利率情景进行概率估计时,NPV模型就变成了风险价值VaR模型了。其中VaR模型构建了在某个特定的时间范围内,在给定的置信水平,利率变动导致可能发生的损益的统计分布。这种方法不仅可以度量损失大小,而且可以度量损失概率。需要指出的是,许多银行账户的资产和负债是不定期交易,因此很难根据市场价格来估值。大部分资产和负债使用未来现金流的方式,采用模型进行定价。

流动性风险

流动性风险可分为筹资流动性风险(funding liquidity risk)和资产流动性风险(asset liquidity risk)。筹资流动性风险是指由于银行财务运作不能满足债权人或投资者的需要,从而出现的风险,这个能迫使银行出售持有资产来获得现金。资产流动性风险是指当资产被迫进行清算时所引起的资产价格不利的变动。因此,流动性风险问题应该从金融机构的资产和负债两方面来进行综合考虑。

关键问题是如何应用VaR来管理流动性风险。对传统VaR衡量风险的技术进行调整来分析流动性风险,是目前业界流动性风险管理中的最新探索。

巴塞尔委员会交易对手风险管理政策小组(CRMPG)提出了筹资流动性风险的衡量方法。该方法认为,尽管一家金融机构的传统VaR值可能是零,但是互换交易的不同信用条款可能会产生不同的现金需求,对现金流动性的衡量是VaR衡量方法的扩展。

对于资产流动性风险,由于市场的影响,马上清盘导致清盘价值相对于盯市价格出现下降,从而产生风险。但是,清盘也是可以在几天之内进行的,通过这样做可以对交易成本和价格风险做出更好的权衡,通过同时对清盘成本和清盘价格下降风险进行考虑,会产生一个新的VaR衡量方法,即使用流动性调整VaR(LvaR)来衡量资产流动性风险。

通过实证性分析,流动性风险可以被纳入混合VaR衡量方法。

集中度风险

2009年上半年我国银行业贷款规模迅速扩张,本外币贷款增加7.72万亿元,信贷资产的集中度风险日益凸显,银行新增贷款出现行业集中、客户集中和期限中长期化的趋势。实证表明，行业集中度过高容易使银行的资产质量受到行业波动的影响；大客户集中度过大，使企业的风险极易转嫁到银行，产生不良信用资产，甚至系统性风险；贷款期限偏于中长期，容易导致资产期限错配风险。

对集中度风险的计量要根据单一客户和组合集中度分别进行。

(1) 单一客户集中度的计量。

单一客户集中度风险的计量方法包括敞口比率、基尼系数、HHI 指数、分散度调整等，前三种属于非模型法，最后一种是模型法。

敞口比率法直接计算最大前十或二十、五十家客户的敞口总额，并将其同资本挂钩，例如要求不超过银行资本净额的 50%。

基尼系数可以作为一种集中度指标，计算单个敞口量对组合的贡献度与平均贡献度之间的差距。系数接近于零说明组合中单个敞口分布均匀，系数接近于 1 则说明组合高度集中。

HHI 指数定义为组合内各单一客户资产敞口比重的平方和。分散得很好的组合该指数接近于零，而集中度高的组合该指数接近于 1。

(2) 组合集中度的计量。

对组合集中度进行计量的一个关键前提是恰当的行业划分，如果行业划分不准确，看似分散了的组合可能实际上依然存在很大的集中度风险。

计量组合集中度的模型法包括解析式方法和模拟方法等。风险贡献度法就是基于解析式的计量方法，通过计算单笔债项的预期和非预期损失并对其求偏导得出单笔债项的风险贡献度，计算出债项的相关性矩阵并将其转化为债务人违约相关性矩阵，根据相关性矩阵计算组合层面的损失波动性，假设一个分布或基于历史数据模拟分布计算出组合层面资本乘数，从而得出单笔债项的资本需求。

经济资本模型是基于模拟方法的一种多因素模型，赋予每个行业相应的系统性风险因子，测算行业内和因子间的相关性，并将其引入扩展的 ASRF 模型，通过模型计算出信贷组合由于集中度而需要额外提取的经济资本。

经济资本管理的基本思路

(1)应当树立经济资本成本意识，积极构建与国际先进银行接轨的经济资本约束机制。国有商业银行应树立市值观念、质量观念、资本观念、风险观念、创新观念、服务观念等，对经济资本实施有偿的占用及分配。针对现有资产结构的实际情况，从资本流动性的角度出发，来对业务进行开发、开展，转变以考核为重心为以经营为重心，转变事后考核为事前、事中控制，转变追求利润最大化为以风险控制为条件的利润最大化，从而避免惟利性的盲目经营和高风险资产的扩张与积累，最终实现银行的长久和可持续发展。

（2）加快改革公司治理结构的进程，逐步为分阶段建立国有商业银行的全面风险管理机制提供运行空间。全面风险管理对商业银行的内外部经营环境、企业管理文化等诸多方面的要求比较高。以法人治理架构和企业流程再造为核心的公司治理结构改革是这些要求集中反映的所在。因此，国有商业银行实施资本管理的基础和前提是加快公司治理结构的改革。

（3）完善内部评级制度，建立操作风险损失评估数据库。目前，国内商业银行还不是风险导向的管理，在经营管理中依旧沿用了传统的资本回报率，也就是账面利润（或经营利润）/账面资本，并将此作为衡量商业银行资本报酬率的标准。现代商业银行在从事银行内部资本管理、风险管理、绩效管理等时，采用了先进的经济资本理念和相应的管理方法，这是银行管理水平向前跃进的必由之路。随着时间的推移，经济资本体系对现代银行管理的重大意义日益显现出来，我国的商业银行管理模式也将一步步由旧的业务驱动型转变为风险驱动型。

（4）规范外部征信市场，降低经济资本计量成本。不健全的外部征信市场导致了高昂的信息处理成本，制约着内部评级法在中国的应用；另一方面，各家商业银行独立建设数据库、相互之间缺乏必要的信息共享，从而导致了重复建设、资源浪费。因此，应当加快建设征信市场，将外部评级的普及性和质量提高，为一些使用内部评级法的银行提供外部的信息搜集渠道，实现规模效应，降低信息的搜集成本。

（5）注重培训和引进风险管理人才。由于全面风险管理在我国商业银行中实行较晚，再加上对管理层的认识不够等的原因，使得目前我国紧缺商业银行的高素质人才。因此，要运用经济资本管理理念提升国有商业银行的经营管理水平，非常迫切和重要的任务是培养和吸收高级管理和技术人才。各商业银行要充分将对外的学习和交流重视起来，积极与业务上有密切合作的国外银行建立代理培训机制，让我国的管理人员和技术人员有机会到国际的各个银行进行学习和现场实践，从而使其真正掌握关键的技术和先进的方法，使经济资本管理得以在中国有效实施。

小　结

经济资本是基于内部管理需要的、对金融机构风险的全面度量，是一个全面风险管理必不可或缺的抓手和工具。通过经济资本，一个金融机构的所有风险都可以得到度量，而且不同种类的风险、不同业务的风险和不同金融机构的风险还可以进行比较。

经济资本并非起源于监管部门的外在要求，而是金融机构应对市场激烈竞争的自觉创新。可以说，经济资本是国际领先银行最近10年来最具创新性和最有影响力的管理工具，被广泛应用于银行风险的度量与管理、风险调整定价、资本的战略使用和最优分配、投资者价值创造角度的绩效度量、以及员工报酬的衡量等各重要领域。

金融机构主要有四种风险，即信用风险、市场风险、交易对手风险和作业风险（也称操作风险），还有新巴塞尔协议第二支柱下的集中度风险、银行账户利率风险、流动性风险、声誉风险、战略风险等。尽管信用风险的经济资本占据了本书的主要篇幅，但是本书对于经济资本的论述实际上是包含了上述每一种风险。银行账户利率风险是通过资产负债管理活动在整个公司层面上来管理的，管理这种风险的工具一般是转移定价机制下的利率衍生产品和不动产抵押投资，在本书中仅做了概要性计量方法介绍。此外，战略风险或商誉风险则太过于定性化了，目前尚没有找到一种合适的经济资本度量方法，因此本书没有进行这方面的阐述。

第2章
波动性与资本配置

银行的世界无疑充满风险:行动会产生不确定的结果;投资会产生不确定的收益。银行尤其需要关注那些实际利润低于预期的业务。高额的信用损失、收入缺口、意外费用或投资的下滑造成了预期收益的落空,其结果就是股东信心的下降以及银行股票价格的下跌。极端的损失甚至会耗空银行的权益资本并导致银行的破产。

银行所遭受的一些信用损失并不是来自于银行本身的风险。如果银行明确地知道在将来会发生什么样的损失,那么它就可以把这些损失包含在产品的价格中,正如将其他已知成本包含在价格中那样。但现在的问题是这些损失是不能事先预料到的。

然而,银行可以知道它的预期损失。银行的预望损失(EL)是银行的投资组合可能经历的所有损失的平均值(概率加权平均值)。预期损失不是最可能发生的损失(见图2-1)。信用损失的本质是这种损失发生的概率相对较低,偶尔会发生较大的损失,并且这种损失通常与经济的衰退联系在一起。如图2-1所示,较大损失发生的概率尽管很小,但这个概率会把期望值拉向最可能发生的结果的右边。

围绕预期损失的不确定性可以被量化。我们有若干工具来表示风险,并且这些工具中的每一个对于描述不确定性的某一特定方面而言是最好的。

经济资本(EC)是从债券持有人的角度度量极端损失的风险。银行将持有的权益资本作为防范非预期损失的缓冲器。银行所持有的资本水平应足够充分以能够在较高的置信水平下防范违约风险。在一些实例中,可以通过资本化投资组合以使银行在12个月里耗尽银行资本的概率维持在0.05%的水平上。经济资本度量了银行为了实现这一保护水平(0.05%)而需要持有的资本水平,银行的实际权益资本可能高于也可能低于这一资本要求。经济资本是从债权人的角度出发的一种度量指标。

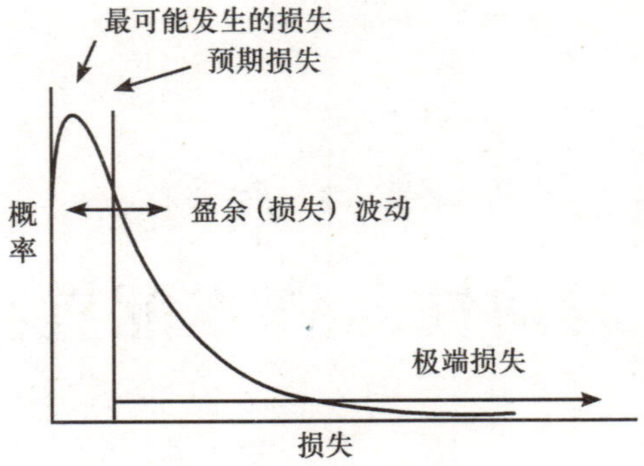

图2－1　贷款投资组合中的风险通过损失的分布来表示

盈余的波动性度量了盈余对预期盈余的年度偏离。股东可以通过两种途径来感受到盈余的变动。一种是银行的资本账户上盈余的不均匀增加，另一途径是银行股票价格的上下波动。对贷款投资组合来讲，可以把盈余的变动与损失的变动（围绕预期损失的波动）等同起来。盈余的变动主要是从股东的角度出发对风险的一种度量。

但是债权人和评级机构也会对盈余的变动感兴趣。尾端事件不太可能出现，以至于我们更多地认为它是在理论中存在的而不是实际存在的事情。然而，这并不是说银行不需要精巧的方法来度量用来支持其投资组合所需的经济资本。谨慎的风险管理需要知道损失可能会有多严重，并确保银行有足够的资本以防范极端事件的出现。但是，与谨慎的风险管理相关的分析十分复杂，并且需要知道有关投资组合结构的非常详细的信息，债权人和评级机构通常无法获得这些信息。并且债权人和评级机构无法观测到尾端事件（至少银行希望债权人和评级机构永远都没有观测到尾端事件的机会）。债权人和评极机构所能观测到的是盈余的变动。因此，盈余的波动是债权人和评级机构了解有关投资组合的不确定性和银行违约风险或降级风险的渠道。

资本配置

在经济资本和盈余波动性这两种风险指标中，把所有风险放在一起所得到的整体损失风险比把所有单个风险损失简单相加所得到的损失风险要小。多样化能够降低风险(如果某个投资者的投资组合中只包含一项或两项资产,那么他有可能会损失掉所有的资产。但是,如果投资组合中包含很多项资产,那么从本质上讲,他不可能同时损失掉所有的资产)。因此,为了描述每项资产对投资组合的风险贡献,投资组合的整体风险必须配置到单项贷款业务中去。

毫不奇怪,两个最常用的资本配置方法就建立在上面提到过的两种风险视角的基础之上。尾端风险(TR)配置根据每项风险资产对投资组合整体的经济资本的贡献来决定该项资产应获得的资本比例。之所以使用"尾端风险"这个词,是因为经济资本(EC)是通过分析损失分布的尾部或极端位置而决定的。风险贡献(RC)配置根据每项风险资产对整个投资组合的非预期损失(UL)的贡献,来决定该项资产所应获得的资本比例。我们把非预期损失定义为损失分布的标准差,它度量了损失的年度不确定性或波动率。由于信用损失直接影响盈余,因此非预期损失与贷款投资组合的盈余波动率是等价的。风险贡献配置根据每项业务对盈余波动率的贡献,来确定该业务的资本分配比例。对非预期损失影响最大的因素是损失在各个典型时期的变动率,而尾部风险是由十分极端的、非典型的时期决定的。

为了理解这些配置方法在实践上的差异,考虑一个包含有广泛风险种类的贷款投资组合,其中每一种风险都有着不同的特点。如图2-2所示,有些风险对盈余波动的贡献大于对极端损失风险的贡献,相反的例子也存在。

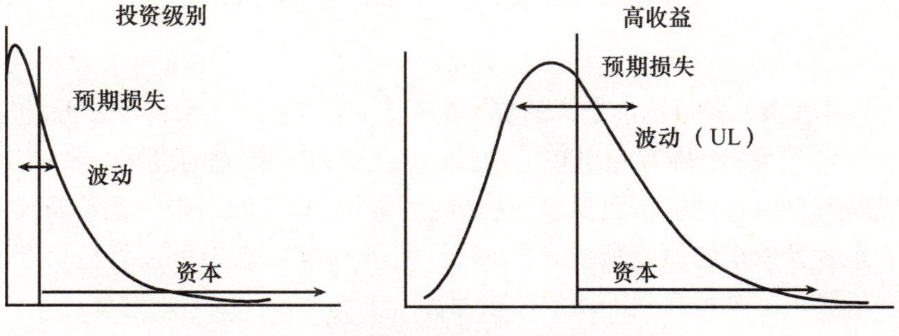

图2-2　风险对逐年盈余波动的贡献

投资级别的贷款很少会发生违约或损失。投资级别的贷款在经济繁荣年份的损失和经济萧条时的损失差异非常小,这一级别的贷款即使在萧条的年份也不会遭受大的损失。因此,投资级别的贷款对非预期损失或盈余波动性的贡献很小,从而分配给投资级别贷款的资本也比较少。但是投资级别贷款在极差的年景（我们为之准备经济资本的年景）发生的损失将会是其在萧条年景发生的损失的很多倍。由于这些贷款对于尾端事件的贡献相对较大，因而在使用尾端风险配置时它们得到的经济资本比在风险贡献配置下得到的经济资本要多。

对于任何贷款组合，我们把这些贷款的尾端风险资本除以它们的非预期损失（UL）所得到的比率称为资本乘数。由于投资级别贷款的极端损失比非预期损失大得多，因此它们的资本乘数也很大。换句话说，与质量较低的贷款相比，投资级别贷款的每单位非预期损失需要更多的资本。

在投资组合的另一端，高收益贷款对盈余波动性的贡献比其对尾端风险的贡献要大。高收益贷款通常会发生损失，而且这种损失的波动幅度很大。在好的年景，几乎所有的高收益贷款都能够完全回笼，而在坏的年景，许多高收益贷款都会发生违约和损失。好的年景和坏的年景之间的差异很显著，并且年度损失波动率也很大。但是，极差年景的损失只是坏年景损失的几倍。在坏的年景，损失已很大以至于尾端风险的损失只是坏年景损失的若干倍。高收益贷款对盈余波动的贡献大于其对尾端风险资本的贡献。高收益贷款的资本乘数比投资级别贷款的资本乘数要低。与高质量的贷款相比，高收益贷款的每单位非预期损失所要求的资本较少。

RAROC 框架下的资本配置

资本配置（不同质量贷款的资本配置）主要应用于 RAROC 分析，包括产品的定价与发行、持有和出售的决策，以及对盈利能力的度量。RAROC 是指风险调整回报的资本回报率，它是经济资本（EC）的回报。经济资本量化了股东对其承担的风险所要求的回报，经济资本应能指引银行投资于那些能够给股东带来可接受的回报的项目。

投资项目所获得的 RAROC 应至少与股东所要求的权益回报率一样高。高于股东要求的最低权益回报率的投资回报为银行带来了经济利润，不断增加的经济利润又能提升股东价值。例如，假设股东所要求的回报率是 10%，其中包括 5% 的融资利率（无风险回报）和 5% 的风险溢价。分配给一项贷款的经济资本旨在调整投资结果（即资产的回报）以反映股东对于不同风险所要求的回报水平。如果两笔贷款都有 10% 的 RAROC，典型的RAROC

机制认为股东对于把资本投资于这两个贷款中的哪一个持无所谓的态度，因为这两个贷款都获得了股东所要求的最低回报率(一定的风险水平下)。因此，银行对于资本配置方法的一个重要检验就是这个方法产生的结果是否与 RAROC 框架相一致。股东对于具有相同 RAROC 的两个投资项目真的持无所谓的态度吗？风险水平相同的投资项目是否有相同且合理的资本配置水平？

不幸的是，尾端风险(TR)配置和风险贡献(RC)配置都存在局限。为了找到解决各自的局限性的方法，下面将讨论这两种资本配置方法，并确认两种方法的不足之处。

尾端风险配置

按照每项贷款对银行整体资本要求的贡献比例来配置资本看起来是一个十分自然的选择。尾端风险配置所获得的结果类似于边际资本，其中边际资本是指在投资组合中新增一笔贷款项目时所需的额外资本。当银行增加或减少投资组合中的贷款项目时，总的资本变化将近似地等于为增加或减少的风险敞口所配置的资本数额。

考虑先前例子中的两个子投资组合，一个属于投资级别的贷款，另一个属于高收益贷款。如果资本是根据对尾端风险的贡献来分配的话，那么每一个子投资组合所持有的资本将近似等于其边际资本。为简化起见，假设一个违约损失率为 100% 的违约事件，这个事件的损失等于违约贷款的价值。同时假设每一个子投资组合中存在许多贷款，并且这些子投资组合的风险得到了很好的分散。这意味着子投资组合中的每一项贷款本质上都得到了分散化的全部潜在收益，因此把这两个子投资组合加入到更大的投资组合中都不能显著增加额外的分散化收益。我们为投资组合配置资本以弥补 99.90% 的损失。

表 2-1 中展示了两个子投资组合的损失范围。如前所述，投资组合中投资级别贷款的损失聚集在 0 的周围[1]，但我们为投资级别贷款配置了资本以防范更大的损失。这个子投资组合(投资级别贷款)的资本乘数约是 10 × (1.22%/0.13%)[2]。投资组合中高收益贷款的损失变动范围比较大[3]，然而抵补高收益贷款 99.90% 的损失只需要相对较少的资本。高收益级别的

子投资组合的资本乘数只有5.6×(16.93%/3%)[4]。

现在假设两个子投资组合的预期回报率为10%，这也是股东要求的最低回报。通过对损失分布函数作一些调整，我们能够得到RAROC的分布函数。如表2-2所示，我们可以计算出每一个投资组合在预期损失水平下得到10%的RAROC时所要求的价差[5]。在表2-1中，通过从名义回报率中减去损失分布相应的值，我们能够得到回报分布[6]。通过把回报分布中的每一个值除以配置于该投资组合的经济资本(EC)，我们就得到了RAROC的分布。推导公式如表2-2所示。

投资级别贷款获得了10%的资本回报率，标准差是11%[7]。预期回报或更高的回报的百分位数为80%（即有80%的概率获得不低于预期的回报）[8]。投资级别贷款遭受损失的概率低于10%[9]，其盈余的波动非常小。另一方面，高收益贷款具有10%的期望RAROC，但RAROC的标准差是18%[10]。高收益贷款遭受损失的概率将超过20%①，这是投资级别贷款遭受损失的概率的两倍多。高收益贷款对盈余波动的贡献大于投资级别贷款。

股东对其资本的这两种用途将会持无所谓的态度吗？答案是否定的。一个理性的股东肯定会偏好那个具有10%的回报率和较低不确定性的投资项目，而不是那个预期回报率同样为10%，但盈余的波动是前者两倍的投资项目。相比于每项投资都有相同的耗尽银行所有资本的（极低的）风险这一事实而言，股东更加关注投资回报率的波动。这里的结论就是：尾端风险(TR)配置在传递股东希望银行如何运用他们的资本的这一信号方面做得很差劲。

风险贡献配置

对于风险贡献(RC)配置，也可以进行类似的分析。通过调整表2-1中的损失，能够得到两个子投资组合的RAROC分布。由于风险贡献配置法根据贷款对投资组合盈余波动的贡献比例来配置资本，因此资本乘数在整个投资组合中是一个常数。也就是说，由于配置的资本与风险贡献成比例，因此配置于每项贷款的资本与该贷款对风险的贡献间的比率是恒定的并且等于资本乘数。如果资本乘数是6.74②，我们将分配6.74×0.13%=0.88%

表2-1 损失和RAROC的分布

	预期损失(%)	标准差(UL)(%)	配置的资本(%)	资本乘数(Cap/UL)(%)	要求的价差(%)	名义回报率(%)	期望的RAROC(%)	RAROC的标准差(%)
投资级别贷款								
损失	0.05	0.13						
RAROC(尾端风险)			1.22	[2]9.38	[5]0.11	0.17	10	[7]11
RAROC(风险贡献)			③0.88	②6.74	0.09	0.14	10	⑥15
高收益贷款								
损失	3.00	3.00						
RAROC(尾端风险)			16.93	[4]5.64	3.85	4.69	10	[10]18
RAROC(风险贡献)			④20.22	②6.74	⑤4.01	5.02	10	⑥15

	业绩(百分位数)									
	10	20	30	40	中数	60	70	80	90	95
投资级别贷款										
损失[1]	0.00	0.00	0.00	0.00	0.00	0.01	0.02	0.05	0.15	0.28
回报分布(TR)[6]	0.17	0.17	0.17	0.17	0.17	0.17	0.15	0.12	0.02	-0.10
RAROC(尾端风险)	14.10	14.10	14.09	14.06	13.94	13.54	12.46	[8]9.69	1.96	[9]-8.55
回报分布(RC)	0.14	0.14	0.14	0.14	0.14	0.13	0.12	0.08	-0.01	-0.14
RAROC(风险贡献)	15.71	15.71	15.70	15.66	15.48	14.93	13.43	9.58	⑦-1.19	-5.83
高收益贷款										
损失[3]	0.29	0.64	1.04	1.51	2.07	2.76	3.64	4.88	6.98	9.04
回报分布(TR)[6]	4.40	4.06	3.65	3.18	2.62	1.94	1.05	-0.19	-2.29	-4.35
RAROC(尾端风险)	26.01	23.96	21.58	18.80	15.49	11.44	6.21	①-1.13	-13.53	-25.71
回报分布(RC)	4.73	4.38	3.98	3.51	2.95	2.26	1.38	0.14	-1.96	-4.02
RAROC(风险贡献)	23.41	21.69	19.69	17.37	14.60	11.20	6.83	0.69	⑥-9.69	-19.89

表2－2　公式与计算

a）资本乘数

非预期损失（UL）×资本乘数＝资本水平

b）要求的价差

期望的RAROC%＝预期回报率%/用ROA表示的资本回报率%

预期回报率%＝名义回报率%－EL%

名义回报率%＝价差%＋（融资利率×资本%）

期望的RAROC%＝（价差%＋融资利率×资本%－EL%）/资本%

期望的RAROC%×资本%＝价差%＋融资利率＊资本%－EL%

价差%＝（RAROC%－融资利率）×资本%＋EL%

c）10%的RAROC要求的价差

	要求的价差（%）	期望的RAROC（%）	融资利率（%）	资本（%）	预期损失（%）	名义回报率（%）	期望的ROA（%）
尾端风险（TR）配置							
投资级别	[5]0.11	10.0	5.00	1.22	0.05	0.17	[6]0.12
高收益	3.85	10.0	5.00	16.93	3.00	4.69	1.69
风险贡献（RC）配置							
投资级别	⑤0.09	10.0	5.00	0.88	0.05	0.14	0.09
高收益	4.01	10.0	5.00	20.22	3.00	5.02	2.02

d）RAROC

RAROC＝（价差%－实际损失%＋融资利率%×资本%）/资本%

的资本给投资级别的贷款[3]，分配 6.74 × 3.0% = 20.22% 的资本给高收益贷款[4]。

在求解 RAROC 分布的时候，每个投资组合需要有不同的价差才能在预期损失水平下得到 10% 的 RAROC。在风险贡献（RC）配置下，分配给投资级别贷款的资本少于其在尾端风险（TR）配置下得到的资本，而高收益贷款在风险贡献分配下得到了更多的资本。因此，对于投资级别贷款而言，一个较低的价差就能产生可接受的 RAROC，但高收益贷款要想达到最低的 RAROC 要求，则需要一个更高的价差[5]。正如上一节中所做的那样，我们再一次把损失分布转换为具有新的回报和资本水平的 RAROC 分布。

表 2-1 表明，在风险贡献配置下，具有新价差的投资级别贷款和高收益贷款的期望 RAROC 与 RAROC 的波动率是一样的（10% 的期望 RAROC，波动率为 15%）[6]。与尾端风险配置相比，在风险贡献配置下给子投资组合造成损失的风险更加类似[7]。与尾端风险配置中描述的两个投资选择相比，在风险贡献配置下，股东将对上述资本的两种用途持无所谓的态度这一事实更容易让人信服。在 RAROC 的框架中，风险贡献配置似乎是一个更好的选择。

资本的重新配置

但是，风险贡献配置会带来一些令人不安的结果。由于风险贡献配置与边际资本并不成比例，在投资组合中增加贷款将会改变总的经济资本（EC）的数目，但总的经济资本变化的数目与分配给边际贷款的资本并不相等。一般情况下这种差异很小，因此并不会给实际的分析带来任何问题。但是，当投资组合中的贷款集中在高质量这一端或者低质量这一端，并且投资组合发生重大变化的时候，事情就不会像上面所讲的那样简单了。前面曾经讲过，高收益的子投资组合对盈余波动的贡献比对尾端风险的贡献要大。由于风险贡献配置下的资本与盈余的波动成比例，因而高收益的子投资组合得到的资本将会超过这个投资组合为了支持它的所有贷款所需要的资本（即尾端风险资本）。因此，如果把这些贷款从投资组合中拿走的话，减少的资本数量会低于先前分配给这些贷款的资本数量。这一差异将会在投资组合中剩余的贷款中重新分配。由于投资组合中剩下的每一项贷款将会得到更多的资本，它们的 RAROC 将会下降。在高收益贷款被出售之前满足10% 的最低 RAROC 要求的贷款，在这些高风险贷款出售后可能含损害股东价值。按照这一简单的思路，风险贡献（RC）配置的结果将会与 RAROC 机制的目标不一致。

可能的解决方案

如果 RAROC 机制能像金融理论所描述的投资者行为那样对盈余波动的变化自动做出反应，那么重新配置将会是一个非常合理的结果。但是，当把高风险贷款从投资组合中拿掉的时候，投资组合中剩下的贷款的质量上升了，这种贷款质量的上升降低了盈余的波动。由于投资者现在能在较低的不确定性下获得回报，因此他们将降低要求的股本回报率（ROE）。配置了较高资本的贷款与较低的资本回报要求相结合，将会使投资组合中剩下的贷款回到那些高风险贷款被出售之前的状态。这一点很有意义，因为如前所述，将高收益贷款加入到投资组合中并不会带来多少分散化收益。投资者对于这些贷款的评价（即这些贷款在给定风险条件下是否能获得足够的预期回报）与高收益贷款是否存在于投资组合中无关。

但是，许多 RAROC 机制在银行降低投资组合的盈余波动时，并不会降低股东要求的股本回报率（ROE）。由于较低的盈余波动性将产生一个更加稳定的并且具有较低 Beta 值的股票价格，一个变化将会间接地出现并将最终导致必要回报率的降低。这个过程将会需要一个非常长的时期。一个更加麻烦的问题是，这个变化将会不合理地降低所有资本的必要回报率。例如，为什么商业贷款组合中盈余的较低波动率会导致独立分析的消费者贷款组合中资本必要回报率的下降？当资本乘数下降时，消费者贷款组合可能会变得更加具有风险。在这种情形下，因为商业贷款组合的风险下降而降低消费贷款组合的必要回报率毫无疑问是错的。

对于这个问题的一个回应可能是：调整商业贷款和消费者贷款组合的必要股本回报率。在这两个投资组合中，银行都将继续使用风险贡献法来配置资本，并用计算出来的股本回报率波动率来调整每个投资组合的必要股本回报率。例如，如果从商业贷款投资组合中拿走高收益资产，原来配置于这些高收益资产的资本将会在该投资组合中剩下的贷款中重新分配，但这个资本将只能挣得一个较低的必要回报率。股本回报率(ROE)目标的改变将只会影响到商业贷款投资组合,而不会影响到消费者投资组合或其他必须配置资本的具有风险的经营活动。同样,如果商业贷款投资组合的信用质量恶化,那么作为对更高的股本回报率波动率的反应,商业贷款投资组合的资本比例也会相应地上升。与此同时,其他风险资本的必要回报率并不会上升。这一点是有意义的,因为商业贷款组合结构的变化既不会影响到银行其他风险的水平,也不会影响到股东因承担这些风险而要求的股本回报率。

另一个选择是根据与银行最低必要回报率相关联的固定资本乘数在整个银行中分配资本。这一方法可能会造成总的资本要求与分配的经济资本(EC)不匹配,这种不相匹配的情况必须得到调和。对重大差异的调和可能会造成混乱。

其他的选择可能是把股东要求的回报(必要回报)作为盈余波动率的函数。经济利润将仍被度量为超过股东要求的回报的那一部分利润,但经济利润将不再等于单一的必要股本回报率乘以经济资本。通过一些简单的计算,这一方法实际上与调整后的最低必要回报率相同。

这些方法(以及其他的一些方法)中的每一种都有其优缺点。对任何一家银行而言,要确定哪一种方法最为合适,还需要作进一步的分析。

小 结

银行持有经济资本以防范极端的非预期损失。经济资本的计算在投资组合的层面上进行,计算中考虑到了多样化收益。为使经济资本指标能用于指导银行的定价和投资组合管理活动,有必要将经济资本配置到单个贷款业务中去。有两种常见的风险指标,即损失波动(称为非预期损失)和极端损失(尾端风险),与此相对应,存在两种资本配置方法。风险贡献(RC)配置法根据每种贷款对投资组合损失波动的贡献来配置经济资本,这里,贷款对投资组合损失波动的贡献等价于它们对投资组合盈余波动的贡献。尾端风险(TR)配置法根据每项贷款对投资组合的潜在极端损失的贡献来配置经济资本。

通常,与尾端风险配置相比,风险贡献配置会给高风险的贷款分配较多的资本，而给低风险的资产分配较少的资本。本章的讨论表明，风险贡献（RC）配置得到的结果与股东的要求相一致，因为较高的预期回报补偿了股东所承担的较高的盈余波动风险。债权人和评级机构同样需要风险溢价以补偿盈余的波动。尾端风险（TR）配置在匹配较高的必要回报率与波动率方面做得较差。

然而，如果投资组合的信用质量发生重大变化，并且银行的最低必要回报率保持不变，则在 RAROC 框架中，风险贡献配置会产生不一致的结果。同样，如果没有考虑到每个投资组合对盈余波动的贡献并在整个银行中适用单一的权益资本成本，也会导致资本配置的扭曲。

第3章
经济资本模型的概念框架

信用风险资产会给贷款人带来潜在的损失。为确保贷款业务能获得合适的收入,有必要评估贷款业务的损失风险(收入应足够抵补风险)。信用风险评估的设计旨在估计单个信用交易的损失风险,这种评估关注于三个风险维度,即违约可能性、违约事件的损失以及发生违约时的风险暴露。

为了确定违约可能性,必须使用不同形式的模型来评估借款人的财务报表和一些与市场有关的信息。这些模型不一定是定量模型,它们可以是专家的判断和一些基于规则的方法,也可以是经济计量方法和神经网络模型。模型的目标要么是直接得到违约概率的估计值,要么是通过分配一个信用评级来间接地估计风险。评级分类的设计旨在以一种排序的方式对不同债务人的相对风险作出区分。但是,信用资本模型需要根据每一个信用评级来评估违约概率(PD)的绝对值。

在评估违约事件的损失时经常用到的指标是违约损失率(LGD),也可以使用基于规则的和更为正式的模型。尽管与特定交易活动相关的违约损失率很难明确,但量化这个潜在变量十分重要。

为了评估违约风险暴露(EAD),必须分析任何未使用的承诺被耗尽的可能性或者或有风险暴露发生的可能性,特别是当贷款额度可由债务人随意选择时,这一点尤为重要。

把上面提到过的影响信用资产损失风险的三个参数相乘,就可以得到单个资产 i 的预期损失(EL_i):

$$EL_i = PD_i \cdot LGD_i \cdot EAD_i \tag{3.1}$$

如果贷款人只处理单笔交易,那么对该风险暴露的损失不确定性的估计就可以通过一种相对直观的方式得到。贷款要么会违约,要么不会违约。如果贷款违约,那么违约风险暴露和违约损失率都不确定。单个风险暴露的非预期损失(UL_i)是该资产的不确定性违约结果的函数。违约本身不确定，但是当它被描述成一个是或否的事件时，违约可以被模型化为一个方差为(PD)(1-PD)的二项式分布。尽管违约损失率也不确定，但根据历史数据或模型化的结果能够估计违约损失率的标准差(σ_{LGD})及其概率分布函数的形式。如果假设违约风险暴露(EAD)是一个常数，那么对单个资产 i 而言，其独立的非预期损失(UL_i)是：

$$UL_i = \sqrt{(PD_i)(1-PD_i)LGD_i^2 + PD_i\sigma_{LGD\,i}^2} \tag{3.2}$$

贷款人持有一系列信用风险资产的投资组合，这些投资组合的整体风险远远低于单个资产的非预期损失的总和(假设这些资产完全相关)。贷款人把这些资产放在一起，目的是为了分散风险，因为可以合理地预期同时发生违约的借款人相对较少。但是，风险完全独立也不太可能，因为贷款人倾向于在不同的行业和不同的地理区域建立专业化的服务，这就造成了债务人、行业和国家的集中。由于假设自己的投资组合已足够多样化，因此金融机构会选择高杠杆化经营。这样做所导致的一个后果就是，风险集中化程度的较小变化会促发投资组合损失水平的大幅波动，从而使得最后的损失大大超过正常预期水平，并成为投资组合风险的一个来源。

投资组合的预期损失(EL_p)可以通过简单加总单个信用风险暴露的预期损失 EL_i 而得到，如下所示：

$$EL_p = \sum_i EL_i = \sum_i PD_i \cdot LGD_i \cdot EAD_i \tag{3.3}$$

投资组合的预期损失(EL)不受投资分散化影响。为确定投资组合的风险，我们需要知道资产在多大程度上会在同一个时刻违约，也就是需要知道资产违约或损失的相关性(ρ_{ij})。

可以使用专门用来评估违约相关性的模型，这些模型要么建立在结构化考虑的基础之上，要么建立在市场观察的基础之上。在所有的模型中，违约相关性的估计都很难被量化。违约相关性的估计是信用风险中最具争议的领域之一，需要进一步研究的问题尚有很多。

通过引入违约对于违约概率(PD)、违约损失率(LGD)和违约风险暴露(EAD)的相关性，就可以确定作为一个整体的投资组合的可能损失水平。投资组合的风险有多种表述方式，包括投资组合的非预期损失(UL_P)和超过某一关键水平的损失概率。投资组合的非预期损失 UL_P 的公式是：

$$UL_P = \sqrt{\sum_i UL_i^2 + \sum_{i,j}\sum_{i\neq j} UL_i UL_j \rho_{ij}} \tag{3.4}$$

经济信用资本模型

银行所需的经济信用资本的数量是通过分析投资组合在既定时间段（一般为一年）的整体损失的概率分布而得到的。所需资本的标准建立在银行所能容忍的损失数量的基础之上。在大多数情形下，所需资本的水平是以银行想要达到的目标信用评级为依据。例如，如果银行希望获得AA的信用评级，那么该银行的目标损失概率就必须是3～5个基点，这是AA级金融机构的传统违约概率。

整体的投资组合资本被确定以后，这些资本还需要配置到单个资产的风险暴露中去，这种资本配置的基础是单个资产对投资组合标准差的贡献，或者是对可以造成超过资本数目的损失的风险贡献。根据单个风险暴露配置的资本是评估客户盈利能力和业务单位盈利能力时的一个重要输入变量。

经济信用资本模型可以划分为两种类型，一种类型建立在只违约（DO）的基础上，另一种类型建立在按市值计价（MTM）的基础上。DO方法只处理违约事件，并且假设那些非违约资产保持期账面价值或面值不变。考虑到DO模型与资产负债表会计指标和损益表会计指标间的关系，从这一点上来讲，DO模型是合理的。资本与权责发生制报告的收益在下一年的波动性相关。但是，那些到期期限超过一年的贷款可能会在一年后发生违约，这种一年后发生的违约损失风险也需要加以控制。为控制这种风险，有很多方法可供选择，包括扩展模型所考虑的期限和年度化模型结果，或者根据贷款的到期期限来调整违约概率并估计单笔贷款的资本要求。

除了引入违约损失，按市值计价（MTM）模型还考虑到了非违约资产信用质量的变化，并能确定与非违约资产在期末的市场价值相关的损益。该损益是合约价差、期限内要求的市场价差、资产的到期期限以及远期违约概率或评级转移的函数。因此，MTM模型考虑到了与违约相关的已实现损失以及与到期期限超过一年的贷款的净跌价损失相关的未实现损失。按市值计价（MTM）模型反映了如果一个投资组合实际上按市值计价的话，所得到的相关经济结果的波动性。

考虑到复杂的投资组合模型需要数以千计的输入变量，采用解析法求解资本要求就不太可能。损失分布的蒙特卡罗模拟是一个可行的解决途径。考虑到按市值计价(MTM)模型也是在市场要求的信用价差的基础上来评估非违约资产的价值,我们将重点放在那些同时出现在只违约(DO)模型和按市值计价(MTM)模型中的输入变量上。

违约概率

几乎所有的金融机构都使用风险评级来给违约的相对可能性分类。评级系统可以只使用4~5个风险种类,也可以用到多达20个风险种类,这与主要外部评级机构所使用的风险分类相似。

风险评级通常分为两大类,一类是从AAA级到BBB-级的投资级别信用风险,另一类是从BB+级到C级的投机级别信用风险。银行通常使用与这些字母级别相应的数字级别。数字级别中也包含监管级别。对于接近违约的公司有两种监管级别,即特别关注级别和不合格的可累计贷款级别,对于已经违约的公司也有两种监管级别,即不合格的不可累计贷款级别和有问题贷款级别。

对于公共企业和那些具有外部可交易债务的企业,可以根据相关模型直接从市场观测值和财务报表中估计违约概率(PD)。对许多企业来讲,特别是那些不能获知其市场信息的非上市企业,违约概率是基于风险评级而间接地确定的。

对于银行而言,很重要的一点是,应明确风险评级机制的结构,以及采用的是贯穿周期型评级(TTC)还是当前型评级(PIT)。信用评级机构倾向于使用贯穿周期型评级。关注于长期债券投资者的利益,穆迪的贯穿周期型评级将会随着信用风险的持续变化而改变。贯穿周期型评级综合看待信用风险的暂时变化,无论这些变化本质上是整个经济中的、行业的还是具体公司的变化。评级机构会努力避免评级反转。例如,穆迪公司会跟踪评级变化的频率,评级显著变化的频率以及评级反转的频率。在任何给定的12个月期间,每四个发行人中只存在一个评级行为,而在一百个发行人中只有一个发行人会遭受评级反转。

传统上,银行同评级机构一样,会使用长期风险评估机制。银行的理由是,一旦它们发放了一笔贷款,那么它们将不得不持有这项贷款直到该贷款到期或直到该贷款得到偿还。银行更为关注在贷款的可能持有期间该贷款的信用评级。随着资本市场的扩张,债券以及贷款的二级交易市场的出现,银行现在可以在贷款到期之前处理掉该贷款。除此之外,随着信用衍生工具的出现，信用风险的交易和对冲也有利于提高贷款的流动性。随之而来的结果是，银行更为关注在一个较短的时间内评估其信用风险，并已开始使用当前型风险评级法（PIT）。

由于越来越多的大型借款人特别是公开上市公司的风险已得到交易和对冲，银行现在已开始将这种风险评估模式扩展到较小的私人公司。已有越来越多的银行开始对公开上市公司和私人公司实行当前型评级（PIT）模式。

为了支持按市值计价（MTM）模型，公开上市公司以市场为基础的违约概率（PD）评估可以根据穆迪 KMV（信用监控）和 RiskMetrics（信用级别）中的股票价格进行推导。使用一个基于默顿模型的期权理论结构方法，将公司的市场价值和权益的波动性与债务的面值联系起来以估计公司的违约概率。这种结构化的方法认为，如果公司的资产价值低于其债务的面值（执行价格），股东就可以行使期权。由于资产的市场价值不能直接观测到，因此资产的价值和资产的波动性被转换为权益的价值和权益的波动率，以构造一个资产价值的分布。通过"违约距离"来对历史违约经验做出校准，使得违约概率的量化成为可能。

尽管私人公司可能不会有市场交易的权益或公共评级的债务，一些银行仍根据适用于公开上市公司的违约概率估计法来推导这些私人公司的违约概率。可以将公开上市公司以市场为基础的违约概率值与这些公司的内外部评级联系起来，与特定评级相关的基于市场的违约概率的平均值或中位数就可以应用于私人公司。这里假设公开上市公司和私人公司有相同的评级理念。银行可能会发现，无论是公开上市公司还是私人公司，使用贯穿周期型评级（TTC）会更为容易，因为银行可以把公开上市公司的外部评级作为内部评级的校准基准。实际上，公开上市公司的违约概率与其内部评级之间不存在任何关系，但仍被用于校准私人公司的违约概率—评级关系。

一些中间市场银行反对使用公开上市公司的基于市场的违约概率作为评价私人公司当前违约概率的基础。公开上市公司的违约概率更容易波动，并会在整个信用周期内波动。中间市场的贷款人将会受到这些违约概率的波动性与其客户隐含的资本波动性和回报波动性的干扰。质疑这些基于市场的估计值的一个更加客观的基础是比较公开上市公司和私人公司经历的实际历史违约损失。

估计私人公司当前的违约概率的模型可以建立在历史财务信息的基础之上，并针对当前的经济条件和观测到的同一个行业内的公司的当前市场因子做出调整。如果这些混合模型表现良好，它们将导致私人公司和公开上市公司的内部评级与其违约概率（PD）相分离。但是，这些模型的发展还处在初级阶段，并且除非它们得到了充分的检验，否则私人公司的内部评级将会继续作为间接估计违约概率的一个主要基础。

一些银行认为通过结合当前的财务数据、市场信息和主观意见，就可以推导出公开上市公司和私人公司的当前型评级（PIT）。目前，并不存在可靠的外部 PIT 评级系统，以作为内部评级的校准基准（这与 TTC 评级不同，因为外部 TTC 评级往往可以用于校准内部 TTC 评级）。与 TTC 评级相比，PIT 评级的波动性更大，预期 PIT 评级会随经济周期和借款人条件的变化而上下波动。与 PIT 评级相关的违约概率一般可以依据各个评级类别加以确定，随着风险的变化，评级会波动到一个新的违约概率类别中去。尽管相对评级可能会反映当前的相对风险，但由于不能确定当前评级下的绝对违约概率，这一方法也面临一定的问题。

尽管不同的银行可能会宣称它们采用 PIT 评级法或 TTC 评级法，但实际上这些银行也很难确定自己的等级评定时间跨度。即使在同一个银行中，不同的授信人员也可能会有不同的等级评定时间跨度。其结果就是，无论是 TTC 评级还是 PIT 评级，由称谓所揭示出来的等级评定时间跨度只是一个近似值。无论选择哪种评级方法，所有的银行都有必要使用历史违约数据验证其违约概率估计。

为了收集违约历史数据，我们需要一个关于违约的一致性定义。在公共债务的情形中，违约被定义为：①不能按时偿还本金和利息，或者②自愿的或非自愿的破产。注意，对于违约的这个定义而言，技术性违约（也就是可能会导致支付违约的对债务合同上的条约的违背）不属于违约范畴。评级机构会编制那些被评级的债务的统计数据，这些评级机构通常被认为是判断一个事件是否构成违约的仲裁者。这些评级机构也会考虑经济违约事件，如强制性的证券交易。评级机构每年都会公布公共债务的历史评级数据，如穆迪、标准普尔和惠誉等评级机构。逐年的和累积的违约统计量都会以分类的形式报告出来。除此之外，转换或转移矩阵也会予以公布，以展示评级发生改变的公司比例以及评级保持稳定的公司比例。

在私人债务的情形中，对于什么时候停止在这些私人债务上累计利息这个问题，银行和其他受监管的金融机构将会自动地遵守相关监管要求。对于商业债务而言，停止累计利息的日期通常是在到期日后的 90 天。利息通常按季度支付，如果债务的偿付存在问题，即使偿付还没有正式过期，银行也有激励停止累计利息。银行采用这种政策的一个原因是，一旦贷款处于非累计的状态（不良贷款），银行将必须转回之前累计的但尚未支付的财务报表上的利息收入。

银行的财务系统是实施违约历史分析的起点。在检查这些记录时，考虑到与银行有关的数以千计的交易活动，我们经常会发现有的贷款被错误地设置成非累计的状态。有时，贷款被贷记到一个错误的账户中，尽管这个错误最终被发现并得到了纠正，但贷款可能已经被暂时地设置成非累计状态。同时，尽管原始贷款的利息尚未完全付清，新的贷款业务仍会发生。例如，一种错误情形是，一个具有可接受信用评级的贷款变成了非累计贷款，而在之后的数月中，这个贷款又恢复了可接受的信用评级。因此，银行应仔细检查历史记录，以排除所有这类错误，从而避免对违约概率的高估。

在分析6年间的历史违约和转移统计量的过程中，JP摩根最近的一项研究检查了这些问题。表3-1展示了一个综合的转移矩阵。

在这个6年的期间里，JP摩根使用了贯穿周期型评级（TTC）法。从表3-1中一年期限内保持不变的评级所占的百分比相对较大就可以看出这一点。“WR”这一列揭示了那些被拿掉了信用评级的借款人。这些借款人在年初是银行的客户，但在年末就不再是银行的客户，因而他们在这个银行就不再有评级。评级机构也确认了那些信用评级被拿掉的企业，并且它们也注意到了信用评级被拿掉的原因包括债务的终止、债务的合并或者这些企业不再要求评级机构为其评级。JP摩根的研究发现，被拿掉评级的企业的比例是信用评级机构发现的这种企业比例的四倍，这说明了银行关系的动态本质。如何处理评级被拿掉的企业对违约率的计算至关重要。

在确定违约率时，一些评级机构（如穆迪）通过在开始时的企业样本中增加一半的“WR”观测值，并通过调整包括违约状态在内的所有转移统计量，来调整观测的违约率，从而所有的百分比相加等于100%。

JP摩根的研究使用了一个更为保守的方法，由于所有评级被拿掉的企业通过适当的调整都会被加入到开始时的样本中，因此所有的百分比加起来等于100%。从表3-1中可以看出，违约率在不同的信用评级类别中是单调递增的。对于这个样本，我们可以得出如下的结论，即这些信用评级确实合理地反映了风险的级别。

贯穿周期型评级模型可以使用一年的平均违约率的观测值来验证。但是，违约率可能会在一个周期中发生变动，因此，有必要使用一个相当长的历史期间（甚至长于这里的6年期间）来验证模型的结果。3~6年的期间是

表 3－1 一年平均转移矩阵（JP 摩根，1997～2002）

	级别	期末的风险评级									
		AAA－AA（%）	A（%）	BBB（%）	BB（%）	B（%）	CCC（%）	CC（%）	违约（%）	总计（%）	WR（%）
	AAA－AA（%）	91.30	5.62	0.84	1.03	1.11	0.03	0.00	0.08	100.0	14.9
	A（%）	5.98	85.91	5.71	1.67	0.53	0.09	0.03	0.09	100.0	15.4
初始	BBB（%）	0.66	7.02	84.31	6.96	0.78	0.11	0.05	0.10	100.0	17.2
风险	BB（%）	0.08	0.58	3.99	89.28	4.81	0.43	0.26	0.57	100.0	20.8
评级	B（%）	0.12	0.08	0.26	10.95	84.07	1.61	1.06	1.86	100.0	27.6
	CCC（%）	0.00	0.18	0.09	1.99	15.10	63.47	9.13	10.04	100.0	36.1
	CC（%）	0.10	0.10	0.10	1.40	4.60	1.40	74.57	17.72	100.0	40.8
	总计（%）									100.0	22.0

一个常用的周期,因此JP摩根的研究只能观测到一个周期。

为了给出历史违约记录的累积期限结构,可以根据标的数据构造2~5年期限的违约率。另外,也可以通过对平均一年的转移矩阵多次求幂而得到累积的转移矩阵和违约矩阵。在大多数情形下进行这个求幂运算时,统计检验表明没有出现必须的马尔科夫性质。

如果使用当前型评级模型(PIT),那么尽管每一年的违约率可以与模型的预测值相比较,但为使预测违约率的平均值与实际违约率之间的比较有意义,仍需要一个较长的时间期间进行验证。

按市值计价(MTM)模型在估计违约概率(PD)时所产生的误差将会导致投资组合的初始估值损失。从初始MTM价值中得出的资本要求也会受影响,这取决于投资组合的构成。

违约损失率

违约损失率(LGD)的估计可以通过外部评级机构报告的违约率而构造出来,尽管外部评级机构处理的主要是公开交易的债务。为违约损失率定义的违约概念应与用来计算违约概率的违约定义保持一致,并且违约损失率应建立在违约发生时的风险暴露的基础上。一些评级机构大约会在违约事件发生后的一个月报告债务的交易价格。其他评级机构会给出银行从客户的破产中得到的现金和证券,并使用合约中规定的利率来贴现银行收回的这些价值。可以通过分析从企业破产中所收到的名义现金流和违约事件发生一个月后债务的市场价格,来计算债务的购买者所获得的内部回报率。这些内部回报率的大小取决于实际经济条件,通常位于10%~20%的范围内。

阿尔特曼(Altman)、胡(Hu)和弗赖伊(Frye)的研究考察了违约损失的严重程度对商业周期的依赖性,这些商业周期是通过部门的或整体的违约率来度量的。研究发现,当整体违约率较高时,银行的清收率就会受到负面影响。从直觉上看也是如此,因为在经济困难时期,资产价值将会倾向于下降。同时,投资于具有违约压力债务的新投资者在经济萧条时对于他们的风险投资(对企业标的资产或破产企业的投资)会要求一个更高的收益率。当破产企业的数量上升时,这些破产企业的购买者将需要一个风险溢价补偿。债务的持有者也希望迅速清理资产负债表,并且他们将同意降低其所持有的破产公司资产的价格和他们所持有的具有违约压力的债务的价格。破产时间的延长会增大对律师、会计师和顾问的支付,从而会进一步降低破产企业的标的资产的价值。

评级机构已经收集了统计上的证据,这些证据表明不同种类债务的清收率取决于这些债务的优先级和结构。具有最高清收率的是高级有担保债务,其次是高级无担保债务和低级债务。同时,清收率还表现出相对较大的波动性,波动率约为25%。为估计清收率,不仅需要考察贷款人在借款人的资本结构中的相对优先级,还需要明确优先级高于和低于贷款人的头寸的债务额度。如果高级债务的数目较少,而低级债务的数目非常大,高级债务的清收率就有可能是历史清收率变动范围的上界。相反,如果高级债务的数目非常少,低级债务的清收率就有可能得到加强。

尽管公共债务清收率的信息非常多,但与私人银行债务相关的这方面的统计数据相对稀少。为了从银行记录中推导出清收率数据,我们必须广泛收集银行记录并对细节特别加以注意。传统上,由于违约损失会影响银行的贷款损失准备金,因此银行保留了违约贷款本金损失的良好记录。尽管这个信息对于确定贷款损失准备金充足与否可能已足够,但银行必须调整这些本金损失或会计损失,以将它们转化为适用于资本建模的经济损失。

这些调整不仅要求银行考虑到现金流的时间,而且还要求银行考虑可能会以财产或证券形式获得的对贷款的清收。从银行记录中提取出该信息并不容易。当单个借款人具有多项贷款时,还会出现与银行违约损失率(LGD)相关的其他调整。在处理违约贷款的过程中,现金形式的清收可能会在没有考虑到相对优先级或担保水平的情况下,武断地分配到单个贷款中去。因此,加总所有单个借款人的违约风险暴露,并在贷款池的基础上计算违约损失率是明智的。只要所有贷款不是同时发生违约,就需要加总违约风险暴露。即使借款人已发生了违约事件,银行也有可能继续给这些借款人注资。例如,在房地产建设项目出现贷款违约时就会发生这种情况。为了最大化先前的贷款的清收率,银行会选择继续给这些借款人注资,以帮助它们完成该房地产建设项目。尽管借款人已发生违约,但为使先前的贷款得到回笼,银行仍会优先给这些借款人注资。

与公共债务不同,银行债务的特征是贷款人和借款人之间高度的动态关系。中间市场的借贷尤其如此,当借款人刚开始遇到困难时,贷款人会强迫借款人出售资产以降低杠杆率。借款人在尚未发生违约时就已开始偿还贷款，因此当借款人最终违约时，他们的暴露会显著降低。剩余暴露的违约损失率（LGD）将会显得比较高，但如果考虑到债务开始时的风险暴露，原始贷款的清收率已不低。但是，违约损失率仍应在违约风险暴露（EAD）的基础上而不是初始暴露的基础上进行计算。

在度量违约损失率的时候，区分有担保的风险暴露和无担保的风险暴露十分重要。在作了这种区分以后，如果把违约损失率的估计值应用于资本模型，损失风险就可以考虑到贷款的本质特征。但是，由于银企关系和工作程序的动态特征，一个原本没有担保的贷款，可能会变成有担保的。也就是说，因为借款人会与银行协商以要求银行不对技术性违约做出限制，作为回报（银行对技术性违约的宽容和贷款展期的回报），银行可能会获得贷款的担保。在其他情形中，银行对其他借款人的无担保贷款可能不会这么宽容，因而这些贷款在整个偿付过程中会保持无担保的状态。因此，在为无担保贷款估计违约损失率时，银行应考虑到该贷款在违约之前会变成有担保贷款的概率。

其他的现金流项目应包括债务清算的成本，如额外的人员和法律费用。在房地产建设项目贷款的例子中，在房产最终出售前的与经营该房产相关的成本也必须考虑进来。如果银行可能得到证券形式的清收（如认股权证或普通股），那么这样的清收应以收到这些证券时或处理这些证券时的市值估价。

如前所述，对于经济资本建模，我们感兴趣的是与违约银行贷款相关的经济意义上的违约损失率，而不是会计意义上的违约损失率。在对风险暴露做了合适的调整，并且重构了所有的名义清收以后，银行有必要把贷款的清收贴现到违约发生时的时点，以确定这些清收的现值。贴现率的选择可能会使估计出来的违约损失率有显著的不同。一些从业人员认为应使用原始贷款合同的利率作为贴现率。但是，少数投资于具有违约压力债务的投资者会满足于在一个较低的收益率下购买清收前景高度不确定的违约贷款。基于经验，银行使用的贴现率应能够反映投资者对于有违约压力的资产所要求的经济回报率。

JP 摩根对约 4 000 个违约商业借款人在 18 年的期限中的清收率分析，揭示了很多有用的信息。该研究的结果如下所示：

- 会计意义上的平均违约损失率是 27.0%，而贴现率为 15% 时的经济违约损失率是 39.8%。业务单位不同，违约损失率也有一定的差异（见表 3-2）。

表3-2　业务单位的违约损失率
（JP摩根已清算的违约，1982年第1季度至1999年第4季度）

业务单位	债务人数目	平均债务清算时间（年）	净呆账率		贴现后的违约损失率	
			均值（%）	标准差（%）	均值（%）	标准差（%）
大企业（美国）	676	3.33	23.8	34.2	41.6	30.9
大企业（非美国）	268	2.58	22.9	33.8	37.3	33.2
房地产	719	2.23	29.8	36.6	42.0	33.7
新兴市场	394	3.04	25.8	39.5	42.2	35.6
中间市场	1 264	2.15	30.0	40.4	40.3	38.4
私人银行	310	1.66	25.4	40.9	34.5	38.3
其他	130	1.35	15.6	30.1	23.1	28.2
总计	3 761	2.43	27.0	37.9	39.8	35.4

- 贴现率降到10%时，经济意义上的违约损失率（LGD）下降到36.2%。
- 违约损失率的分布具有明显的双峰特征，高度集中于0%和100%这两端，并且具有较高的标准差（标准差约与均值持平）。
- 贷款最终清算时间平均为2.4年，这个数字有很强的波动性。
- 有担保贷款的违约损失率平均为40%，与之相比，主要依赖1990年后的数据计算出来的无担保贷款的违约损失率是50.5%（见表3-3）。

如前所述，对于违约损失率为什么与商业周期一起波动这个问题有十分合理的解释。图3-1展示了JP摩根大型企业未担保风险暴露的违约损失率与穆迪所有企业15年间的违约率之间的关系。一个对数线性回归得到了如下的关系：

$$\text{LGD}=1.16+0.16\text{LN}(\text{违约率}) \tag{3.5}$$

$$(p=0.0001),(p=0.0069)$$

$$R^2=44\%\ \text{调整后的}\ R^2=40\%$$

表 3－3　　按担保种类划分的违约损失率

（JP 摩根已清算的违约，1982 年第 1 季度至 1999 年第 4 季度）

有保证的担保品种类（主要的）	债务人数目	净呆账率		贴现后的违约损失率	
		均值（%）	标准差（%）	均值（%）	标准差（%）
现金与有价证券	36	23.7	37.1	35.8	33.8
不可转让证券	11	15.8	29.7	44.9	54.7
应收账款	126	24.3	34.6	35.1	32.4
存货	60	31.9	34.5	40.9	32.2
应收账款和存货	66	30.9	41.6	41.6	38.6
固定资产/机器和设备	71	32.1	36.8	42.3	34.2
抵押贷款/房地产留置权	706	25.0	32.5	39.4	31.2
总括留置权	120	33.2	34.2	47.2	32.7
其他	83	41.4	48.8	53.0	41.8
总担保贷款	1 279	27.7	35.3	40.9	33.4
总无担保贷款	426	40.3	42.5	50.5	38.1
总计	1 705	30.8	37.2	43.3	34.6

样本包含 1 705 个借款人，其中约 75% 来自 1990 年后的数据，这部分数据有专门的记录，从而可以通过担保种类加以区分；剩下的 25% 来自于 1990 年前的数据，这部分数据也可以按担保种类加以区分。

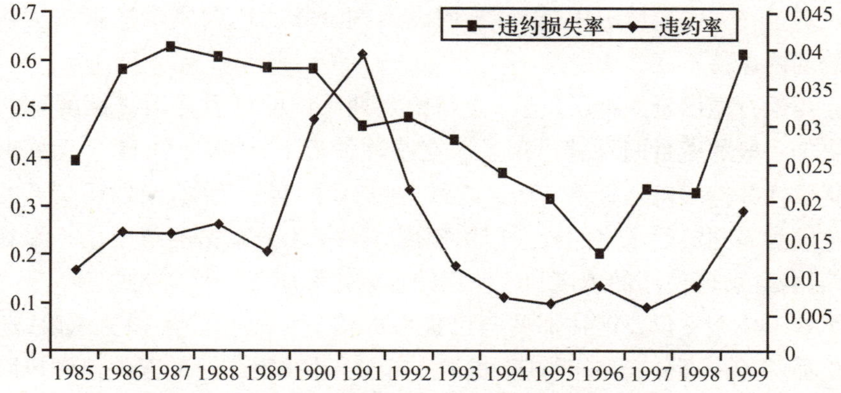

注：违约率为 1985 年第 1 季度至 1999 年第 4 季度间的年平均值

图 3－1　JP 摩根大企业未担保贷款的违约损失率与穆迪所有企业违约率之间的关系

但是，对于有担保的风险暴露，拟合优度 R^2 约为 2% ，这表明违约损失率（LGD）和违约率（LN）之间没有什么相关性。银行在一般经济环境变差时所具有的控制能力和获得额外担保品的能力，部分导致了相关性较低这种情况的出现。为了在经济资本模型中引入这个问题，把整体的违约率与无担保信用贷款的违约损失率联系起来是合理的。但是，对于有担保的贷款而言，我们认为整体的违约率与有担保贷款的违约损失率之间相互独立。

违约损失率的估计误差会对投资组合的资本产生重要的影响。在一个包含有约 3 000 个借款人的投资组合中，违约损失率提高 25% ，将会导致资本要求大约提高 16%①。这一误差对于其他具有不同结构的投资组合将会有不同的影响。

违约风险暴露

对于公共债务而言，违约风险暴露（EAD）是指任何时刻的未偿还债务，因为未偿还债务的额度不可能增加。对于分期偿还的债务，可以确定一个与违约概率（PD）期限结构相关的风险暴露期限结构。由于银行的定期贷款一般可以在没有任何惩罚的条件下提前偿还，因此精明的银行会尝试模型化定期贷款可能会被提前偿还的条件，如信用价差的增大或并购事件的发生。但是在大多数情形中，银行将假设定期贷款的违约风险暴露在贷款的有效期内保持不变。

当银行做出贷款承诺（通常是指给定期间内的可循环信贷额度）时，一个更加一般的度量问题就出现了。在这种情形下，借款人可能会反复提取信贷额度并持续偿还贷款。任何时候，在贷款的有效期间，未偿还贷额的取值范围为零到银行承诺的最大信用额度。未使用的承诺的范围也是零到最大信用额度，已使用的承诺和未使用的承诺之和应等于承诺的总量。

资本模型不仅要评估那些与已提取的信贷额度相关的损失风险，还要评估那些与一部分未使用承诺（提取一部分未使用承诺）的额外违约风险暴

---

① 从等式（3.2）中可以看出，即使在单个 UL_i 水平，与 Ul_i 与 LGD 之间也不是线性关系，因为 UL_i 是两项之和的平方根，而从等式（3.1）中可以看出，EL_i 与 LGD 间是线性关系。

露(EAD)相关联的损失风险。前文在违约损失率(LGD)的讨论中曾提到过贷款在违约之前可能会得到部分偿还。对于商业贷款而言,与定期贷款的做法相一致,银行通常做出保守的假设:循环信贷额度的已提取部分不会被提前偿还。

我们把贷款等价敞口(LEQ)定义为违约时预期会被提取的未使用承诺的百分比。很明显,未使用承诺的贷款等价敞口(LEQ)的范围是0到100%,而未偿还贷款的LEQ传统上假设为100%。

假设未使用承诺的贷款等价敞口为100%比较保守,因为银行所拥有的构建借贷协议以保护自身利益的能力使得这一假设不太现实。事实上,银行会在借贷协议中加入专门的条款,以降低借款人在信用条件明显恶化时继续提取其信贷额度的风险。这些条款对非投资级别的信用贷款非常严格,而对高投资级别的公司则比较宽松。对于商业票据支持信贷额度而言,银行显然会采取比较宽松的政策。评级机构将会给商业票据赋予A1 - P1的评级,因为银行的商业票据支持性融资额度很少会限制商业票据的发行人对该信贷额度的提取。

即使存在保护性条款,在借款人继续提取信贷额度的能力与银行在借款人信用条件恶化时切断信贷供给的能力之间仍存在一种博弈状态。理想的历史分析应建立在这些保护性条款的保护强度和性质的分类的基础上,从而确定与不同种类的条款相关的贷款等价敞口百分比。不幸的是,银行并没有跟踪原始条款,与循环信贷额度相关的保护性条款很少会有什么变化,从而使得这种历史分析很难进行。

但是,在更差评级的风险暴露将会有更加严格的约束这个假设前提下,评级可以作为这些保护性条款的替代。其他可能影响贷款等价敞口的因子包括债务人业务的性质、债务人是否可以进入商业票据市场、是否存在约束债务人提取全部承诺的限制条件、承诺的大小以及当前已使用的承诺百分比。由于贷款等价敞口可以在违约之前的不同时点上度量,因此考虑承诺的期限就很重要。对于长期承诺而言,借款人的信用状况有更多的时间发生逆转,借款人本身也有更多的机会和更大的需求来提取未使用的贷款承诺。

JP摩根花了6年的时间研究与可循环信贷额度相关的贷款等价敞口,该研究结果已得到公布 。研究中的贷款等价敞口是在违约贷款的基础上计算出来的,这个计算基于399个违约借款人在截至2000年12月的5.75年的期间内,与408笔贷款相关的1 021个观察值上。尽管整体的贷款等价敞口(LEQ)平均为43%,但针对所有的评级类别,贷款等价敞口随着违约时间的延长而有显著的增加①。1年期的贷款等价敞口平均为32%,而5年期的贷款等价敞口平均为72%。如前所述,这可能是由于借款人的评级发生逆转和与之相关的提取贷款额度的需要所造成的。

当信用质量下降,贷款等价敞口通常也会下降,但这不是一个一般的结论(相反,LEQ随违约时间的延长而增加是个一般性的结论)。通常,对于BBB评级和更高评级贷款的贷款等价敞口平均为62%,信用评级位于BBB-级和B+级之间的贷款的贷款等价敞口平均是48%,对于B级和更差评级的贷款的贷款等价敞口平均是27%。正如违约损失率(LGD)中的情形一样,贷款等价敞口表现出一个聚集在0和100%附近的杠铃式分布,其标准差约为40%。高的贷款等价敞口因此与更高质量的信用和更长时间的风险暴露联系起来了②。

在资本模型中,贷款等价敞口对资本要求有一个线性的影响。假设所有的贷款等价敞口都提高一个给定的百分比,那么资本要求也会以相同的百分比提高。如果单个风险暴露的贷款等价敞口被低估,因而与先前的假设相比现在的风险集中度更高,那么资本要求会不成比例地提高。

违约相关性

相关性是将投资组合中的单个风险暴露联系在一起的粘合剂。如果单个资产之间互不相关,我们就能相对容易地得出该投资组合的损失分布。估计单个公司的违约概率已属不易,估计不同公司违约概率间的相关性更是十分困难。因为这些公司可能从来都没有处于过违约的状态,相关历史数据不可获得。在这种情况下,我们最多能做的事情就是推断违约相关性。在推导按市值计价(MTM)的信用资本模型时,我们不仅关心违约事件本身,

---

① 在JP摩根随后进行的一个截至2002年的期限更长(9年期间)的内部研究中,所得出的平均LEQ值大致相同。

② LEQ = 48.36 - 3.49(贷款评级) + 10.87(TTD)。与贷款评级相应的取值为:1(AAA/AA-);2(A+/A-);3(BBB+/BBB);4(BBB-/BB+);5(BB);6(BB-/B+);7(B/B-);8(CCC)。TTD是指距离违约的时间或到期期限,以年为单位。

还关心那些可能会导致估值损失的信用质量的变化。因此,除了违约相关性,我们还对估计信用评级变化的相关性感兴趣。

现在,银行拥有许多估计相关性的理论方法。第一种方法是直接利用企业历史评级变化的数据来模型化企业之间的联合评级变化。使用信用评级历史的问题是,这种方法假设两个具有相同评级的公司将会具有相同的相关性。因此,两个不同行业和不同国家的公司将会如同两个位于相同行业和相同的国家中的公司那样具有相同的相关性,只要这两个公司具有相同的评级。

另一种方法是使用债券或信用违约掉期价差来估计信用的相关性。在这样的模型中,使用债券或信用违约掉期价差的困难是缺乏足够长的时间序列质量数据,以及从市场价差中推导违约估计值的需要。

最新的方法需要构造公司的期权理论模型,从而得到标的资产价值的时间序列历史(如穆迪 KMV)。导致资产价值变化的因子可以分解为系统性因子和异质性因子。系统性因子是指与行业、国家和整体市场相关的因子,而异质性因子是指企业所独有的因子。与系统性因子相关的资产价值变化部分相对于与异质性因子相关的资产价值变化部分间的比例通常称为 *R* 方。在得到资产价值相关性后,违约的相关性就可以被构造出来。除此之外,资产价值的变化可以与违约距离的变化以及评级的变化联系起来,因此估值损益可以得到确定。

公开上市公司的 *R* 方可以用上文中讲到的方法估计出来或者用权益相关性作为替代。私人公司的 *R* 方可以在公开上市公司 *R* 方的基础上,作为国家、行业和企业规模的函数进行估计。

投资组合的资本对 *R* 方的估计非常敏感。对于之前提到过的假设的投资组合来说,*R* 方提高 25% 将会导致投资组合所要求的资本大致提高 20%。

小　结

信用资本模型为评估投资组合的风险奠定了基础。这些模型将单个风险暴露的信用特征与投资组合中单个风险暴露之间的相关性结合起来,以得到整个投资组合的损失概率分布。银行的目标资本水平取决于银行想要达到的信用评级。资本随后被分配给单个风险暴露,并用于确定这些暴露的风险调整回报是否高于银行的最低回报率。

银行可以选择的信用资本模型包括只考虑违约的模型，这类模型与公司提供的财务报表的联系非常紧密。另一个选择是按市值计价(MTM)模型，该模型兼顾到了风险事件的已实现经济损失和未实现经济损失。

所有资本模型的关键输入变量有单个风险暴露的违约概率(PD)、违约损失率(LGD)和违约风险暴露(EAD)，以及不同风险暴露间的违约相关性。大多数银行把单个借款人的信用评级作为度量借款人相对风险的一个指标。这些信用评级反映了信用质量的短期视角(PIT)或长期视角(TTC)。为了推导违约概率，必须明确与这些信用评级相关的历史违约概率估计值。如果公司已公开上市，违约概率就可以根据以市场为基础的观测值确定。与单个贷款相关的违约损失率可以在历史经验的基础上，作为债务优先级、债务结构和担保品种类的一个函数进行估计。未使用承诺的违约风险暴露或贷款等价敞口(LEQ)也可以从历史数据中估计出来，并且我们发现这些估计值是信用评级和贷款期限的函数。资产的相关性可以根据市场观测值进行推导，并且这一相关性可以用于确定信用风险资产的系统性风险或异质性风险的程度。系统性风险倾向于提高整个投资组合的资本，因为具有风险的信用贷款可能会同时违约。

第 4 章
清收风险与经济资本

贷款人知道任何贷款都可能违约，他们也知道任何投资组合的违约率都可能会上升。如果违约率上升得太高，投资组合就会遭受损失。为了吸收这个可能的损失，贷款人必须保留有资本。

另一个效应可能会使这个损失复杂化，这就是违约损失率(LGD)的变化。违约损失率是当贷款违约时，所损失的敞口比例。贷款人发现，当违约率上升时，违约损失率也倾向于上升。当我们考虑可能的损失时，违约率的变动只占到个整个问题的一半，违约损失率的变化也同等重要。

本章提出了一个框架以理解违约率和违约损失率的协同上升以及它们对经济资本的影响。这两个比率都与潜在的系统性风险因子联系在一起。正如我们将要看到的，这导致了违约损失率的两个分布，这两个分布在经济资本的分析中有不同的作用。在分析经济资本时，早期发展的主题具有两个陷阱，并且这两个陷阱都导致了风险的低估。这些陷阱在度量违约损失率时，忽视了系统性风险的来源，并在估计预期违约损失率(ELGD)时合并了违约损失率的两个分布。

违约损失率和预期违约损失率

我们从一个包含有可能会违约的贷款或其他产品的投资组合的简单模型开始。违约在不同的产品中有不同的定义，即在确定是否已发生违约时允许有不同的判断标准。尽管在任何给定的时点，我们会假设特定的贷款只具有违约或未违约这两种状态。

对于违约贷款而言，违约损失率是已损失的敞口比例。违约损失率是一个经济上的概念，不一定与当前财务报表中所报告的数字相一致。违约损失率一般在0和1之间取值。

尽管这个违约损失率的定义看起来十分直观，但在具体的环境下，一些细节问题会导致违约损失率的度量复杂化。本章的重点不在于此，我们的重点在于违约损失率的主要特征。我们假设在非违约状态，既不存在损失，也不存在潜在的收益。因此，贷款不会有来自于降级的损失和来自于升级的收益。我们还假设相关经济损失是可以度量的。

除非违约损失率得到度量，否则它就是一个随机变量。如果违约损失率是一个随机变量，我们需要做的是研究这个随机变量的分布，但是在此之前我们可以做一个重要的观察。

这个观察来自于违约损失率的定义：对于任何给定的贷款，违约损失率独立于违约事件。如果一个随机变量的结果不能为另外一个随机变量的结果提供任何信息，那么这两个随机变量就相互独立。在这种情形下，第一个随机变量是贷款是否违约的指标函数。如果发生违约，那么这个指标函数就等于1，如果没有发生违约，这个指标就等于0。第二个随机变量是违约损失率。在违约事件发生之前，违约损失率被认为具有某个期望值、概率分布或是可能价值的集合。如果贷款实际上发生违约，违约对于该期望值、分布和可能价值的集合不会有影响。正如违约损失率（LGD）的英文拼写（Loss given default）所揭示的，违约损失率推测在发生违约的情况下的可能结果。如果真的发生了违约，我们也得不到什么新信息，违约的发生对于违约损失率的分布没有任何影响。根据定义，违约损失率独立于造成违约的事件①。

违约损失率和违约事件的彼此独立使我们可以用到一点数学知识，从而能更加深入地了解这一问题。如果信用损失要求贷款发生违约，那么每单位货币敞口的损失就等于违约损失率。用数学符号表示就是：

$$L = D \cdot \mathrm{LGD} \tag{4.1}$$

其中 L 是每单位货币敞口的损失，D 是违约指标。因为等式(4.1)右边的两个因子相互独立，因此可以作如下所示的期望值计算：

$$E[L] = E[D] \cdot E[\mathrm{LGD}] \text{ 或者 } \mathrm{EL} = \mathrm{PD} \cdot \mathrm{ELGD} \tag{4.2}$$

这表明贷款的预期损失等于贷款的预期违约率（即违约概率 PD）与预

---

① 其他变量如担保物的价值，可能会依赖于违约事件的发生与否。此外，违约损失率可能会依赖于除了违约事件之外的任何因素。例如，违约的原因（如高层管理者的欺诈）也许能告诉我们有关违约损失率的信息。

期违约损失率(ELGD)的乘积。例如,如果贷款的违约概率等于5%,而预期违约损失率等于40%,那么该贷款的预期损失是2%。

注意到这些符号之间的差异十分重要:违约损失率是一个具有某种分布的随机变量,而预期违约损失率是这个随机变量的期望。因此,预期违约损失率是一个矩条件或总体参数,而违约损失率本身是随机的。类似地,违约概率是随机变量D的总体参数。注意到等式(4.2)适用于给定的贷款,因此,这个期望值是贷款违约损失率的分布,该分布依赖于贷款的违约分布,稍后会讲到这一点。

如前所述,违约损失率和造成违约损失的违约事件相互独立。相关性是一个很有用的指标,但只在投资组合的层面上才有意义。给定的违约损失率可能会与其他违约损失率或其他违约事件相关。实际经验表明,如果给定年份中存在很多包含特定种类担保的违约贷款,并且如果这些违约贷款的违约损失率高于一般违约损失率,那么随后出现的包含相似担保的违约贷款也可能会产生高于一般水平的违约损失率。极端多的违约事件本身也可能会使违约损失率高于一般水平。因此,相关的违约损失率来自于投资组合水平上的分析,该分析使用投资组合风险模型来估计经济信用资本。

经济信用资本

经济资本的概念量化了金融机构在给定期间(通常是一年)所面临的风险。经济资本这个概念不仅包含信用损失,还包含其他各种类型的损失。认识到这一点后,尽管本章分析的是经济信用资本,但同样的分析也适用于经济资本。

经济资本模型是与用来控制金融交易风险的在险价值(VAR)方法相类似的分析方法。就像在险价值方法一样,经济资本是损失分布的一个高分位上的值[①]。本章模仿了市场在险价值的分析。我们假设投资组合在整个分析期间都具有风险暴露。这意味着在年末前,不会有交易到期。本章同时假设没有再投资风险,银行的风险等于其当前投资组合的风险。

---

① 经济资本的一个替代定义在找出分位之前就从损失分布中减掉了预期损失(EL)。

本章探讨了损失分布99.9%分位上的经济资本。这意味着一千次事件里只会发生一次损失，前提条件是模型能够反映所有的现实因素。但是，数学模型简化和典型化了现实。因此，名义的分位对于模型是有意义的，但是这个名义的分位与被模型化的现实之间的关系比较微弱。这种情形类似于隐含波动率在期权定价模型中的角色。以不同的方式典型化市场的不同期权定价模型会产生不同的隐含波动率。给定的隐含波动率只有在隐含该波动率的模型框架中才有意义。类似地，损失分布的分位也只有在产生这个分布的模型框架中才具有意义。实际投资组合的损失超过经济资本的概率可能高于也可能低于0.10%。

估计出来的损失仍远远大于银行记录的平均损失。因此，经济资本模型有必要在损失的统计分布的基础上进行某种外推。

损失分布取决于所谓的风险因子。在市场在险价值(VAR)模型中，这些因子很容易界定，它们是与持有投资组合近似等价的证券或金融衍生品的价格。在经济资本模型中，风险因子更加抽象，它们是违约和违约损失率(LGD)变化背后的驱动力量，即促使违约率或违约损失率上升或下降的因素。我们没有必要把风险因子解释为经济数据如GDP、股票价格或利率的转变。

渐近单风险因子模型

最简单的经济资本模型只使用一个影响模型中其他数量的风险因子。这个风险因子是一个随机变量，它使得投资组合位于更大或更小的信用损失期间。我们把这个风险因子称为Z，并允许它既影响违约率，也影响违约损失率。影响不同投资组合的风险因子Z基本上相同，特别是在投资组合很大并且得到了很好的分散的情形下。

单风险因子模型是最简单的框架。在不考虑投资组合构成的条件下，该模型提供了一个考虑贷款的经济资本的惟一方式。为证明这一点，假设存在两种风险因子，其中一种影响美国的债务人，另一种影响英国的债务人。假设一笔新贷款的债务人在英国。如果该贷款被加入到由美国贷款组成的投资组合中，那么这个新加入的贷款就增加了一点分散化收益，如果这个新增加的贷款加入到由英国贷款组成的投资组合中，那么它对这个投资组合不会带来任何分散化收益。因此，新贷款的风险取决于它所加入的投资组合。如果存在两个或更多的风险因子，贷款的风险就会取决于这个投资组合的性质。为了在不了解投资组合的构成的情况下讨论经济资本，我们必须使用单因子模型。幸运的是，人们普遍认为单因子信用模型涵盖了多因子模型中的很多风险。

另一个需要讨论的假设是独立贷款的经济资本：在任意年度，投资组合都足够大，以至于样本的变动可以忽略不计。这个"渐近"的假设在大数定律下是合理的。如果投资组合中包含足够多的贷款，并且这些贷款的风险暴露足够相似，那么预期违约率和违约损失率（LGD）可以假定为必然会出现。给定贷款可能会违约，也可能不会违约，但是因为存在着足够多的贷款，因此平均来讲，年预期违约率是可以被观测到的。类似地，单个违约贷款的违约损失率并不确定，但是由于违约的贷款数量很多，因此平均而言年预期违约损失率也能够被观测到。

由于单一风险因子 Z 不会一成不变，因此违约率和违约损失率也会发生年复一年的变动。人们认为违约率和违约损失率取决于风险因子 Z。一个更大数值的风险因子 Z 会产生一个更大的条件期望违约率和一个更大的条件期望违约损失率（ELGD）。由于 Z 对投资组合中的每一个贷款都有影响，因此它被认为是一个系统性风险因子。这就将 Z 从异质性风险因子中区分出来了，后者对不具有渐近大小的投资组合的取样噪音有影响。

如果风险因子 Z 反映了压力条件，即如果它是在其分布的 99.9% 分位上抽出来的，那么违约损失率和违约率也会位于各自分布的 99.9% 分位上。违约损失率和违约率的乘积即损失率也是在其分布的99.9% 的分位上。我们将这个结论总结如下：在单风险因子模型中，贷款的经济资本等于该贷款的压力违约率乘以该贷款的压力违约损失率。

这个框架已经反映了违约损失率对经济资本的潜在重要性。风险因子 Z 对违约损失率的作用越强，压力违约损失率就越高，经济资本就越大。

违约率和违约损失率协同变动的证据

这一节考察来自穆迪违约风险服务的证据，这种服务提供了由穆迪评级的每一个贷款或债券的评级历史。对于发生违约的金融工具而言，这种服务提供了违约事件发生的日期和违约发生数周后该金融工具的价格。平价和违约后价格间的百分比差异用于度量违约损失率(LGD)。

样本包含19个年度的数据(从1983年到2001年)。这些年份被分成好年份(低违约率)和坏年份(高违约率)。分类的目的旨在明确在违约率较高时,违约损失率是多少。对于坏年份的定义多少会有些武断,我们这里使用坏年份来指代那些违约率大于4%的年份,当然也可以使用其他分类标准。使用4%的标准识别了4个坏年份(1990年,1991年,2000年和2001年),这4个坏年份的总违约数等于15个好年份的违约数的总和。

在违约损失率方面,穆迪记录了每个违约贷款和债券的债务类型。这种债务类型的分类非常细致。例如,贷款的一个种类是"有保证的高级担保定期贷款B"。这种债务的分类总共有数千种,但在这些种类的债务中,经历过违约的债务不超过100种。在这些经历过违约的债务中,49种债务类型具有一个相同的关键特征:它们在好年份至少经历了一次违约,在坏年份也至少经历了一次违约。

对于这49种债务类型,我们分别计算出好年份的平均违约损失率和坏

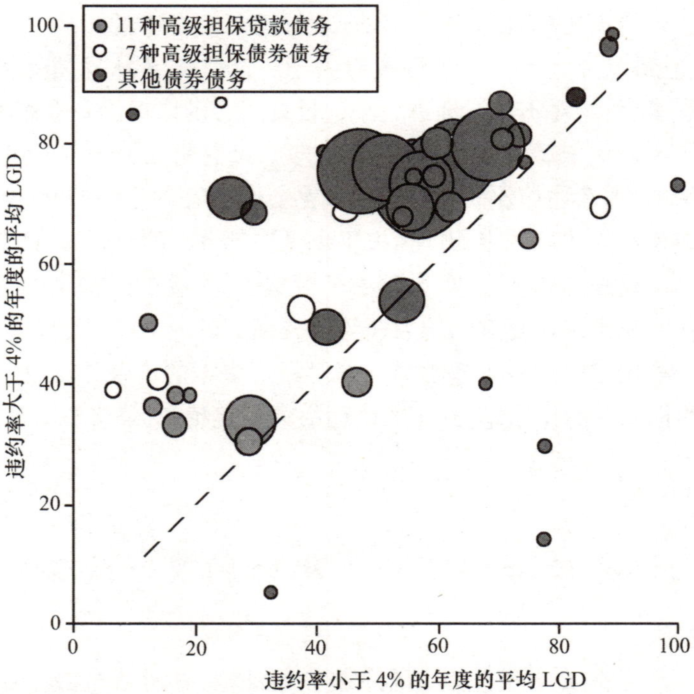

注：气泡的大小表示债务类型中的LGD数目的多少。

图4-1　好年份和坏年份中49种债务的违约损失率

年份的平均违约损失率，如图4－1所示。气泡的位置反映了两个违约损失率平均值，气泡的大小反映了在每种债务类型中观察到的违约损失率的总数目，较小的气泡表示该债务类型的违约数较少。

图4－1提供了违约率和违约损失率会对某个共同因子做出系统的反应的证据。一般的模式是大多数气泡都位于45度线之上。这意味着对于大多数债务类型而言，违约损失率在高违约率的年份更大。例外的情况是由较小的气泡所代表的债务类型，这些气泡代表较少的违约，它们偶尔可能会出现在45度线之下。尽管风险因子是抽象的，但图4－1表明当某个因子导致违约率上升的时候，违约损失率也会跟着上升。

模型化违约损失率和违约率

回到之前介绍过的简单模型，我们把违约率和违约损失率（LGD）与风险因子 Z 联系起来。在经济资本建模的其他方法中，与任何特定交易相关的违约率和违约损失率都会对系统性风险因子做出反应。取年度平均值，违约率和违约损失率的条件期望都可以推导为风险因子 Z 的函数。无论这些函数是由模型的哪些特征推导而来，它们都具有一些共同特点：

- 这些函数都是单调的。更差的条件会产生更大的违约率和违约损失率。不失一般性，假设更大的风险因子 Z 代表更差的条件，因此这些函数是向上倾斜。
- 如果风险因子 Z 无限上升，违约率和违约损失率都会接近于100%。在一个可想像的最差状态中（比如行星撞击地球），所有债务人的违约率和违约损失率都是100%。
- 如果风险因子 Z 无限下降，那么违约率和违约损失率都会接近于零。只要存在违约和损失，我们就有办法降低该违约率和损失率。

由于我们的重点不在于这些函数的推导，因此这里采用单刀直入的方法。假设已经得到了作为风险因子 Z 的函数的违约率和违约损失率。图4－2给出了这个函数。违约损失率函数和违约率函数都展示了上面列出的这些特征。尽管这些函数没有使用数据进行校准，但它们仍可以用于展示与违约损失率相关的基本原理。

为了完成这个模型，需要明确风险因子 Z 的统计分布。最常见的是假

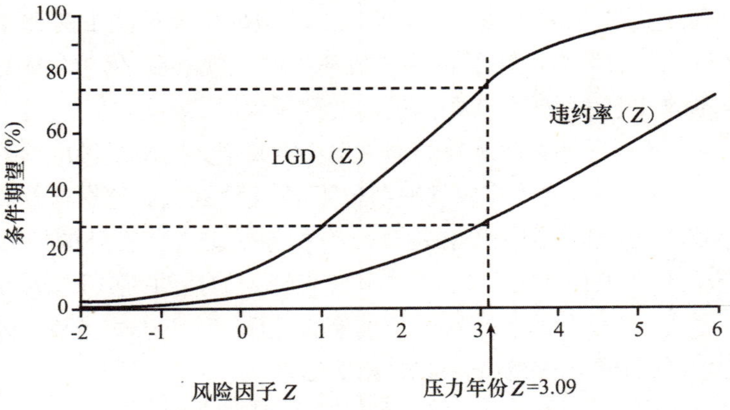

图4－2 作为风险因子 Z 的函数的违约损失率和违约率

设风险因子 Z 服从标准正态分布。因此，服从正态分布的随机变量 Z 的每一年的随机实现就是图 4－2 给出的违约率和违约损失率函数。

风险因子 Z 最常见的实现值接近于零，这意味着条件期望违约率接近于 4%。图4－2 表明，可能出现更大的违约率。按概率加权所有条件期望违约率后，无条件期望违约率即违约概率（PD）等于 5%。图 4－2 中的两个函数对风险因子 Z 相当敏感。当服从标准正态分布的 Z 位于 99.9% 分位时，也就是取值为 3.09 时，就能得到 28% 的压力违约率和 25% 的压力违约损失率。

违约损失率的分布

使用“变量变化”的技巧，图 4－2 中的函数可以转化为概率分布。这是因为违约损失率是随机变量 Z 的单调函数，而随机变量 Z 具有一个已知的概率分布。年违约损失率的分布如图 4－3 所示。就像在任何概率分布中那样，横轴表示随机变量（LGD）的值，纵轴表示该随机变量的相对频率。

图 4－3 同时展示了针对单笔交易的违约损失率分布，它与年违约损失率分布不同。针对单笔交易的违约损失率分布依赖于年违约损失率分布和违约函数。

为了推导损失分布，首先考虑一个 32% 的违约损失率。大约 11% 的年份具有大于 32% 的条件期望违约损失率。但是违约损失率大于 32% 的贷款

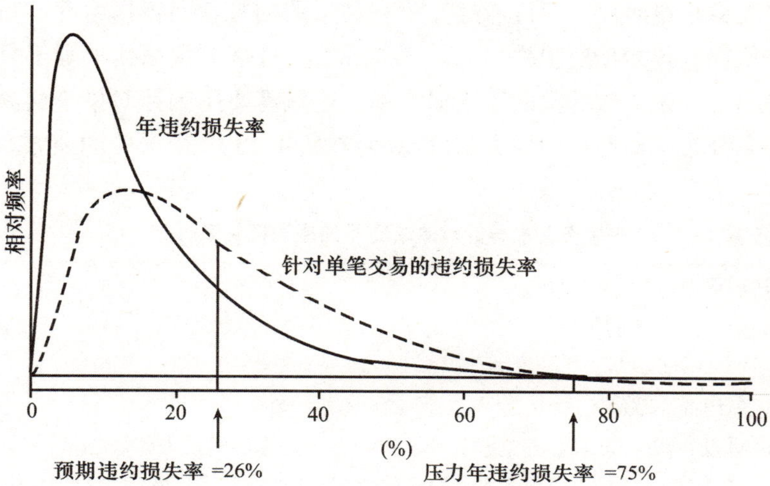

图4-3　LGD的两个分布

更为常见,因为产生较高的年违约损失率的条件也导致了很多违约贷款。

当违约损失率等于32%时,图4-2表明风险因子 Z 等于1.25,相关的违约率等于10%。这是“正常”违约率的两倍,这个“正常”违约率等于5%(违约概率PD当然也等于5%)。因此,图4-3中违约损失率等于32%的地方,针对单笔交易的违约损失率分布是年违约损失率分布的两倍。针对不同的违约损失率重复这一过程,就能推导出针对单笔交易的违约损失率的完整分布。

为了更好地说明图4-3中的两个分布之间的区别,考虑10年期间内的违约贷款的违约损失率,这10年期间中包含9个好年份(低违约,低违约损失率)和1个坏年份(高违约,高违约损失率)。尽管10年中只有1年是坏年份,但该坏年份产生了超过10%的违约事件。一般来说,坏年份在确定针对单笔交易的违约损失率分布时应拥有额外的权重。因为坏年份的违约损失率较高,因此该分布的右端拥有额外的权重。

图4-2中不同的违约函数将产生一个与图4-3不同的针对单笔交易的违约损失率分布。例如,如果违约对于风险因子 Z 不敏感,那么无论风险因子 Z 是多少,违约率都会等于违约概率。在这种情形下,针对单笔交易的违约损失率分布等于年违约损失率分布,而不会像图4-3那样发生平移。尽管我们通常假设违约率对于风险因子 Z 十分敏感。

可以毫不夸张地说,银行为针对单笔交易的违约损失率分布而生,为年违约损失率分布而死。银行通过发放有利可图的贷款而得以生存。每笔贷款的定价都应包括预期损失（EL）。如前所述，贷款的预期损失等于贷款的违约概率乘以该贷款的预期违约损失率。这里需要用到针对单笔交易的违约损失率分布。预期违约损失率（ELGD）在图4－3中有26%的地方。

补充资料4－1　在单点上推导针对单笔交易的违约损失率分布

- 正常违约率（PD）等于5%。
- 在一个 $Z=1.25$ 的年份，
  - 违约率等于10%。
  - 年违约损失率等于32%。
- 这说明当LGD＝32%时，违约损失率是以正常违约率的两倍来计算的。
- 因此，在图4－3中，违约损失率＝32%的地方，针对单笔交易的违约损失率的相对频率是年违约损失率相对频率的两倍。

表4－1　两个违约损失率分布的特征

分布	众数（%）	均值（%）	99.9%分位（%）
年违约损失率	6	16	75
针对单笔交易的违约损失率	13	26	没有用处

相反，银行在坏年份可能会破产。在风险因子 Z 位于99.9%分位的年份，损失将等于经济资本，而后者又等于压力违约率乘以压力违约损失率。压力违约损失率可以在图4－2中找到，在图4－3中有专门的列示。压力违约损失率即年违约损失率的99.9%分位等于75%①。

如前所述，如果年违约损失率依赖于风险因子 Z，那么我们就能得到年违约损失率的分布。如果违约率也依赖于风险因子 Z，我们就能得到针对单笔交易的违约损失率的一个独特的分布。这两个违约损失率分布已获得了一些实证证明。

- 预期违约损失率和压力违约损失率来自于不同的分布。预期违约损失率是针对单笔交易的违约损失率的期望值，压力违约损失率是年违约损失率的99.9%分位值。

① 由于图4－3中画出的线条太粗，要观察到这一点可能不是很容易。

- 在这两个分布中,年违约损失率分布更为简单。年违约损失率直接依赖于风险因子 Z。针对单笔交易的违约损失率分布和预期违约损失率分布既依赖于年违约损失率分布,也依赖于年违约率函数。
- 预期年违约损失率低于预期违约损失率。这是因为具有更大的违约损失率的年份包含更多的违约损失。
- 通过数据计算出来的年平均违约损失率的平均值(时间加权平均LGD)倾向于低估预期违约损失率。时间加权平均给出的是预期年违约损失率的估计,而不是预期违约损失率的估计。

在继续论讨之前,我们应注意这一节中提出的分布是条件期望分布。这些分布展示了系统性风险,即由系统性风险 Z 的变动所导致的风险。除此之外,具有有限规模投资组合的银行会面临异质性风险,这种风险本质上是围绕条件期望的随机取样误差。异质性风险会随着投资组合的规模扩大而被分散化。

资本模型、资本函数和弹性

前面的推理得出了特定种类的贷款的经济资本。例如,这种贷款的预期违约损失率(ELGD)=26%,违约概率(PD)=5%。这些数值都是所谓的无条件期望。违约损失率(LGD)和违约率都依赖于风险因子 Z 并且会随时间发生变动,从而能推导出这两个比率的条件期望。经济资本是在 Z 的压力水平下条件期望的乘积。对于上面的贷款而言,经济资本是21% =75% ×28%。

理论上,其他种类贷款的经济资本也可以由相同的方法给出。对于不同种类的贷款,图4-2中的函数也会有所不同,这导致了不同的期望(即PD和ELD)和不同的压力值。理想情况下,该函数应来自于使用违约率和违约损失率校准经济资本模型的统计估计过程,这个过程特别关注模型对风险因子 Z 的敏感性。这个校准过程超出了本章的论述范围。

实践中,取样误差会影响银行的投资组合。取样误差与投资组合中的贷款的分散特征结合在一起,使得我们很难得到或者根本就不可能得到像图4-3中那样的分布。因此,实际的经济资本模型采用了一个不同的方法。它使用与图4-2中类似的违约率和违约损失率函数,然后通过蒙特卡罗模拟来建立损失分布的图像。整个投资组合的经济资本可以在银行合意的分位上找到。

回到经济资本模型，我们在投资组合中增加一笔贷款时，经济资本模型会给该贷款配置经济资本。把贷款的范围加以推广，我们就能得到一个依赖于贷款具体特征的经济资本函数。这个函数的形式如下：

$$\text{经济资本}(K)=f(\text{违约概率},\text{预期违约损失率},\text{其他特征}) \qquad (4.3)$$

通过使用范例函数并假设渐近单风险因子模型，就可以得到 $K=21=f(5\%,26\%)$。

经济资本函数通常在边际水平上来说明增加或减少的资本。这个模型给出了当某个具体类别的贷款被加到投资组合中或从投资组合中拿走时会对总体的经济资本产生什么样的影响。因为投资组合在规模上不是渐近的，并且因为投资组合在现实中依赖于多个风险因子，投资组合中每一个贷款的经济资本通常依赖于这个投资组合中的其他贷款。如果其他贷款保持不变，就可以得到类似于等式(4.3)的资本函数。这个资本函数通常没有一个明显的解析形式，因为它有效地总结了一个广泛的蒙特卡罗模拟的结果。

资本模型给出了当一项交易被加到投资组合中时，这个新的交易所要求的额外资本，或者当一项交易从投资组合中拿走时，这个交易所释放出来的资本。银行通常希望能够立即判断出这两个效果。例如，如果银行考虑改变投资组合的混合特征，它就需要立即知道这两个效果的大小。资本最终变化的结果取决于资本函数对其输入变量的敏感性。

敏感性通常被指代为弹性。弹性是与斜率相类似的对敏感性的度量，但弹性是以百分比变化的形式予以表示。资本函数的弹性在输入变量的某个区间内通常是稳定的。例如，银行可能会考虑在投资组合中拿出一个具有5%的违约概率(PD)的贷款，而增加一个具有2%的违约概率的贷款。假设这个交换降低了50%的边际资本，那么将一个具有0.5%违约概率的贷款交换成一个具有0.2%违约概率的贷款可能也会降约低50%的资本。

对于渐近投资组合而言，弹性是非常容易识别的：如果违约损失率不依赖于风险因子 Z，那么经济资本对于预期违约损失率(ELGD)的弹性就等于1.0。如果预期违约损失率在压力条件下并不比其他条件下大，那么资本函数的形式就会是：$K=\text{ELGD}\times f(\text{PD})$。资本对于预期违约损失率的弹性是1.0，因为如果预期违约损失率加倍，资本也会加倍。在更加现实的情形中，违约损失率会对风险因子 Z 产生反应，因此资本对于预期违约损失率的弹性通常低于1.0，预期违约损失率变化一定百分比所造成的资本变化将低于这个百分比。

第一个实施陷阱：违约损失率的错误度量

即将进行的讨论为理解违约损失率（LGD）对经济资本的影响提供了一个一般的框架。最后这两节讨论处理损失数据时可能会遇到的两个陷阱，这两个陷阱都会导致风险的显著低估。

第一个陷阱是指在度量违约损失率时忽略了一种形式的系统性风险。违约损失率被定义为一个经济概念，但它必须用可以观测到的数据来度量，并且已发展出了几种度量方法。

“市场价值”度量在违约事件发生以后很快就可以明确下来。这种度量要求在贷款违约后存在能够很快出售这些贷款的金融市场。相比之下，“清算价值”度量可能需要等待若干年的时间，直到违约合同最终能以某种方式得到结算。最终的现金流被贴现到违约发生的时点。违约损失率被度量为暴露的数量和最终现金流贴现价值之间的比例差异。中介方法在另一个时点上度量违约损失率，例如当担保品被银行控制和得到评估的时候。

一旦所有的系统效应被合理地引入进来后，这些方法都可能得出经济损失的合理度量。但是，与市场价值法相比，清算价值法更有可能犯错误。

市场价值法反映了违约贷款合同最终现金流的不确定性。市场参与者会努力地估计最终现金流，并用风险调整后的回报率贴现这些现金流。毫无疑问，评估过程会发生错误。如果错误是系统性的，那么市场价值法下的违约损失率结果就是错的。

系统性市场定价误差的一个例子是，违约贷款在高违约的时期倾向于低定价。如果违约率被人为地增大，这将会夸大违约损失率，并高估风险和经济资本。但是，如果市场在高违约时期真的发生系统性（违约贷款）定价偏低这种错误，发现这一事实的市场参与者就会通过购买贷款而不是出售贷款来获得暴利。因此，市场价格对于经济价值的显著偏离在某种程度上是自我修正的。如果没有违约贷款被系统地错误定价的证据，我们就可以合理地假设市场价格反映了这一经济评估过程，该过程恰当地考虑到了标的风险因子的系统性影响。

明确了最终现金流后，清算价值法会贴现这些现金流。但是现金流只有在切切实实地收到后才是已知的。在现金流被收到之前，它们是未知的并且具有风险。在高违约时期，现金流的风险更大。更大的风险使得与无违约风险利率间的价差更大。因此，在高违约时期，经济贴现价差比其他时期都要大。这第一个陷阱就是，在贴现清算过程中得到的现金流时，忽略了价差的系统性变动。

更大的系统性风险会带来一个更大的贴现价差。在高违约时期，相似的债务人都倾向于违约，并且具有相似的担保品的贷款也倾向于违约。系统性的影响在高违约时期往往比其他时期更为重要。更宽泛地说，在高违约时期，分散风险更加困难，因为这个时期的违约更有可能是系统性因素造成的。并且，在高违约时期，违约贷款与市场投资组合之间的相关性更强，其原因很简单，因为市场投资组合中包含了更多的违约贷款。

如果使用稳定的价差来贴现清算现金流，那么第一个陷阱会损害违约损失率数据。如果这些数据被用来校准资本模型，那么这个模型就会低估风险。绕开第一个陷阱看上去是可能的。为了避免第一个陷阱，我们必须得到一个平均意义上正确的贴现率，而不是使得这个贴现率具有周期敏感性。尽管单个违约损失率可能会被错误地度量，但这些违约损失率也许可以用于这一经济资本模型，该模型得到了恰当的校准并充分考虑到了系统性风险。如果希望根据错误度量的违约损失率能推导出预期违约损失率（ELGD）的精确估计值，那么只要模型得到了合理的校准，该经济资本模型就仍然是准确的。

对第一个陷阱的规避取决于能否得到在平均意义上正确的价差，但这听起来容易，做起来却很困难。这里可以给出一些结论。首先，正确的价差不是违约贷款的原始合同价差。持有违约贷款的风险大于持有其他贷款。其次，正确的价差不是从银行的整体资本成本中推导出来的，持有违约贷款的风险大于持有银行的典型资产。第三，正确的价差不是该信用周期内观察到的价差的简单平均。在高违约时期，更大数目的违约贷款面临更高的贴现价差，银行解决违约贷款所需的时间也更长。更大数目的违约贷款和更长的解决时间这两个要素共同放大了在高违约时期所观察到的更大的价差这一效应。

总之，在清算价值度量法中，用来度量违约损失率的贴现率不能忽略风险的系统性变动。选择正确的贴现率十分重要，但也相当困难。

第二个实施陷阱：预期违约损失率的错误估计

即使每一个违约损失率(LGD)都反映了全部经济损失，仍存在一个与预期违约损失率(ELGD)的估计相关的问题。这个问题是，平均历史违约损失率是预期违约损失率的一个下偏估计量。前文曾提到过与此相关的一个要点，即时间加权的平均违约损失率是一个下偏估计。本节要讲到的这个要点会更为深入。违约加权的违约损失率也是预期违约损失率的一个下偏估计。也就是说，违约损失率数据的平均值是预期违约损失率的一个有偏估计。

上面的论断似乎与基本的统计理论相抵触，因此有必要加以解释。统计理论针对的是随机样本。例如，假设所有违约损失率的集合是一个经历了1 000年的数据集，如果某个违约损失率是随机抽取的，那么这个违约损失率来自于具有大量违约的年份的可能性就很大。

当涉及到现实世界的时候，这里的困难就是，违约损失率不是随机抽取的。实际上，一些年份是随机抽取的，并且违约损失率样本大多都来自于这些年份。这个过程对于较大的违约损失率是有偏的。较大的违约损失率倾向于发生在高违约率的年份。这些年份的违约损失事件大于平均值，但这些年份只能以平均概率被取样。如果年份是随机抽取的，那么高违约年份较大的违约损失率就有低取样倾向。

这种偏离在前述假想的例子中并不会发生，因为在这样的例子中，违约不会依赖于风险因子 Z，并且预期违约率在所有的年份都等于违约概率(PD)。如果没有系统性的高违约年份，就不会存在对于大的违约损失率的系统性低取样。但是，如果违约发生系统性的变化，那么违约加权的平均违约损失率就会是预期违约损失率的一个下偏估计。幸运的是，这个偏离会随着样本期间的扩展而减少，因此预期违约损失率的估计平均而言是渐近无偏的。

小样本估计偏差用两个模拟集合进行说明。两个模拟集合都使用一个违约概率等于5%的瓦希塞克违约函数，以及一个违约损失率函数，该函数能产生10%的预期违约损失率和30%的压力违约损失率。这两个集合之间的差异是，它们使用了不同的资产相关性。资产相关性决定了违约系统性变化的程度。根据图4－2，更大的资产相关性意味着违约函数更为陡峭。第一个模拟集合中，资产相关性是5%，而第二个模拟集合中，资产相关性是21%。在这两个模拟集合中，投资组合是渐近无限分散的，因此在每个模拟过程中的条件期望值都没有取样噪音。

图4－4给出了这两个模拟集合在50 000次模拟中，得出的平均违约加权估计。如果平均算法是无偏的，那么图4－4将显示10%的线。事实上，上面的那根线代表资产相关性等于5%的第一个模拟集合，它表现出对10%的稍微偏离。对于只有5年数据的模拟，平均估计等于9.2%。尽管该值略低于预期违约损失率的真实值，但这样大小的误差也许可以容忍。

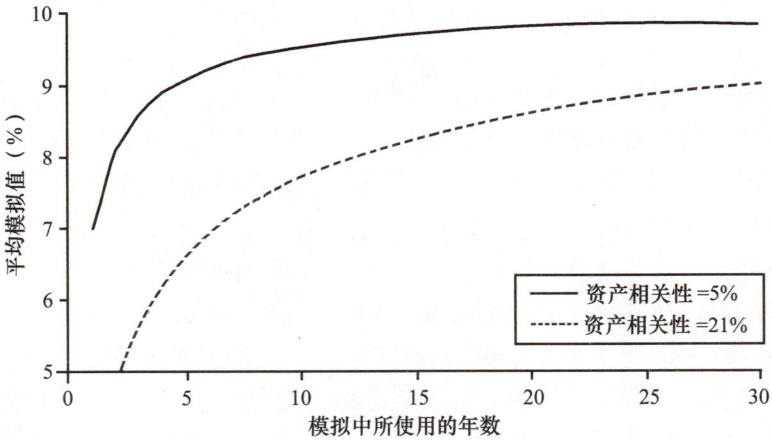

图4－4 模拟的违约加权LGD，ELGD＝10%，压力LGD＝30%

图4－4中，下面那条线的资产相关性是21%，它讲述的是一个不同的故事。当用来模拟的年份数量比较少的时候，平均估计值明显低于真实值10%。在5年数据的情形中，平均估计预期违约损失率约为6.6%。统计人员可能会使用超过估计值150%的值以得到预期违约损失率的无偏估计。在10年数据的情形中，平均估计预期违约损失率约为7.7%，即使在这个时候，预期违约损失率也是平均估计水平的130%。

这些模拟表明，在违约加权估计中，偏差的程度取决于资产相关性的大小（或者取决于违约函数的陡峭程度，如图4－2所示）。随着用来模拟的年份数目的上升，违约加权平均估计中的偏差会下降。无论如何，该偏差对预期违约损失率较低的贷款的百分比影响最大。

小　结

证据表明，当违约率上升时，违约损失率(LGD)也倾向于上升。把这两个比率与单一系统性风险因子相联系，我们就能得到违约率和年违约损失率的分布。这些分布的99.9%分位提供了压力违约率和压力违约损失率，它们的乘积等于经济资本。

预期违约损失率(ELGE)是从针对单笔交易的违约损失率(LGD)分布中推导出来的。针对单笔交易的违约损失率分布又是从年违约损失率分布和违约率函数中推导而来。

这个经济资本函数依赖于可能被加入到投资组合或者从投资组合中移出的贷款的特征(如违约概率PD和预期违约损失率ELGE)。该经济资本函数的敏感性由相关弹性表示。

与处理违约损失率数据相关的两个陷阱通常会导致经济资本被低估。首先，在为最终现金流选择贴现因子时，如果系统性风险的影响被忽视，违约损失率将会在风险较高的时候被低估。如果外推到一个高的分位，经济资本模型将会低估风险。第二，如果违约损失率的两个分布没有区别，那么平均历史违约损失率将会被认为是预期违约损失率的一个很好的估计。事实上，平均违约损失率是预期违约损失率的一个下偏估计，尽管这个偏差会随着样本期间的增加而下降。

第5章
零售信用卡投资组合的经济资本

独特的资本建模

尽管信用卡投资组合与其他零售投资组合间具有很多相同点，比如在分散化、投资组合规模和管理技术上的相似之处，但信用卡投资组合的独特特征对经济资本建模者而言是一个挑战。在信用卡投资组合的诸多特征中，对非预期损失和资本要求的评估有影响的一些特征如下所示。

未提取的信用限额。信用卡的一个独特之处在于，借款人和贷款人对未提取的信用限额都有支配权：借款人有权提取这一额度，而贷款人有权随意取消剩余的信用限额。免费信用限额是信用卡发挥功能的一个关键方面，借款人当然希望拥有更高的信用限额。与信用卡利率、信用卡特征和信用卡奖励一样，信用限额是产品分化的一个重要基础。对于有违约压力的借款人而言，未提取的信用额度也是支持性融资的一个来源。尽管在违约之前的提取行为比最大化享用免费资金更加复杂，但是借款人在违约之前通常会利用免费的信用限额。

发行人对于免费信用限额的处理更加细致。一方面，对发行人来讲，未提取的信用限额代表潜在的未来贷款和收入。信用限额的规模也是信用卡发行人之间的一个竞争点。当然，在涉及到潜在损失的时候，信用卡发行人对免费信用限额的提供就不会那么乐观。对于那些即将违约的借款人而言，未提取的信用限额只不过是发行人的一个额外损失来源。面临这些相互冲突的因素，成熟的信用卡限额管理已成为贷款人的一个关键竞争力。太过激进的限额管理会导致客户流失，同时会打击信用卡使用的积极性；太过宽松的限额管理又会带来过多的借款人违约损失。对信用卡发行人来讲,关键是要区别对待信用质量不同的借款人,如果借款人信用质量较好,发行人应提供全额信用,如果借款人的违约风险较大,发行人应收紧信用供给,这样才能控制投资组合的预期和非预期损失。

巨大的利润边际。信用卡的利差和收费结构将信用卡投资组合与其他信贷产品明确区分开来。信用卡为客户提供服务和融资,而客户愿意为信用卡提供的这些服务付费。在次级和一些优质投资组合中,收费和信贷费(Finance charges)两者加在一起,所产生的信用卡未偿付余额的预期回报率,高于其他贷款投资组合的典型回报率。

在资本遭受侵蚀之前,利差收入能在多大程度上吸收非预期信用损失呢?这是一个与所有贷款投资组合都相关的问题,但是利差收入的大小使得这个问题对于某些信用卡投资组合而言特别相关。例如,巴塞尔委员会在巴塞尔协议Ⅱ的草案中承认信用卡的未来利差收入是防止发行人遭受损失的一种保护措施。为了理解利差收入对资本要求的影响,首先需要理解利差波动率和违约相关性。将信用卡的利润予以分解,比如分析信用卡收费和收入的类型并考察这些收入在压力情景下的一致性,从而有助于确定在违约超过预期值时贷款人的期望利润。

专门的投资组合管理。如同大多数零售投资组合一样,信用卡贷款的资本要求一般是在贷款池或细分市场的水平上计算,而不是在账户的水平上计算。数据与系统的持续改进正在将信用卡管理带入到一个更加细化的分析水平。例如,出于分析目的,FICO 分数模型得到了一些专有模型的补充,从而能将投资组合细分为更加紧密、更加同质的集合。随着信用卡投资组合管理在专业水平上的不断提升,这个领域中的独特工具、技巧和专业知识将能在资本要求的评估中得到反映。

高违约损失率。由于大多数信用卡债务都没有担保,因此每违约1元,贷款人通常都只能收回几分钱。这并不是说清收管理未得到重视,相反,贷款人、监管机构、立法者和消费者保护团体都热衷于进行这一工作。我们只需关注清收水平和清收波动率对资本要求的影响。

损失的模糊定义。在信用卡投资组合中,如何定义损失甚至都具有挑战性。本金、累计的利息和收费共同构成了违约时贷款人在法律上拥有的债权数量。而本金、累计的利息和收费这三个要素各自对资本要求有怎样的影响,对此贷款人和监管者有不同的观点。信用卡资本建模还必须考虑到违约发生的时间和偶然性。贷款减免、债务转换和转移以及严格的逾期债务分级等实务使得对违约贷款和非违约贷款的分析变得复杂起来。

表外融资。奇怪的是，信用卡债务融资方法启发了信用风险资本的建模者。当发行人将债务交给循环信用卡信托时，它们转移信用风险的程度是一个公开的复杂问题。

信用卡的信用风险资本模型

信用卡投资组合的信用风险资本建模的发展历程与较大的零售和商业&工业贷款的资本建模的发展历程相似。在这些模型中，单因子违约模型似乎得到了整个行业的认可。

单因子违约模型

单因子违约模型或默顿—瓦希塞克框架与信用卡投资组合非预期信用损失的估计尤其相关。这个框架的一个重要参数是资产价值相关性（AVC）。本章稍后将推导资产价值相关性（AVC）和贷款违约相关性（LDC）之间的一对一关系。因此，我们把这个框架称为 AVC/LDC 模型。由于以下原因，这个模型被应用于信用卡投资组合的分析中：

投资组合的高度分散化。AVC/LDC 模型假设贷款组合中完全分散了异质风险带来的损失。这个假设的准确性取决于不同信用的数目①。主要的信用卡贷款人拥有数百万的信用卡账户，甚至一个较小的细分市场都拥有数以万计的信用卡用户，因此将这一假设应用于信用卡投资组合不会带来任何偏差。

准确的细分方法。估计 AVC/LDC 模型的一个必要步骤是把贷款细分为不同的集合，并且使得这些集合内的贷款都是同质的。大多数信用卡贷款人都制定有贷款细分标准，这使得贷款人能够得到具有相似违约可能性的贷款集合。

远期违约概率。AVC/LDC 模型要求评估现有债务的远期违约概率。实际上，评估违约概率的分数模型是信用卡投资组合管理中的一个通用模

① 对于具有 100 000 个不同信用的分区而言，AVC/LDC 转换中的误差低于 1 个基点；对于具有 1 000 个不同信用的分区而言，转换误差为 10 个基点；对于只具有 100 个不同信用的分区而言，转换误差将会超过 100 个基点。

型。估计信用卡预期损失的工具和技巧已十分成熟,且经受住了实证的检验。

债务的权责发生制处理。信用卡投资组合一般会持有至到期(用户损耗或违约),因此与转移模型或其他按市值计价技巧相比,两状态(违约和不违约)AVC/LDC 模型更容易被贷款人掌握。预期损失的会计处理具有类似的结构,准备金的数量是根据下一年将发生的可信损失决定的。对于风险不断提高的当前债务的部分注销,会计上没有做处理。尽管贷款人具有灵活的投资组合出售计划,但大多数信用卡贷款人将会发现两状态 AVC/LDC 模型与其现有的损失处理是一致的。

AVC/LDC 模型似乎会与信用卡产品发生冲突的一个方面是“标的资产”的概念或违约相关性驱动因子的概念。有担保的产品的标的资产很容易识别,住房、汽车、公开上市公司和商业财产都可以进行直接评估。与信用卡相关的标的资产是一些更为短暂的东西:收入的前景或繁荣的经济可能是信用卡持有人的常用“资产”。但是对于模型的应用而言,清晰而准确地识别标的因子并不重要。贷款违约相关性(LDC)拟合方法通过将可观测的贷款相关性归因于该因子,从而避免了该因子的直接度量。

很明显,除了概念上的吸引力,AVC/LDC 模型也是一个实用的选择。最近,一项行业研究注意到,行业参与者逐渐接受了使用这一方法来分析它们的零售投资组合,因此建模基准和数据基准将更具普适性。巴塞尔协议Ⅱ认可了这一度量监管资本要求的建模方法,从而保证了该方法在未来的适用性。这一建模方法所面临的挑战和一些细节仍是行业团体中争论与交流的焦点。逐渐形成的一种共识认为,该方法应成为估计信用卡风险资本要求的一个统一模板。我们并不认为与该模型有关的所有方法论上的问题和估计上的问题都已得到解决,但是 AVC/LDC 建模方法已逐渐成为估计信用卡信用风险资本要求的一个通用工具。

信用风险资本的其他模型

下面将简单地讨论与估计信用卡信用风险资本要求相关的另外两个有效的模型。

损失方差模型。有时也称为 EL-sigma(预期损失方差)模型,这些模型使用与 AVC/LDC 模型中相似的数据来拟合替代参数。这里,观测到的分区水平(细分投资组合后的每一个子集)上的损失波动率参数化了每一个分区完整的损失分布,从而允许解析推导非预期损失。任何分区的资本要求通过这个分区的历史损失经验来定义。这些模型相对容易实施，稳定的分区和历史损失是两个主要的建模要求。当历史损失分布与分区的未来发展不再相关时，这种模型就会出现问题。承销标准、经营环境和分区构成的变化都会打乱历史模式。例如，产品线的整合或拆分都有可能产生一个没有历史数据的分区。

通过将每一个历史分区所识别出来的资本要求，与该分区的显著特征如违约概率或预期损失联系起来，建模者可以巧妙地解决上面提到的那个问题。这个预期损失—非预期损失（EL—UL）关系可以应用于那些能够得到有意义的未来预期损失估计值的新生的分区。这个方法在操作上与标准的 AVC/LDC 模型非常相似。在以下情形中，这两个模型给出的资本估计值可能会有实质性的差异。

1. 当模型结果被应用于那些预期损失超过估计数据集范围的分区时。

例如，考虑一个贷款人，该贷款人给投资组合增加了具有 20% 的预期损失（EL）的业务，该投资组合的历史预期损失经验处于 0 ~ 10% 的范围中。将历史数据定义的预期损失—非预期损失（EL—UL）关系外推于这个新的分区，得到的结果可能会与 AVC/LDC 模型的估计结果非常不同。对于预期损失非常高的分区，这两种方法得到的结果之间的差异尤其明显：AVC/LDC 模型表明，随着预期损失增加，非预期损失趋于稳定，甚至会下降；而在 EL—UL关系模型中，结论正好相反，在将预期损失水平较低时推导出来的 EL—UL 关系外推至预期损失水平较高的分区时，非预期损失会增大，即 EL—UL关系具有递增模式（随着预期损失增大，非预期损失也会增大）。

2. 当建模者对资产价值相关性（AVC）或贷款违约相关性（LDC）有较强的事前期望时。

例如，信用卡投资组合证据发现，资产价值相关性（AVC）在不同的违约概率区间不会发生实质性的变动。这个事前的期望有助于建立一个整体的资产价值相关性—违约概率（AVC—PD）关系。如果缺少这样的一个事前期望，损失方差映射就会完全取决于数据和估计的质量。

3. 当非预期损失的成分如压力违约率、清收率和风险暴露率受益于个体估计而不是联合估计的时候。

EL-sigma 模型包含这些损失因子的联合行为。这是拥有稳定的样本总体的一个好处，因为违约概率（PD）、违约损失率（LGD）和违约风险暴露（EAD）间的相关性在模型的估计值中反映出来了。当用来估计的总体存在任何形式的不稳定性的时候，损失成分的个体估计将更加有用。例如，引入新的清收程序或较高信用限额的展期将会分别改变违约损失率(LGD)和违约风险暴露(EAD)。与AVC/LDC模型相反,这些最新的参数可以很容易地引入到EL-sigma模型中去。

非参数模型。这种模型不会估计具体的损失分布参数,而是通过模拟或使用与模拟相类似的方法直接估计损失。这种方法的一个具体例子是在险盈余(EAR)模型。历史盈余的变动可以用来校准盈余与宏观经济因子(如个人收入、消费者信心和就业率)之间的关系。这些经济因子的预期分布确认了盈余轨迹的概率分布,而盈余轨迹的概率分布又反过来揭示了在给定概率水平下盈余损失的严重程度。损益表可能也会被分解为不同的成分,如利息收入、收费收入、利息费用、信用损失和间接费用,只要每一种成分都与主导经济因子间存在独特的历史关系。信用卡投资组合的在险价值(VAR)也可以通过非参数模型估计出来,尽管除了交易最为活跃的投资组合之外,其他投资组合的价值转换都很难估计。

非参数模型有许多吸引人的地方。首先,除了确定贷款人的信用风险资本要求外,它们还可以处理许多其他的问题。非预期信用损失当然是一个重要的概念,但总盈余和总损失是影响公司业绩和偿付能力的一个更直接的原因。在险盈余(EAR)模型将信用损失引入到可能的盈余和损失这个更大的评估中来。此外,点盈余、收入流、信用损失、操作风险和市场风险等不同因子的行为被联合建模,从而能把握这些成分之间的相关性。在险盈余(EAR)模型能够在单一模型中回答整个公司的业绩这个更大的问题。

在非参数模型的某些实际应用中,联合估计的作用构成了模型应用的一个阻碍。在单一模型中联合估计所有的风险,每种风险的贡献并不容易确定。信用风险、操作风险、市场风险和战略风险的资本要求不仅是一个更大的资本方程中的元素,而且也是重要的商业管理指标。在不同机构之间比较非参数模型的结果和真实性也很困难。在缺乏共同的线索,如资产价值相关性(AVC)和其他参数的情况下,每一个在险盈余(EAR)模型都是对具体公司复杂的风险动态的一个独特评估。机构之间不断发展的公开和私下的信息交流也很难引入到非参数模型中。

AVC/LDC 信用风险资本模型

这里将简要地讨论与 AVC/LDC 模型估计相关的各种实务问题。尽管这里的讨论远称不上全面，但资本建模者在构造内部估计的 AVC/LDC 模型时很可能会遇到下面将要谈到的一些问题。

投资组合细分。AVC/LDC 模型要求将拟合样本账户细分为各种同质集合。尽管同质性可以在许多维度上度量，如规模、季节性、地理位置、借款人的特征、管理技巧等，但违约概率是最常用的细分依据。对于那些为其账户评分的机构而言，信用评分变量是一个明显的指标选择。一些金融机构会为其账户分配合适的违约概率分数，这种做法的意义不在于分数的具体数值，而在于给贷款细分提供了一个基础，从而能将账户细分成一个个具有类似违约可能性的集合。例如，根据 FICO 分数来细分账户，金融机构就可以识别具有相似违约风险的账户集合。贷款拖欠状态是违约概率的另一个关键决定因素。

根据违约概率细分账户，有利于作为违约概率的函数的 AVC/LDC 建模。惟一需要注意的是，使用该单一细分维度时，模型会失去一些丰富性。例如，对于任何特定的机构，根据账户管理方法或信用风险建模方法进行账户细分，也能得出在账户业绩相关性和信用风险资本要求上相类似的各个账户集合。只关注于违约概率的细分框架是当前的标准，但未来的研究可能会富有成效地实施其他定义同质贷款集的方法。

重抽样自举法。大多数信用卡建模者会发现，他们的拟合样本，即在相对较短的期间内跟踪的巨大数目的账户，需要借助重抽样自举法。例如，考虑一个大型贷款人，该贷款人想要分析 2000 年 1 月 1 日的 1 000 万个账户。如果没有重抽样自举法，那么在直至 2003 年 12 月 31 日的这段期间，每一个分区只有 36 个观测到的损失点可用①。通过从每一个分区的账户中抽取子样本，可以实质性地扩大样本规模。如果每一个分区约有 100 万个账户，那么通过数百次重新抽样，可以得到由 50 000 个账户组成的子样本，从而能极

① 对于 2000 年 1 月至 2002 年 12 月之间的每一个月份，随后的 12 个月的损失数据在分析中可用。

大地改善估计的准确性。

度量违约率。如果已经定义了账户细分并构造了数据样本,下一步建模者就必须计算该分区中不同样本的违约率。有人可能会认为这一计算与计算随后 12 个月中任何时点的违约账户比率一样简单。考虑一个从 2002 年 1 月 1 日开始的由 10 000 个账户组成的样本。如果样本中的 1 000 个账户在 2002 年 1 月 1 日到 2002 年 12 月 31 日这段时间内发生违约,那么这个样本可能会被分配 10% 的年违约率①。这个方法得出的是未加权损失率。与此相反,我们也可以计算在该 12 个月的期间内,初始未偿付余额(不是账户)的违约比例,从而得出货币加权损失率。未加权损失率与货币加权损失率可能会显著不同。如果在 2002 年 1 月 1 日余额较大的账户在该样本期间内的违约比例,大于样本中全部账户的违约比例,那么货币加权损失率将会大于未加权损失率②。货币加权损失率与资本建模更加相关,但如果在评估违约损失率和违约风险暴露时对未加权损失率做一些调整,那么未加权损失率也可以使用。贷款人最终关心的是货币损失的非预期增加,而不是违约贷款的数目。

决定一个账户什么时候违约与是否违约,这个基本任务也值得加以探讨。大多数建模者使用银行内部的违约定义,即超过支付日 120 天或 180 天的账户或者那些被银行确认为破产的借款人的账户。只要细分框架像定义的那样根据违约概率合理地将投资组合划分为同质的集合,那么这个违约定义以及任何其他可能实现行业通用的违约定义都可以被融入到 AVC/LDC 框架中。先考虑一个过期 150 天的贷款的例子,对于那些没有把这些贷款归类到已违约贷款集合中去的贷款人,它们的细分框架应将这些贷款划分到具有相同(高)违约概率的分区。所有这类贷款基本上都会在随后的 12 个月中发生违约这一事实,并不会妨碍对这一分区的违约率的评估。建模者应谨慎地分析尽可能多的非违约贷款分区,甚至那些存在严重拖欠的分区

---

① 也可以度量在 2002 年 1 月违约的账户比例,然后将该月度数据予以年度化,但当前的信用卡违约结构使得这样做尚有一定的难度。特别是,将月度违约数据年度化后的结果可能会与年违约率有显著的不同。例如,在一个具有 6 个债务拖欠级别的结构中,考虑位于第 4 个级别的账户,尽管这些账户中的很大一部分会在下一年度违约,但在下一个月违约的账户会很少。月度数据年度化的方法还需经过仔细的统计推敲,度量年违约率是一个更为自然的选择。

② 如果样本中的贷款完全同质,货币加权违约率和未加权违约率将会相等。实际上,这两个违约率指标间的大小比较有助于评估贷款细分框架的分辨力。

（如果违约定义对拖欠时间的界定比较宽松）。

利用经验数据来估计贷款违约相关性（LDC）和资产价值相关性（AVC）。在每一个贷款分区，收集的样本损失率数据根据以下方程来识别该分区的贷款违约相关性：

$$\text{LDC} = [(\sigma^2 n - (\mu(1-\mu))]/[(\mu(1-\mu)(n-1)]$$

其中：n = 样本大小

μ = 观测到的样本呆账率均值

σ^2 = 观测到的样本呆账率的方差

贷款违约相关性通过以下关系转换为资产价值相关性：

$$N_2[N^{-1}[\rho], N^{-1}[p], \text{AVC}] - p^2 = (p(1-p))\text{LDC}$$

其中，p = 违约概率

N_2 = 累积双变量正态分布

N^{-1} = 逆正态分布

如果拥有这些数据，那么资产价值相关性和不同分区损失率之间的关系就可以估计出来。将资产价值相关性表示为违约概率（PD）的函数，是对随后的非预期损失的解析推导的一个关键简化。这样做的依据是：一些公开数据表明资产价值相关性在不同的违约概率之间大致相等。尽管这个依据并不是定论，但大多数建模者会报告其信用卡投资组合间稳定的资产价值相关性（AVC），AVC 的估计值在 0.5% ~2.0% 之间。

将 AVC/LDC 资本模型应用于现有投资组合。上面所描述的资产价值相关性的估计值是下述信用风险资本要求表达式的一个输入变量：

$$K = N\left[(N^{-1}[p] + \sqrt{\text{AVC}}\, N^{-1}[\text{RCL}])/\sqrt{1-\text{AVC}}\right] - p$$

其中：K = 资本比率

p = 违约概率

RCL = 风险涵盖水平

N = 标准正态分布

N^{-1} = 逆标准正态分布

这个表达式可以应用于现有信用卡投资组合的任何部分（直至账户水平），只要可以得到可靠的违约概率（PD）、违约损失率（LGD）和违约风险暴露（EAD）估计值。特别是，这个表达式不需要应用于那些被用来估计资产价值相关性的投资组合分区。尽管资产价值相关性拟合样本数据分区应包含具有相同违约可能性的贷款，但贷款人可能会拟合由违约概率不同的贷款组成的业务单位分区或产品类型分区的资本要求。例如,如果在业务线层面上应用机构决策模型和风险调整回报率指标,那么在类似的层面上评估信用风险资本要求也是可取的。将 AVC/LDC 资本模型应用于异质分区的成本来源于违约概率(PD)和资本之间的凹关系:任何两个同质分区的资本要求总和,将低于把这两个分区结合起来时,在违约概率均值上计算出来的资本要求,如图 5－1 所示。

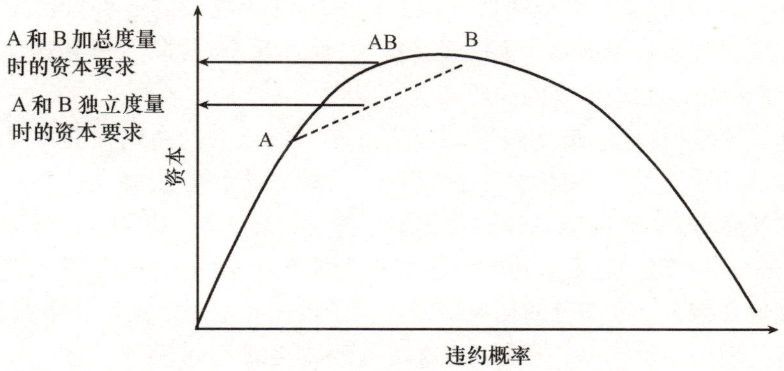

图 5－1　PD 和资本之间的关系

信用卡贷款人通常能够很好地预测其业务分区或账户的违约概率。如前所述,很多贷款人都有自己的违约概率模型。度量上的困难要大于贷款细分上的难度,因为这里最重要的是违约概率的绝对水平,而不是分区之间的相对差异。信用卡贷款人也可以利用其会计准备金计算来推导远期违约概率估计值。会计准备金与违约概率不同,但与准备金分配相关的支持性工作通常也会考虑到对违约概率的评估有所帮助的数据集和损失预侧。最后,使用与估计 AVC/ LDC 时相同的细分框架,贷款人可计算出资本要求。如果拟合样本分区比较稳定,并且与公司运营相关,那么每个分区的历史违约率就为远期违约概率提供了一个有意义的指标①。

估计违约损失率。AVC/LDC 模型中的下一个关键参数是远期违约损失率(LGD)。与商业和工业贷款相比,在信用卡投资组合中估计这个参数更为困难。信用卡清收的会计处理是症结所在。清收数目通常在不同账户

① 正如下文将要讲到的,巴塞尔协议Ⅱ预见到了支持历史细分机制和远期违约概率评估的数据集和技巧会逐渐趋同。

间汇总，但在汇总后很难归属给特定账户或分区。由于清收额会按时间进行汇总，因此任何时期收回的账款额度可能来源于先前很多年的违约账户，这取决于账款回收生命周期的时间长短。这样做的缺点表现在两个方面。首先，任何会计期间回收的款项都会表示为相同期间的呆账的一个百分比，这个百分比会因为过去的呆账率而发生偏差。对于一个最近改善了风险特征的金融机构而言，相对高的历史违约经验将会夸大当前期间回收的账款额度，并使当前的呆账清收率高估了下一年可能会违约的账户的清收率。其次，汇总的清收额使得从违约时点开始获得的清收额的经济价值模糊不清。如果建模者希望预测非预期经济损失，而不是会计损失，那么远期违约损失率的分子应贴现未来的回收额度。

幸运的是（从建模角度而不是运营角度），信用卡的违约损失率是如此之高，以至于我们可以使用简单且保守的估计方法。即使清收技巧会越来越成熟和有效，低于80%的违约损失率可能仍比较少见，特别是在违约概率（PD）极高的时期。最近违约的票据的市场强化了这一点，每1美元违约贷款余额价格为5～10美分的情况即使在供给较少时也很常见。总体上讲，信用卡违约损失率建模是一个挑战，这个挑战将会激励建模者们进一步努力以模型化信用卡违约损失率。

估计违约风险暴露。预期违约风险暴露（EAD）的估计完成了AVC/LDC资本模型的参数化。违约风险暴露的计算对于子弹式贷款或分期偿还贷款而言比较简单，但是由于信用卡的免费信用额度特征，这个计算也变得复杂化了。如前所述，借款人会不定期提取和偿还免费信用额度，贷款人可以提高或降低信用额度。在标准的信用额度使用故事（即借款人在违约之前会最大化提款额度）的背后，隐藏着一个复杂的动态关系，该动态关系可以通过多种方式加以评估。

首先，风险暴露的分析应考虑到全部未偿还债务（本金、累计利息和收费），而不仅仅是本金。完成评估以后，与本金的处理方式相同，收费和利息也应作为资产入账。与本金的非预期损失一样，收费和利息的非预期逆转也会损害权益。当账户陷入违约时，收费和利息的逆转对贷款人的影响与本金损失不相上下。美国的金融机构处理准备金的方式支持了这个方法：贷款人既持有贷款损失（预期本金损失）备抵，也持有收费和利息准备金（预期收费和利息逆转）。信用风险资本应涵盖来自这两个暴露的未来非预期损失。

违约风险暴露分析的基本问题是，在贷款发生违约时某个风险暴露有多大？实际上，这个问题涉及到在即将到来的 12 个月中，如何估计在此期间的任何时点发生违约的贷款的预期余额增长。注意，上述余额指标与在违约之前的 12 个月的余额指标不同。下一年会发生违约的那些账户中，有的明天就可能会发生违约，而有的可能在 12 个月后才会发生违约。前者提取额外余额的概率很小（特别是如果违约借款人当前已在拖欠债务或已经提取了全部免费信用额度）。要维持一个一致的 AVC/LDC 资本框架，建模者应度量在接下来的一年（或分析所在期间）的任意时点发生违约的所有账户的余额增长，而不是违约之前的一年的信用提取额度。

违约风险暴露的核心动态特征应模型化为：①当前未偿还债务的一个百分比（大于 1）；②当前未偿还债务的总和与当前免费信用额度的一个百分比（位于 0 和 1 之间）；③当前信用额度的一个百分比（位于 0 和 1 之间）。当把这些方法应用于一个大的、稳定的分区时，它们会得到相同的答案。当违约风险暴露模型被应用于较小的分区或者当积极的投资组合管理会改变提款行为时，这些方法就会出现差异。考虑余额为零的交易者或账户，在这种情形下，借款人在每一个时期都会全额归还欠款。第一个违约风险暴露建模方法能够处理由少数交易者组成的、较大的、具有正余额的分区，但它不能应用于单个交易者或仅由交易者组成的集合。

通过使用违约贷款样本的提款经验数据，这些模型都很容易估计出来。要估计第一个违约风险暴露模型，在特定的 3 年期限的某个时点违约的一组贷款将会产生 24 个观测值，方法是：在开始的 24 个月的每个月的月初，比较在接下来的 12 个月中将会违约的贷款的未偿付余额与这些贷款违约时的未偿付余额。如果资本被分配到那些不能得到历史数据的业务分区（或者如果这些分区不太稳定），那么违约风险暴露应额外地模型化为违约概率（PD）、产品类型和司法事件（破产法可能会影响借款人的提款行为）的一个函数。

利差有什么作用？我们注意到即使在考虑到预期信用损失和运营成本之后，很多信用卡投资组合在一开始就能产生可观的利差收入。利差收入能在多大程度上代表资本，作为减轻非预期信用损失的一个手段呢？这个问题的答案同时使用了机制上和概念上的证据。机制上，在极端时期，利差和违约之间的相关性应加以考虑。信用卡账户的违约不仅提高了信用损失，而且减少了能产生收入和利差的信用良好的账户的数目。由于固定成本的存在和与违约资产相关的清算融资费用，在高违约时期，即使盈利能力最强的分区也完全有可能只产生极少的利差。

概念上，利差的相关性反映了资本的目的。如果持有资本仅仅是为了防止资产负债表出现资不抵债的情况以保护债权人，那么利差实际上充当了第一道防线。此时，可以将资本看作是更大的管理计划的承诺工具。在这种情况下，预期利差已融入到贷款人的期望中，任何对计划的偏离都要求贷款人增加资本，因此第一笔非预期信用损失（或利差的减少）都应被资本所涵盖。每一个金融机构都必须解决或至少应着手处理这个问题。记住，在这个问题上，信用卡信贷并没有什么独特之处，只是因为信用卡的高盈利能力而使得信用卡的这一问题更为突出。

AVC/LDC 模型的实施和巴塞尔协议Ⅱ。新的巴塞尔资本协议与 AVC/LDC 模型非常相似，这一点值得在这里做一个简要的评论。在其当前形势下，巴塞尔协议Ⅱ不需要资产价值相关性（AVC）估计，对于合格的循环信贷风险暴露，资产价值相关性被固定为4%。尽管4%这一取值可能有点保守，但这一取值可以很好地与实证研究相吻合。除非巴塞尔新协议的框架允许自我估计资产价值相关性，否则这仍然是一个合理的方法。

巴塞尔新协议的应用偏离了内部信用卡资本模型。巴塞尔新协议似乎把重点放在了将远期违约概率（PD）、违约损失率（LGD）和违约风险暴露（EAD）的估计值与经验上可证明的长期估计值相联系上。巴塞尔新协议框架对于这些参数的估计也有一些保守。内部经济资本模型能用一个更复杂的方法来研究历史数据，从而支持反映远期条件的违约概率、违约损失率和违约风险暴露的估计。我们不要过分在意这个差异，因为监管者很可能正致力于方法和估计值的统一。值得注意的是，信用卡资本建模者必须找到一个折衷的方法，以同时满足内外部的资本建模需要。

循环信托证券化

证券化在信用卡资本要求中所处的突出位置对于那些不熟悉信用卡证券化结构的人来说可能会感到十分不解。对于大多数资产类别而言，把这些资产真实出售给信托或其他参与方能完全转移这些资产的风险。当这些资产被转化为证券化信托时，住宅和商业房地产贷款、分红债券和公司债券的信用风险资本负担也会随之得到转移，即使发起机构同时也是一个主要的服务商。这个独特的信用卡证券化结构产生了一个更加复杂的环境。本文不准备详细地描述这些结构，但这里会探讨与估计资本要求相关的两个基本问题。一个一般化的问题是，发行人是否应持有资本以保护投资者的利益，为由第三方持有的债券提供担保①。循环信托的两个相关特征与该问题有关，即隐含追索权和提前摊还。

隐含追索权。人们普遍认为将信用卡应收账款转化成循环信托构成了一笔真实出售。尽管现实中存在许多破产官司，但发行人对投资者利益的收益所有权仍没有合法的要求权。法律要求信托担保损失应纳入该结构之中。一旦信托担保损失进入该结构，就没有合法的手段把这些损失转移给发行人。如果第三方投资者的头寸发生损失，第三方投资者没有明确的向发行人追索的权利。

一些观察家担心发行人会为投资者提供隐含追索权。循环信托具有一定的独特性，因为发行人会不断向现有信托提供新的担保品。发行人对信托业绩恶化的反应可能是把失败的资产替换为高质量的担保品。在这种方式下，源于投资者利益的非预期损失负担就转移到了发行人身上。隐含追索权的记录有些含糊，但随着这个问题得到更好的理解，受监管的实体拥有的提高其信托质量的能力就会越来越弱。监管者对隐含追索权的存在甚至出现都非常敏感，与此相关的合规性惩罚十分严厉②。并且如下文所述，发行人隐含支持投资者这一行为背后的动机并不明确。

提前摊还。一些读者可能会发现前文对隐含追索权的讨论令人困惑：为什么贷款人愿意偷偷地承担自己并没有法律义务的损失呢？这个问题的答案在于循环信托的提前摊还条款中。如果信托的业绩低于某一触发水平，投资者的本金会以加速摊销的方式偿还。实际上在这个时候，信托已开始清算了。但是，尽管信托和它发行的债券开始撤出市场，标的担保即未偿还信用卡余额并没有退出市场。由于信托摊还，发行人必须马上为账户余额安排替代融资。出现这一结果是发行人绝不愿看到的，原因有很多。首先，如果信托业绩诱发了提前摊还，这些资产就会被认为业绩较差，这会导致融资条款极为不利。其次，替代的融资途径如股票发行、票据发行和存款

---

① 有关发行人应持有资本以保护出售方的利益（仍由发行人持有的信托担保部分）和发行人所保留的投资者利益（AIR，追索权，第一损失头寸）这一点，很少有异议。

② 当监管者认为 NextCard 公司以隐含追索权的形式在其信托中不合理地定义损失时，监管者立即中止了与投资者利益相关的监管资本放松，这引起了一系列连锁事件并最终导致 NextCard 公司破产。

等，与证券化相比，这些替代融资途径的资本效率较低。在“头条”风险最为明显时，贷款人可能被迫筹集资本。在发行人很难通过其他途径融资时，提前摊还加剧了发行人的融资需求。由于这个原因，发行人会努力避免诱发提前摊还，包括提供隐含追索权。

提前摊还的危险是现实的，这种危险基本上属于流动性风险，而不是信用风险。非预期信用损失可能会促发提前摊还，但这些损失已在证券化结构中被预期到了，并由发行人和投资者共同分担。一旦出现提前摊还，发行人主要关心的是融资，而不是信用业绩。在这方面，提前摊还与贷款人可能面临的其他流动性危机没有什么不同。流动性管理（不是资本）即多样化的融资来源、备用的信用额度和强有力的资本市场是应对提前摊还风险的最佳工具。总之，提前摊还并没有为保护投资者利益而持有信用风险资本提供合理的理由。如果贷款人在提前摊还的压力下美化信托业绩，那么贷款人必须持有信用风险资本，但有效的流动性管理和信托监管会打消掉这么做的动机和手段。金融机构在这方面的实务操作并不统一：一些机构为它们管理的所有投资组合都计算信用风险资本要求，但另外一些机构在资本分析中根本就不会考虑投资者的利益。前一种机构之所以这么做是因为保守或者是为了方便，并且正如在概念上考虑表外资产的信用风险资本要求一样，这种做法被视为是考虑流动性风险的一种手段。

小 结

对于资本建模者而言，信用卡投资组合十分独特，因此需要特别加以注意。这种资产的一些特征，如未使用的额度、利差、融资问题等在本章中都得到了关注，并且也是任何资本模型的考虑要素。非预期信用损失的各种模型可以应用于信用卡投资组合，但对于这种资产，AVC/LDC 模型更为合适。我们希望这种建模方法能够成为整个行业处理类似问题的基础，这样就可以为资本化建模者提供更好的数据、信息、基准和技巧。

将来，有三个问题会进一步促进这个领域的研究。首先，内部资本模型和巴塞尔新协议监管资本要求的一致将会成为一个关键研究焦点。研究者们需要将他们的资本模型和巴塞尔新协议协调起来，以识别能在两者间搭建桥梁的产品和投资组合。其次，需要进一步研究的第二个问题是表外证券化的风险转移。尽管本章提出的概念认为信用风险在没有隐含追索权的情况下发生了转移,但表外信托的经验业绩使得这一问题值得进一步研究。最后,研究者们可能会不断努力以更加清楚地了解利差在资本政策中所起的作用。处理这些以及其他一些问题将会继续推动对这一独特且复杂的资产种类的资本处理方法的演化。

第6章
交易对手信用风险的经济资本

概　论

经济资本是从偿付能力不足的角度来度量经济风险。概念上，度量交易对手信用风险的经济资本比度量贷款投资组合的经济资本更为困难。原因如下：① 未来信用风险暴露的不确定性；②交易对手信用风险暴露的双边性质（即远期或掉期的每一方对于交易中的另一方都具有潜在的信用风险暴露）；③为了考虑市场价差对于具有交易对手的衍生投资组合市场价值的影响，定义信用价值调整（CVA）具有挑战性。

本章分为五个部分：① 对于与交易对手风险暴露和交易对手风险度量有关的问题的介绍；②对建立在投资组合基础上的交易对手信用风险暴露的度量方法的描述；③从潜在的只违约角度和经济价值损失角度出发，对贷款投资组合经济资本度量的相关基本问题的总结；④从潜在的只违约角度出发，对交易对手风险的经济资本度量方法的描述；⑤ 从潜在经济价值损失的角度出发，对交易对手风险的经济资本度量方法的描述。其中最后一个部分要求同时定义信用价值调整的单边度量与双边度量，而且我们还会讨论在不同条件下信用价值调整的哪一个定义更加合适，以及分析信用价值调整的变化应如何引入到经济资本的度量中。

交易对手信用风险暴露

交易对手暴露和风险的定义

交易对手风险是在交易现金流最终结算之前,交易的对方可能违约的风险。如果交易对手发生违约时,与该交易对手间达成的合同具有正的经济价值,那么就会发生经济损失。

潜在的交易对手风险

正如其他形式的信用风险一样,这种损失的驱动因素是合同的债务人没有能力或不愿履行合同义务的风险。在未来时间里,企业的潜在交易对手信用风险暴露将取决于该企业与其交易对手所签订合同的市场价值、任何具有法律约束力的风险缓释合约(如净额结算、保证金和可选提前终止合约)对风险暴露的影响,以及其他一些将在下面讨论的因子。与其他信用风险相比,交易对手信用风险的最显著特征是:在任何时点某一个交易对手的信用风险暴露的大小(和信号)是不确定的。交易对手信用风险取决于与交易对手签订的合约在未来时刻的市场价值,而这一市场价值又取决于市场的未来潜在状态,这些未来状态在今天来看是不确定的。

投资组合风险暴露特征是在该投资组合的有效期间内,在具体置信水平上度量的交易对手在一系列未来时点上的风险暴露。任何置信水平上的潜在风险暴露最好表示为风险暴露特征,而不是单一的数值,这是因为:①随着浮动费率被确定、期权到期和现金流的结算,与交易对手间的剩余未结算现金流将会随时间而变化;②每个标的市场费率的潜在范围或概率分布在将来会扩大。

投资组合的未来潜在风险暴露的评估取决于投资组合当前的构成、当前的市场状态以及在市场未来状态模拟中所使用的波动率和相关性。因此交易对手的风险暴露特征必须定期(理想上至少每日一次)重新计算,以反映:①投资组合构成的变化;②当前市场费率水平的实质性变化;③作为模拟基础的波动率假设或相关性假设的实质性变化。

结果,交易对手风险经济资本(EC)的度量应从刻画交易对手潜在信用风险暴露的度量方法上开始。有四个原因可以解释在描述交易对手信用风险的经济资本度量方法之前，为什么应首先描述交易对手风险暴露的度量方法。

- 信用风险的度量基于信用风险暴露的度量。
- 特别是，潜在信用风险暴露的一个指标（EPE 特征）通过合适的因子予以调整后，是计算经济资本（EC）的一个有用的“贷款等价”指标。
- EPE 特征也是信用价值调整（CVA）的一个关键成分。信用价值调整是具有交易对手的衍生投资组合的无风险价值和该投资组合在考虑了交易对手信用风险后的价值之间的差额。每一个交易对手的信用价值调整的潜在变化都是投资组合经济价值的潜在损失的关键成分，即从经济损失角度出发的经济资本的关键成分。
- 计算投资组合的单一交易对手潜在风险暴露中所涉及的投资组合问题，是计算所有交易对手的经济资本中所涉及的更多投资组合问题的一个子集。

具有交易对手风险的公司种类

进行衍生合约交易的交易方具有一系列特征，两个极端的例子是简单的终端用户和规模非常庞大的造市商。

- 最简单的终端用户会用一个或（最多）若干个衍生合约对冲单一市场费率（如汇率）。如果该终端用户公司签订的衍生合约超过一个，那么在大致相同的期间，这些合约将具有单一方向（例如为了对冲日元贬值的风险）。
- 在另一个极端，衍生合约造市商将会签订多种场外（OTC）衍生合约（如远期、掉期和期权）。这些合约具有不同的标的物（如收益率曲线、即期汇率、股指、具体股票、具体债务人的信用风险和商品价格）、不同的方向（买和卖）、不同的期限和大量的交易对手。
- 市场参与者的特征可能落在上述两种极端种类（简单的终端用户和大型衍生产品造市商）之间。

正如后文将会讲到的，为了确定交易对手暴露和交易对手风险的经济资本的最合适的度量方法，我们必须评估交易对手的投资组合特征。

借贷风险和交易对手信用风险的比较

交易对手信用风险暴露和信用风险与贷款投资组合风险暴露在以下这些方面存在着本质的不同：

- 具有交易对手的远期或掉期合约的市场价值可能为正，也可能为负，这取决于市场的未来状态。因此跟贷款不同，远期合约或掉期合约的任何一方都可能给合约的另一方造成潜在的信用损失。由于交易对手风险往往是双边的（也即是说，每一个交易方都可能会因为交易对手违约而遭受损失，而违约发生与否取决于市场的未来状态），因此合理地估计信用风险的成本就比较复杂。
- 如前所述，交易对手当前风险暴露的大小将取决于市场的未来状态，这种状态在当下不能确定。交易对手的潜在未来暴露最好是通过统计方式，描述为在较高的置信水平上度量的潜在暴露特征。相比之下，子弹式贷款的暴露是确定的。
- 对于拥有多个交易对手的大型衍生合约造市商而言，并不是每一个衍生合约交易对手在同一时间里都有正的暴露。例如，一些简单的终端用户交易对手的交易方向可能与另一些终端用户的交易方向相反（例如一些交易对手可能需要在日元下跌时得到保护，而另一些交易对手则需要在日元上升时得到保护）。相比之下，银行的所有贷款债务人在相同时刻都有信用风险暴露。
- 具有法律约束力的各种风险缓释协议，如净额结算、保证金和可选提前终止合约，都能够实质性地降低潜在风险暴露和风险，并且这些协议必须纳入风险和风险暴露的模拟中。

交易对手风险暴露的度量

度量交易对手信用风险的经济资本（EC）的第一步是确认用来模拟每个交易对手的潜在风险暴露的方法。第二步是从潜在只违约角度或从潜在经济价值损失角度，确认交易对手风险的经济资本的度量方法。本质上，交易对手信用风险经济资本的计算将要求一个双重的模拟水平：

- 模拟由市场费率的潜在变化而导致的潜在暴露。

- 模拟与违约或非违约（但信用质量恶化）经济价值损失相关的信用事件类型（如违约、清收、非违约交易对手信用价值调整的变化）。

下面首先描述拥有多个合约的交易对手的潜在信用风险暴露的度量方法。

当前的交易对手暴露

当前暴露（CE）或当前的交易对手暴露是指在交易对手即将违约的情况下，与该交易对手间签订的合约的重置成本。对于具有很多合约的交易对手而言，当前暴露是合约市场价值和任何具有法律效力的风险缓释合约（如净额结算和保证金）的影响的函数。如果暂时忽略保证金的影响，我们有：

在一个有法律效力的净额结算协议 k 下，所有合约 j（被净额结算协议 k 所包含）的当前暴露的总和：

$$CE_{\text{净额结算协议}k} = \max\left(\sum_j PV_{j,k}, 0\right) \tag{6.1}$$

其中 $PV_{j,k}$ 是被净额结算协议 k 所包含的合约 j 的当前市场价值。

如果与交易对手间签订的合约不具备有法律效力的净额结算协议，那么不被任何有法律效力的净额结算协议包含的所有合约 j 的当前暴露总和为①：

$$CE_{\text{不具备净额结算协议}} = \sum_j \max(PV_j, 0) \tag{6.2}$$

大型衍生交易造市商可能与同一个交易对手间达成很多合约，这些合约可能在相同的法律体系内进行（如同在纽约法律体系下进行），也可能在不同的法律体系中进行（如一方是中国香港法律体系，另一方是雅加达法律体系）。结果是，造市商与同一个交易对手间的大部分交易可能会包含具有法律效力的净额结算协议。那么，当前暴露更一般的形式是：

$$CE_{\text{交易对手总计}} = \sum_k \max\left(\sum_j PV_{j,k}, 0\right) + \sum_j \max(PV_j, 0) \tag{6.3}$$

① 不具备净额结算协议的合约的当前暴露公式即等式（6.2）的隐含假设是，违约时，法庭会继续承认那些对违约交易对手有利的合约，并取消那些不利的合约。也就是说，要求非违约交易对手履行那些与违约交易对手间签订的并且对违约交易对手来讲是资产的所有衍生合约（即这些合约对非违约交易对手来讲价值为负），同时将价值为正的合约作为破产时予以结算的或有要求权。

等式(6.3)中的第一个求和是在有法律效力的净额结算协议 k 下进行的,所体现出来的总和是在被净额结算协议 k 涵盖的所有合约 j 上求得的。而后一个求和是在没有净额结算协议的合约上进行的。

当前暴露可以通过具有法律效力的保证金协议而得到减少。在美国和其他一些国家,作为保证金的资产与其他作为担保品的更一般的资产相比,前者具有不同的法律状态。例如,具有法律效力的保证金协议的一个必要条件是在交易对手发生违约时,保证金资产的执行不可延迟。结果是,当前作为保证金的资产(和潜在的未来保证金资产)可被视作减少了当前(和潜在未来)的交易对手风险暴露。相比之下,人们通常不会认为作为担保品的资产会改变交易对手的风险暴露,尽管担保品可以通过降低违约损失率(LGD)而减少风险。

现有的保证金现金价值(非现金资产中已考虑了扣除率)将取决于若干因子,例如要求交易对手提供保证金的频率、保证金的最低限额、最低转移数目和其他一些因子。我们把现有保证金的当前现金价值简称为 CCVM。

假设每一个保证金协议都要求有一个净额结算协议,尽管净额结算协议在没有保证金协议的情况下也能够存在。考虑到保证金和净额结算之后,当前暴露的最一般的公式如下所示:

$$\begin{aligned} CE_{\text{交易对手总计}} = & \sum_{m} \max\left(\left(\max\left(\sum_{j} PV_{j,m}, 0\right) - CCVM_{m}\right), 0\right) \\ & + \sum_{k} \max\left(\sum_{j} PV_{j,k}, 0\right) + \sum_{j} \max(PV_{j}, 0) \end{aligned} \tag{6.4}$$

- 第一个求和是在所有具有法律约束力的联合保证金和净额结算协议 m 上进行的。
- 第二个求和是在没有考虑任何同期的保证金协议下,在所有具有法律效力的净额结算协议 k 上进行的。
- 第三个求和是在所有没有被任何净额结算(或保证金)协议包含的合约上进行的。

交易对手暴露和潜在的未来重置成本

为了避免交易对手在未来时刻出现比较大的意外风险暴露,当市场费率发生急剧变化之后,公司应定义和度量在交易剩下的有效时间区间里作为潜在风险暴露特征的交易对手风险暴露。在交易的有效时间区间内度量潜在暴露,这对于那些没有保证金协议的长期场外(OTC)衍生合约而言最为重要。

在未来的每一个时点，交易对手的潜在风险暴露可能与当前暴露有很大的不同。正如上文所解释的，潜在的未来暴露最好表示为在某一置信水平上度量的暴露特征。为了计算暴露特征，我们必须在一系列的未来时点上模拟当前暴露的潜在价值(参见等式(6.4))。未来时点上的当前暴露将取决于市场状态，并且一般具有一个可以通过统计方法表示的潜在的价值范围。

为市场风险定义的在险价值(VAR)可能会被幼稚地作为这一潜在暴露的最好度量。但是，市场风险的在险价值度量通常假设市场因子敏感性是静止的，而且在险价值度量的是市场费率的潜在变化对市场价值的影响①。相比之下，一项具有交易对手的投资组合的潜在未来信用风险暴露的度量，要求我们模拟市场费率在长期内的潜在变化，同时模拟浮动费率的设定、期权的到期以及不同时点上的现金流结算。注意，后者并不是为了模型化交易者的行为，而是为了模型化每个交易的合约条款和不同时点的条件的影响。因此，尽管潜在交易对手风险暴露的度量通常不能够动态地模拟新的交易，但它必须模拟由于浮动费率的确定、期权的到期和现金流的结算所带来的潜在变化。

除此之外，从等式(6.4)中可以明显看出，交易对手潜在暴露的合理计算也需要考虑到所有风险缓释合约的影响，如净额结算、保证金和可选提前终止合约。因此，对潜在暴露的合理的计算应同时模拟在一系列未来时点上每一个保证金合约的CCVM。本质上，这要求我们模拟每一个远期时点上现有保证金的现金价值，就好像交易对手在该远期时点上会破产、担保品被出售、对冲被平仓一样。这要求我们假设某一合理的“风险保证金期间”(Margin period of risk)，即自上一次保证金被过账后，直至用作保证金的过账资产被出售、与交易对手间交易的衍生产品在市场上得到重置。

度量拥有多项交易的交易对手潜在暴露有两种最常见的方法，一种是简单交易法，另一种是更加准确但也更为复杂的投资组合模拟法。

---

① 在险价值度量要求两个元素：(1)投资组合对市场(即市场费率)变化的敏感性；(2)对这些市场因子潜在变化的模拟。线性投资组合的市场敏感性可用一组单因子敏感性来表示，单因子敏感性是指投资组合价值对每个标的市场因子的单一敏感性。相比之下，凸性投资组合的市场敏感性需要用因子敏感性的一组单维(或两维)格点来表示，即投资组合价值对每个标的市场因子(或相关的市场因子组)的敏感性的单维或两维格点。

度量交易对手暴露的简单交易法

揭示每笔交易的潜在暴露的最好方法是,明确该交易在连续时点上的风险暴露特征。交易的风险暴露特征描述了在某一置信水平上,该交易在未来一系列时点上的潜在重置成本。与子弹贷款保持不变的信用风险暴露相比,交易对手信用风险暴露的大小将会随时间发生变化。交易对手信用风险暴露特征取决于很多因子(如收益率曲线的形状、合约的具体条款和条件等),为此,一项交易的暴露特征通常只能通过蒙特卡罗模拟来精确地计算。

简单交易法将每项合约的交易对手信用风险暴露定义为以下两项之和:交易的当前市场价值和交易价值潜在上升的谨慎估计值。价值的潜在上升可以通过合约在剩下的有效期间内的变动特征来表示,或者简单地定义为一个单一数值(即不随时间变动的固定特征)。也可以编制一些标准化的表格,以近似表示每项交易的每单位名义本金的潜在价值增长。这些表格必然是近似的,因为它们都是从一系列标准交易的暴露特征中推导而来,这些标准交易的设计以一系列特定的但并不现实的市场条件为基础。标准合约的条件和条款以及假设的市场条件,可能与交易的实际条件和条款以及市场的实际状态有些不同。例如,标准化表格可能是在收益率曲线的特殊形状下计算出来的,特殊的收益率曲线形状可能与当前的收益率曲线形状并不相同。

最简单的交易法作了另外一个近似,从而把交易随时间变化的暴露特征近似简化为一个常数。该常数可以通过上面所描述的标准条件计算出来,它可能是交易暴露特征时间趋势的平均值或峰值。

在简单交易法中(价值的潜在上升与否是通过一个固定的或随时间变化的投资组合来表示的),拥有许多合约的交易对手的总风险暴露是通过简单加总单项交易的潜在暴露得到的。由于这一方法忽略了投资组合效应,因而具有内在缺陷。

简单交易法本身存在两个基本缺点:

(1)简单交易法的任何实际应用都依赖于每项交易价值潜在增值的计算和前述标准化表格在公司范围内的使用。这些标准化表格使用一成不变的近似值,从而方便了这一方法的实施。

(2)简单交易法的一个更为根本的缺点是,它不能够准确地计算和表示与同一交易对手间达成的多项合约(即由这些合约组成的投资组合)的潜在风险暴露。在简单交易法下,与同一交易对手间达成的很多合约的投资组合总风险暴露是该投资组合中每一项合约的潜在暴露之和。用这种方法来计算投资组合的暴露存在一些缺陷：

- 对于最简单的交易法而言，它把潜在的风险暴露简化成了单一数值，当某个交易对手拥有不同期限的交易时，这种方法就会出现问题。每项交易风险暴露特征的峰值将出现在不同的时点。在这种情况下，最简单的交易法存在的问题是：每项交易的潜在暴露峰值之和会夸大（有时会显著夸大）投资组合的潜在暴露峰值。
- 当某个交易对手在几个标的市场费率上有远期和衍生合约时，这些市场费率的变化不太可能会完全相关。加总孤立计算每项交易所得出的潜在暴露就会忽略投资组合所具有的多样化效应，因为投资组合中的不同交易对各个市场费率的敏感度并不一样。
- 交易对手可能会达成方向相反的各种交易。因此，与该交易对手间达成的所有交易不太可能同时发生价值增值。即使不存在净额结算协议，这也是一个十分重要的问题。例如，对于方向完全相反的两笔交易，在未来的任何时点上，这两笔交易的市场价值都不会同时上升。
- 简单的投资组合法不能够合理地计算净额结算协议的影响。

总之，交易对手暴露特征将会少于或远远少于每项交易的潜在暴露之和。交易对手暴露特征的形状可能与单项交易暴露特征的算术和的形状非常不同。

对于只拥有同一方向上的少数合约的简单终端用户而言，投资组合的分散效应不是一个实质性的问题。因此，通过简单交易法计算的潜在暴露是真实潜在暴露水平的一个不错的近似。相比而言，大型造市商会针对很多市场费率达成方向相反的大量交易，投资组合模拟法是度量这些债务人的潜在暴露的惟一准确的方法。

度量交易对手暴露的投资组合模拟法

花旗银行在 1991 年提出了一个计算交易对手结算前暴露的投资组合模拟法。该模拟法的本质特征如下所示：

（1）模拟市场因子随时间而发生的数以千计的变化情景。

对每一个被模拟的情景都会从市场费率的当前水平开始。模拟的市场费率的个数必须与为投资组合中的合约赋值所要求的费率一样多。对于大型金融机构而言，这个方法可能要求模拟数以千计的或数以万计的市场费率。

每一个被模拟的情景应由在一系列未来时点上对市场费率的潜在大小的模拟组成。例如,从今天的市场费率开始,模拟下一周的每一天、下个月的每个星期和未来若干年(取决于合约的种类,未来时间跨度可能是10年或更多年)的每个月的市场费率。

市场费率长期变化的模拟可以在不同的复杂和细致程度下进行。最起码,该模拟应考虑到所有被模拟的市场费率的长期波动性和相关性,同时也要对预期未来时点的即期市场费率和该未来时点的当前远期费率之间的关系做一些假设。

(2)计算每项交易在每个模拟路径上的每一个未来时点的潜在市场价值。

对于每个模拟路径,计算在当前时点和每个未来时点(对这些未来时点已有市场因子模拟)上单个合约的模拟市场价值。在每一未来时点上的模拟市场价值将取决于适合这一合约的再评估演算法、合约的条款和条件、合约中剩余的未实现现金流的数目以及特定的时间路径,即沿着该时间路径来模拟具体情境的市场费率(它将影响浮动费率的设定方式等问题)。

(3)计算每一模拟路径上的每一未来时点的交易对手潜在暴露。

对于每一模拟路径,运用合适的加总规则(如等式(6.4)中的加总规则),将每一合约在每一未来时点上的模拟市场价值转换为与交易对手间达成的投资组合的模拟风险暴露。加总规则的选择需要考虑到法律条件,包括合约中所达成的任何具有法律效力的风险缓释协议对风险暴露的影响,如净额结算协议、保证金协议或可选提前终止协议。

(4)计算交易对手暴露特征。

交易对手暴露特征是指潜在的未来暴露,即以当前暴露为初始值,在某一置信水平上计算出来的未来一系列时点的风险暴露值。暴露特征的计算背景为:当前已与交易对手间达成了一系列远期和衍生交易,并针对这些交易签订了具有法律效力的风险缓释协议,同时为模拟市场因子的长期变化做了相关假设并选定了模拟方法。图6-1给出了交易对手暴露特征的一个例子。暴露特征度量了当前交易集合的潜在暴露,并假设同交易对手间没有其他的交易。图6-1给出的是一个假想的交易对手暴露特征。

为了监控和限制某一交易对手的潜在信用风险暴露,暴露特征应在一个较高的置信水平上进行计算,如99%的置信水平。出于其他目的(见下文)的考虑,还应计算EPE特征。EPE特征被定义为在一系列未来时点上的平均正暴露:

$$EPE_t = \text{Expected}(\max(\text{Exposure}_t, 0)) \tag{6.5}$$

其中，$Exposure_t$ 是未来时点 t 的模拟暴露。

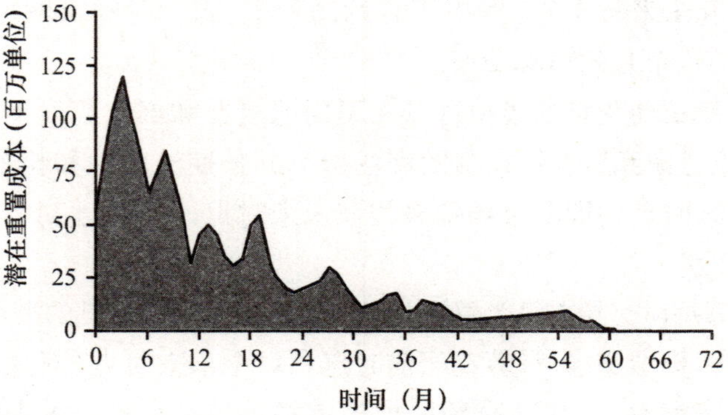

图 6－1　交易对手暴露特征

风险暴露特征＝在一个非常高的置信水平下计算的投资组合在一系列未来时点上的潜在重置成本，并且满足假设：

- 无额外的交易。
- 考虑了净额结算和保证金。

贷款投资组合的经济资本

经济资本的定义

经济资本（EC）是对风险的度量，它是在长期内（如 1 年的时间内），在某一较高的置信水平（如 99.97%）上计算的业务或投资组合经济价值的潜在非预期损失。经济资本可以针对特定的风险类型，也可以针对某项业务的所有风险类别。经济资本可以在不同的组织层面上进行计算，可以独立计算，也可以在边际基础上计算。

如图 6－2 所示，经济资本是通过计算潜在损失在某一时间段上的概率分布而得到的。损失分布的两个关键特征是预期损失（EL）和非预期损失（UL），其中非预期损失被定义为高置信水平（如 99.97%）下的潜在损失与预期损失之间的差额。经济资本是在具体的置信水平下度量的非预期损失。

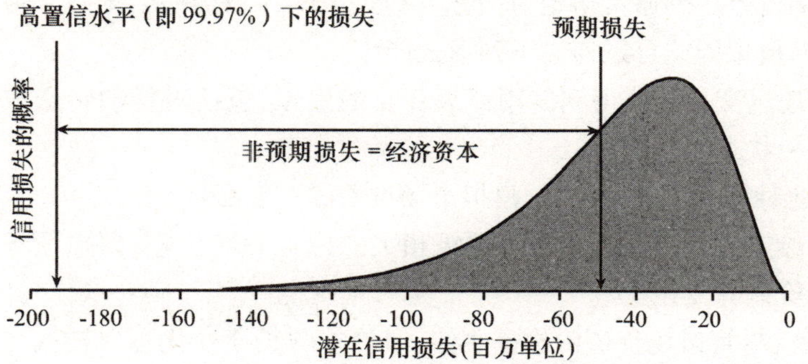

图 6－2　一个拥有多个债务人的投资组合的潜在信用损失的概率分布

经济资本依赖于潜在损失分布的形状和度量非预期损失的置信水平。其他条件给定时，潜在损失的分布越宽（即潜在损失数量越不确定），经济资本就越大。潜在损失分布的形状将取决于以下因素：①风险的种类（如市场风险、贷款投资组合信用风险、交易对手信用风险、操作风险等）；②损失的定义（如经济损失和会计损失）；③被模拟的潜在损失分布的时间区间（如 1 年、3 年、整个投资组合生命期等）；④标的投资组合风险暴露的集中度或分散度；⑤模拟潜在损失驱使因子的未来状态时所使用的假设。

贷款的经济资本

在描述如何度量交易对手风险的经济资本之前，我们有必要总结一下信贷风险的经济资本的定义和计算。这将为讨论交易对手信用风险奠定必要的基础，并使我们能够通过比较交易对手风险的经济资本和贷款的经济资本，以突出交易对手风险经济资本的独特特征。

贷款投资组合的经济资本可以从两个不同的损失角度来度量，一个是只违约角度，另一个是经济损失角度。从只违约角度出发，经济资本度量的是由违约和清收带来的潜在损失。而从经济损失的角度出发，经济资本不仅度量由违约带来的潜在损失，而且还能度量贷款投资组合市场价值的潜在下降所带来的损失。市场价值的这种潜在下降不是因为违约造成的，而是因为市场价差的一般变化和特殊变化（即针对具体发行人的变化）。

观察到的（或估算的）贷款市场价值或公平价值将取决于观察到的（或估算的）债务人的市场价差和基准利率。然而，我们必须区分用于确定贷款市场价值的基本市场因子和用来模拟这些因子长期变化的方法。价差长期（例如用来计算经济资本的一年期限）变化的模拟，通常被分解为许多成分，因为长期价差序列通常指定为债务人信用风险评级的一个函数。债务人价差的长期模拟因此可以通过下列形式产生：

- 通过交易矩阵得到信用评级变化的模拟，包括对贷款转变成违约这一状态的模拟。
- 针对每一个信用评级，模拟市场价差的一般变化。
- 给定模拟的评级和与该评级相关的模拟一般价差，模拟债务人特殊价差的变化。

因此，尽管市场价值由价差驱使，但价差的长期变化可以被模拟为若干成分的总和，包括上述评级成分。

要度量贷款投资组合在一年期的潜在损失分布，从只违约角度出发，我们必须模拟数以万计的潜在违约情景以及在某一期间（如一年里），贷款投资组合的清收率。对于某个给定的时间期限，损失分布的宽度（即经济资本的大小）将由以下因素决定：

- 在该具体的期限里，违约债务人数目的不确定性。
- 在该具体的期限里，违约债务人的不确定性。在债务人风险暴露非同质时，这一点尤为重要（即一些债务人的风险暴露比较小，而另一些债务人的风险暴露比较大）。投资组合的集中程度越高（例如，更多的风险集中于少数几个债务人身上），损失分布就会越宽。
- 各个债务人在发生违约时，违约损失大小的不确定性。这一损失的模拟应通过针对每种风险缓释因素的潜在违约损失率（LGD）的分布进行。为避免重复计算，用于降低风险暴露的风险缓释因素（如具有法律约束力的净额结算协议和保证金协议）不应同时用于降低违约损失率。
- 债务人之间的违约相关性。

模拟每个债务人信用风险（和违约）变化的简单方法，将根据一个依赖于一般经济状态的成分和一个具体债务人特有的异质成分来模型化风险。在一个分散较好、债务人风险不存在明显集中的投资组合中，信用风险的特殊成分对总体经济风险的边际贡献将随着债务人数量的增加而下降。在这一模型中，考虑到债务人众多这一特点，投资组合总的经济风险（和经济资本）将取决于一个一般化的因子（即经济状态）和每个债务人的信用风险同该因子间的相关性。在巴塞尔协议Ⅱ中，经济资本的只违约成分用这种方式建模，只违约成分作为模型的渐近极限，模型中只有单一共同因子推动违约。

对于一个位于单一国家的大型零售信用投资组合而言,巴塞尔协议Ⅱ中计算违约的潜在假设(投资组合无限分散,由一个共同因子推动违约)是合理的,例如,在美国,信用卡投资组合中拥有几千万的债务人,所有债务人的风险暴露都不大。但是这些假设对于一项国际零售投资组合而言并不合理,因为国际零售投资组合的违约驱动因子有很多(投资组合所涉及的各个国家的经济状态都是违约驱动因子),而且每个国家的投资组合规模并不可能大到可以忽略异质风险。

对于公司贷款投资组合或交易对手信用风险投资组合而言,上述假设更不合理。公司贷款投资组合和交易对手信用风险投资组合中的大部分信用风险都集中在相对较少的债务人身上(即大部分风险暴露应归属于几百个而不是几千万个债务人身上),而且每个债务人的风险暴露都不同质。后文在讨论交易对手风险的合理"贷款等价"时,会再回到这个问题上。

为从经济价值角度来度量贷款投资组合在一年期限内的潜在损失分布,我们需要模拟贷款投资组合的估算市场价值(即公平价值)随时间的变化。对于公司贷款投资组合,不仅需要模拟违约和清收,还需要模拟由于市场价差变化(一般的和异质的)造成的非违约债务人经济价值的潜在变化。

从只违约角度或经济价值角度都有好几种模拟潜在损失分布的方法。

从潜在只违约角度考察
交易对手风险的经济资本

正如前文所解释的,交易对手信用风险的经济资本可从潜在损失的概率分布(如图6-2所示)中推导而来。

信贷风险的潜在损失分布和交易对手风险的潜在损失分布之间的本质差异在于后者的风险暴露的不确定性。如果市场费率的未来状态可以确切地知道,那么由交易对手风险带来的信用风险暴露也可以确切预知。在这一条件下,我们将确切地知道我们同每个交易对手间的所有未来现金流的数量和价值。因此,如果能明确未来的市场费率水平,我们就能确切地知道在未来每个时点上,每个交易对手的信用风险暴露(如果有的话),这样,交易对手信用风险的经济资本度量与贷款的经济资本度量就没有什么差别。

当然，我们并不知道未来的市场状态。但是，对于每一条模拟出来的市场运行路径，我们可以度量每一个交易对手在每一未来时点的相应暴露（如果有的话）。因此无论是从只违约角度还是从经济损失角度来定义信用损失，对于每一条模拟出来的市场费率随时间变化的路径，我们都能够应用与度量贷款潜在损失分布相同的原理来计算远期和衍生工具的潜在损失分布。交易对手风险带来的最终总损失分布应是在所有未来状态的基础上计算出来的损失分布之和，其中每一个未来状态都是市场状态和交易对手信用状态随时间变化的联合路径。

从只违约角度出发，完全模拟交易对手风险的经济资本

为从只违约角度出发计算交易对手风险的经济资本，我们需要遵循以下步骤：

（1）模拟市场费率随时间变化的数以千计的路径。

这一步与以投资组合为基础计算交易对手暴露特征的第一步相同。

（2）对于每一条模拟的市场路径，在许多未来时点上计算每一个交易对手的潜在暴露。

这一步与以投资组合为基础计算交易对手暴露特征的第二步和第三步相同。

（3）对于每一条被模拟的市场路径，在许多未来时点上，通过模拟交易对手的违约行为，计算潜在损失。

具体地讲，对于每一条模拟的市场路径，我们都可以产生数以千计的交易对手潜在违约模拟与清收模拟。潜在违约模拟与信贷风险的模拟类似：在模拟的每一个未来时点，我们将做一个随机抽样以确定有多少交易对手被模拟为违约，并且我们还会做另一个抽样以确定哪些交易对手被模拟为违约。如果在某个未来时点，某违约交易对手的模拟风险暴露为正，该违约交易对手就会带来损失。如果违约被模拟出来，并且交易对手风险暴露为正，我们应继续模拟违约损失率（LGD）。对于每一条模拟的市场路径，数以万计的违约模拟和清收模拟结果将会产生潜在损失的概率分布。注意，对于一条给定的市场路径而言，并不是每一个被模拟为违约的交易对手都会有一个正的风险暴露。

（4）对于每一条模拟的市场费率路径，重复对潜在违约和清收的模拟。

考虑到市场费率有许多条潜在路径，在交易对手风险暴露的最终损失分布的计算中，我们将引入另一个随机元素。

(5)通过合理加总每个模拟的未来状态(例如,市场费率和交易对手状态随时间的联合路径,交易对手状态是指非违约状态或违约并清收状态)的潜在损失分布,计算出最终的损失分布。

从只违约角度出发定义的经济资本是通过在合理的置信水平下度量投资组合的非预期损失(UL),然后再从损失分布中推导出经济资本的数量。

从只违约角度,使用"贷款等价"度量交易对手风险的经济资本

上面所描述的交易对手风险经济资本计算方法是一种完全模拟的方法,因为它联合模拟了风险暴露的潜在变化和违约与清收的潜在变化。有人会问:是否可以为交易对手信用风险的经济资本定义一个"贷款等价"?换句话说,我们能否为每一个交易对手定义一个固定暴露特征,使得在违约与清收模拟下(但是没有模拟风险暴露的变化)计算出来的经济资本与在完全模拟下计算出来的经济资本相等?注意,贷款等价定义并不要求一个相同的损失分布,它只要求在具体的置信水平下具有相同的经济资本。

还有人会问:经济资本的贷款等价能否定义为交易对手的EPE特征(即交易对手在一系列未来时点上的平均正暴露)?应用EPE的一个问题是,该指标忽略了潜在暴露的不确定性对经济资本的贡献。如前所述,所有暴露不确定性和违约不确定性来源都会增大潜在损失分布的宽度并因此增加经济资本。另一方面,对于大型造市商,在同一时刻并不是所有的交易对手都具有正暴露。因此,EPE对于经济资本计算到底有多大的帮助尚不明确,即完全模拟法下的经济资本与EPE法下的经济资本间的比率并没有明显的含义。

可以通过定义一个被称为阿尔法(Alpha)的量,这个量(比例因子)可以将EPE转化成一个出色的贷款等价。这里把阿尔法定义为两个量A和B间的比率,其中:

- A=上面所描述的在完全模拟中度量的交易对手风险经济资本。
- B=在每个交易对手的固定暴露特征等于EPE的假设下,度量出来的交易对手风险经济资本。

我们建议阿尔法应作为公司交易对手投资组合的各种特征的一个函数,即阿尔法应作为以下因素的函数:

- 独立交易对手的有效数量。
- 影响潜在暴露的独立市场的有效数量。
- 每个交易对手的违约概率。

- 不同交易对手之间违约的相关性。

我们的目的是想明确对于典型的大型衍生品造市商而言，阿尔法是否得到了合理的定义。

为把阿尔法度量为交易对手投资组合特征的函数，ISDA（国际掉期与衍生金融产品协会）工作小组的成员埃杜尔多·卡拉巴罗（Eduardo Canabarro，当时任职于高盛公司）通过使用程式化交易提出了一个非常有效的模拟方法。汤姆·王尔德（Tom Wilde，瑞士信贷第一波士顿）可以解析地复制埃杜尔多的模拟结果。下面是对该方法的总结：

- 在一个非常大的投资组合里，通过无限数量的交易对手和无限数量的独立市场费率来高度分散暴露的条件下，阿尔法将等于 1.0，并且 EPE 是贷款等价的精确值。
- 对于更加现实的大型衍生品造市商的投资组合而言，有效交易对手和有效市场费率的数量虽很大，但不会无限大，这类投资组合的阿尔法值约为 1.10。
- 对于只拥有少量交易对手且只面临一两个市场因子暴露的终端用户而言，阿尔法会比较高。

交易对手风险的经济资本：其他问题

上面的讨论是在市场费率的潜在未来状态和交易对手违约概率之间的相关性为零的假设下进行的。通常，对于大多数衍生交易而言，这个假设是合理的。但是，在某些情况下，市场费率变化（潜在暴露）和交易对手违约之间的相关性明显不为零。在本章的整个篇幅中，我们都假设违约和暴露变化之间的相关性为零，更一般的做法是在合适时采用非零相关性。

从潜在经济价值损失角度考察
交易对手风险的经济资本

在计算公司贷款投资组合潜在经济价值损失的概率分布中需要用到违约模拟、清收模拟以及对因市场价差变化带来的价值的潜在变化的模拟。类似地，计算交易对手信用风险的损失分布需要确认：市场价差的一般变化以及交易对手特定的市场价差变化对与交易对手间达成的衍生投资组合的市场价值有何影响。

多年以来,商业银行衍生投资组合的按市值计价与交易对手的信用评级或交易对手的市场价差相独立。例如,美元 Libor 利率掉期在按市值计价时会以 Libor 利率贴现所有的未来现金流,不会根据交易对手的信用风险作出任何调整。

在20世纪90年代早期,一些投资银行开始通过信用价值调整(CVA)来考虑交易对手的信用风险:

$$MV_{交易对手\_k} = \sum_j PV_{无风险,j} - CVA_k \tag{6.6}$$

其中,求和是在与交易对手 k 达成的所有衍生合约上进行的。

因此,信用价值调整是与交易对手间达成的衍生投资组合的无风险市场价值和在考虑到信用风险后的较小市场价值之间的差额。

为说明信用价值调整是如何被定义的,我们将考察公司债券的等价 CVA 的定义。

单一公司债券的市场价值可以写为:

$$\begin{aligned} MV_{债券} &= MV_{债券,无风险} - CVA_{债券} \\ &= \sum_m 债券现金流_m \times e^{-(r_{m,无风险} \times t_m)} - CVA_{债券} \\ &= \sum_m 债券现金流_m \times e^{-((r_{m,无风险}+价差_{债券})\times t_m)} \end{aligned} \tag{6.7}$$

因此,公司债券信用价值调整的一阶近似是:

$$\begin{aligned} CVA_{债券} &= \sum_m 债券现金统_m \times e^{-r_{m,无风险}} \times t_m \times 价光_{债券} \\ &= MV_{债券,无风险} \times 价差_{债券} \times 久期_{债券} \end{aligned} \tag{6.8}$$

其中 $MV_{债券,无风险}$是债券的无风险价值,价差$_{债券}$是相对于无风险到期收益率的债券价差,久期$_{债券}$是债券的期限。

在按市值给衍生投资组合计价时,将信用价值调整作为一个考虑因素已成为一项行业规范。但是,正如下文将会讲到的,目前对于信用价值调整应在单边基础上定义还是在双边基础上定义这个问题,行业中的意见仍不统一。

与债券的做法不同,衍生工具的信用价值调整不能通过以(Libor + 价差)来贴现预期的未来现金流这种简单的方法进行定义和计算:

- 信用价值调整不仅应考虑到当前的预期未来现金流,还必须考虑到因市场费率发生变化而带来的潜在未来现金流。例如，在平坦的收益率曲线环境中，平价利率掉期在任何未来结算日的预期现金流都为零，但EPE特征在未来时点不是零。

- 信用价值调整的计算应在投资组合的基础上进行，包含与交易对手间达成的所有合约，并考虑到所有具有法律约束力的风险缓释协议。
- 信用价值调整需要处理交易对手信用风险的双向性问题，例如，远期或掉期合同的每个交易方对另一个交易方而言都具有潜在的信用风险暴露。

基于损失基点和信用准备金的单边信用价值调整

在投资银行的带领下，一些商业银行也开始计算信用价值调整，这些商业银行将信用价值调整定义为交易对手投资组合生命期内的预期历史损失。按照定义，在投资组合的整个生命期内，预期损失将等于在所有远期期间，将每期的EPE与历史远期损失基点相乘后的结果加总。历史损失基点是该远期期间的违约概率（PD）和违约损失率（LGD）之积。如果投资组合将持有至到期，根据同样的思路我们也可以计算用以抵补预期损失的信用准备金，并且可以假设历史损失是未来损失的一个很好的指示器。

$$EL = \sum_t EPE_t \times LN_t \times df_t \tag{6.9}$$

其中EPE_t是在未来时刻t的预期暴露，LN_t是在同一远期时刻t的历史损失基点，df_t是合适的贴现因子。在模拟框架下（有N条模拟路径），EPE_t是未来时刻t的预期暴露，它反映了暴露不能为负这一事实。以单一交易为例：

$$EPE_t = \frac{1}{N}\sum_n \mathrm{Max}(0, mtm(t)_n) \tag{6.10}$$

比较等式（6.8）（债券的信用价值调整）和等式（6.9）（衍生投资组合的预期损失），可以发现，EPE_t与债券在远期期间的市场价值相对应。考虑到先前对EPE与交易对手风险“贷款等价”间的关系的讨论，上面这一点是有意义的。之前从只违约角度出发，为了计算经济资本的贷款等价而引入的阿尔法因子在等式（6.9）中不再需要，因为在等式（6.9）中，我们并不关心围绕预期损失（EL）的变动。远期损失基点LN_t与远期价差乘以远期期限所得的乘积相对应。尽管等式（6.8）中的市场价差和等式（6.9）中的历史损失基点在这两个式子中所起的作用相似，但市场价差可以是历史损失基点的许多倍，特别是对于投资级别的债务人和距离当前日期并不远的远期期间而言，这种情况尤其可能出现。

以市场为基础的单边信用价值调整

为将信用准备金转化为信用价值调整（CVA），我们需要实施以下两项调整。

- 在计算 EPE_t 时，不能使用历史波动率和相关性，应使用当前以市场为基础的隐含波动率和相关性。
- 不要使用历史损失基点，应使用当前的信用价差。

$$CVA = \sum_k EPEI_k \times Spread_k \times \Delta t_k \times df_k \tag{6.11}$$

在等式（6.11）中，$EPEI_k$是在隐含波动率和相关性基础上的预期暴露，$Spread_k$ 是交易对手在远期期限 Δt_k 中的当前信用价差。这一形式的信用价值调整由于其单方面的风险视角，一般称为单边信用价值调整。公司所具有的交易对手信用风险是这个调整的一部分，但公司给交易对手带来的信用风险与这个调整没有关系。

双边信用价值调整

双边信用价值调整模型考虑到了交易双方：

$$CVA_{双边} = \sum_k (EPEI_k \times Spread'_k - EPEI'_k \times Spread'_k) \times \Delta t_k \times df_k \tag{6.12}$$

其中，$EPEI'_k$是公司给交易对手带来的预期暴露，$Spread'_k$表示公司自身在远期限 Δt_k 中的信用价差。

理论上，衍生品造市商可以使用单边信用价值调整来制定与公司终端用户间的衍生交易的初始条款和条件，即在设定该衍生交易的初始条款和条件时考虑到了该公司终端用户所带来的交易对手信用风险。但是，如果每一方都想要为其所承担的交易对手信用风险获得补偿，并且如果单边信用价值调整与典型的买卖价差大小相似或者比典型的买卖价差更大的话，那么市场就会出现问题。如果每个交易者都要求为它们所承担的风险获得补偿，而不管它们的交易对手承担了什么样的风险，那么做市商间/银行间市场显然就不会像今天这样具有流动性。因此，双边信用价值调整的一个用途就是设定做市商间/银行间市场的衍生交易的初始条款和条件。但是，我们之所以拥有一个流动的做市商间/银行间市场，其主要原因可能并不是因为公司都积极地计算每项交易的双边信用价值调整,而是因为在做市商间/银行间市场上双边保证金协议(每日结算保证金)有广泛的应用。每日保证金协议能实质性地降低交易对手信用风险,以至于在设定交易的初始条款和条件时,交易对手信用风险可忽略不计。

将信用价值调整的变化引入到经济资本模拟中

信用价值调整的变化会导致衍生工具经济价值的变化,因此,信用价值调整的变化也应引入到经济资本的计算中去。从等式(6.11)和等式(6.12)中可明显看出,有两个因素可以推动信用价值调整的变化:① 基本市场费率的变化,这些变化会改变预期暴露特征(单边模型的 EPEI,双边模型的 EPEI 和 EPEI′);② 价差的变化(单边模型的交易对手价差,双边模型的交易对手价差和公司本身的价差)。

为最精确地计算预期暴露特征的潜在变化,我们需要进行双重模拟:当前预期暴露特征(单边模型的 EPEI,双边模型的 EPEI 和 EPEI′)要求在给定当前市场状态(和当前暴露)的条件下,模拟数以千计的市场费率路径。预期暴露特征的潜在未来价值要求为市场的每一潜在未来状态计算预期暴露特征(即对于每个未来潜在的当前暴露,都有双重模拟)。

为了避免这种双重模拟,我们可能有必要就与交易对手间达成的交易投资组合,在一系列未来时点上,估计 EPEI(和 EPEI′)对投资组合当前暴露的变化的敏感性。有了这种敏感性度量,对 EPEI(和 EPEI′)潜在变化的计算就可以简化为对当前暴露潜在变化的计算,前文已探讨了当前暴露潜在变化的计算方法。

人们更为关注信用价值调整对信用价差变化的敏感性。与对市场费率(不包括信用价差)变化的敏感性相比,信用价值调整对信用价差的变化往往更为敏感。

当从只违约角度计算经济资本(EC)时,通过把 EPE $\times\alpha$ 作为贷款等价,EPE 可以被定义为单一数值,即下一年的平均 EPE。与之相比,当从潜在经济价值损失的角度来度量经济资本时,在投资组合的整个生命期内都需要考虑到有效期限 M,以计算价差变化对同交易对手间达成的交易的经济价值的影响。

单边信用价值调整的有效期限 M

可以通过以下方式来计算衍生投资组合的有效期限。该有效期限也可以作为有效信用久期。

交易对手的单边信用价值调整为：

$$CVA = \sum_{k=1}^{N} EPEI_k Spread_k \Delta t_k \, df_k \tag{6.13}$$

信用价值调整对远期价差变化的敏感性：

$$\Delta CVA = \sum_{k=1}^{N} EPEI_k \Delta Spread_k \Delta t_k df_k \tag{6.14}$$

一些项的定义：

$$\Delta \overline{Spread} = \frac{\sum_{k=1}^{N} \Delta Spread_k \Delta t_k}{\sum_{k=1}^{N} \Delta t_k} \tag{6.15}$$

（在投资组合的整个生命期，价差的平均变化）

$$EPEI = \sum_{k=1}^{1\text{年}} EPEI_k \Delta t_k df_k \text{（一年期限内的 EPE）} \tag{6.16}$$

期限 M 的推导：

$$\begin{aligned} \Delta CVA &= \sum_{k=1}^{N} EPEI_k \Delta Spread_k \Delta t_k df_k \\ &\equiv EPEI \Delta \overline{Spread} M \end{aligned} \tag{6.17}$$

因此，考虑到信用价差期限结构的 M 的一般表达式为：

$$M = \frac{\sum_{k=1}^{N} EPEI_k \Delta Spread_k \Delta t_k df_k}{EPEI \Delta \overline{Spread}} \tag{6.18}$$

$$= \frac{\sum_{K=1}^{N} EPEI_k \Delta Spread_k \Delta t_k df_k}{\left(\sum_{k=1}^{1\text{年}} EPEI_k \Delta t_k df_k\right)\left(\frac{\sum_{k=1}^{N} \Delta Spread_k \Delta t_k}{\sum_{k=1}^{N} \Delta t_k}\right)} \tag{6.19}$$

假设价差曲线发生平移，等式(6.19)将简化为：

$$M = \frac{\sum_{k=1}^{N} EPEI_k \Delta t_k df_k}{\left(\sum_{k=1}^{1\text{年}} EPEI_k \Delta t_k df_k\right)} \tag{6.20}$$

假设固定的时间期限，等式(6.20)可以进一步简化为：

$$M = \frac{\sum_{k=1}^{N} \mathrm{EPEI}_k df_k}{\left(\sum_{k=1}^{1\text{年}} \mathrm{EPEI}_k\ df_k\right)} \tag{6.21}$$

双边信用价值调整的有效期限 *M*

双边信用价值调整对交易对手价差变化或者对企业自身价差变化的敏感度由下式给出：

$$\begin{aligned}
&\Delta \mathrm{CVA}_{\text{双边}} \\
&= \sum_k \frac{\partial \mathrm{CVA}_{\text{双边}}}{\partial \mathrm{Spread}_k} \Delta \mathrm{Spread}_k + \sum_k \frac{\partial \mathrm{CVA}_{\text{双边}}}{\partial \mathrm{Spread}'_k} \Delta \mathrm{Spread}'_k \\
&= \sum_k (\mathrm{EPEI}_k \times \Delta \mathrm{Spread}_k - \mathrm{EPEI}'_k \times \Delta \mathrm{Spread}'_k) \times \Delta t_k \times df_k \\
&= M \times \mathrm{EPEI} \times \Delta\ \overline{\mathrm{Spread}} - M' \times \mathrm{EPEI}' \times \Delta\ \mathrm{Spread}'
\end{aligned} \tag{6.22}$$

类似于等式(6.18)对 *M* 的定义，*M′*可以定义为：

$$M' = \frac{\sum_{k=1}^{N} \mathrm{EPEI}'_k \Delta \mathrm{Spread}'_k \Delta t_k df_k}{\mathrm{EPEI}' \Delta\ \overline{\mathrm{Spread}'}} \tag{6.23}$$

参考等式(6.18)对有效期限的度量。与单边信用价值调整相比，在双边信用价值调整下，我们先要知道有效期限会如何变化。

$$M_{\text{双边}} = \frac{\Delta \mathrm{CVA}_{\text{双边}}}{\mathrm{EPEI} \times \mathrm{Spread}} \tag{6.24}$$

因此：

$$M_{\text{双边}} = M - \frac{\sum_{k-1}^{N} \mathrm{EPEI}'_k \Delta \mathrm{Spread}'_k \Delta t_k df_k}{\left(\sum_{k=1}^{1\text{年}} \mathrm{EPEI}_k \Delta t_k df_k\right) \left(\dfrac{\sum_{k=1}^{N} \Delta \mathrm{Spread}_k \Delta t_k}{\sum_{k=1}^{N} \Delta t_k} \right)} \tag{6.25}$$

等式(6.25)描述了单边信用价值调整的有效期限 *M* 在双边信用价值调整下会发生怎样的变化。

如果为简化起见而假设信用价差只有平移变化，并且同时假设相等大小的时间期限，那么等式(6.25)可以重写为：

$$M_{双边} = \frac{1}{\sum_{k=1}^{1年} \mathrm{EPEI}_k \Delta \mathrm{Spread}_k df_k} \times \left(\sum_{k=1}^{N} \mathrm{EPEI}_k \Delta \mathrm{Spread}_k df_k - \sum_{k=1}^{N} \mathrm{EPEI'}_k \Delta \mathrm{Spread'}_k df_k \right) \quad (6.26)$$

与单边模型相比，双边模型对交易对手投资组合有效期限 M 的影响将取决于乘积（EPEI × △Spread'）相对于乘积（EPEI' × △Spread'）的大小，以及交易对手价差变化和本公司价差变化之间的相关性。

- 如果交易对手的价差变化与本公司的价差变化高度相关，并且如果 EPEI 和 EPEI'的大小相似（正如每日保证金协议下会发生的情况那样），那么双边的 M 会比单边的 M 小得多。
- 如果（EPEI × △Spread）>（EPEI' × △Spread'），那么两个模型得出的 M 值不会有太大的差异。
- 如果交易对手的价差变化与本公司的价差变化高度相关，那么有效期限会下降，即使 EPEI 不等于 EPEI'。但是，如果价差并不是高度相关，这会造成损失分布的宽度加大，并可能进一步导致有效期限扩大。尽管双边信用价值调整总比单边信用价值调整小，但上述结论依然成立。

对冲信用价值调整的变化

考虑到信用价值调整的变化对公司损益的影响，我们很自然地要问如何才能对冲信用价值调整的变化。对这个问题的回答也有助于加深我们对单边和双边模型的理解。

考虑单边信用价值调整，它是双边信用价值调整的第一项，可以看出，单边信用价值调整对市场费率水平、与这些市场费率相关的隐含波动率以及交易对手的信用价差都表现出了敏感性。在只具有一个交易对手的单一利率掉期交易的简单例子中，这一项可以通过引入一个违约掉期合约和一个与不同交易对手进行的掉期期权合约而得到对冲。对于平价掉期而言，对 CVA 变化的敏感性程度可以大致地在这两个部分平分。

对冲双边模型的第二项不是那么直观和明显。类似的对冲可以是出售一项利率掉期期权，同时出售企业对于自身的保护。当然，一个企业不能出售对于自己的保护，因此我们必须寻找其他能实现双边 CVA 第二项的隐含价值的方法。如果不能找到实现这一价值的方法，那么双边信用价值调整（CVA）的应用意味着将一项未实现的、价值一定会减为零的资产加入到了资产负债表中。尽管这一方法在 FASB(2003)中已得到推荐，并且 IRS 也认为该方法正确无误，但该方法看起来仍过于激进，并且从常识的角度来看并不对。

实现这一价值的一个可能方式是通过可以实现的、并由第二项背后的驱动因素即预期债务所隐含的可能融资收益。这种做法的依据是，如果公司拥有一个对冲账户，那么这一潜在债务的存在就会产生相同大小的资产。目标是使用该资产来降低融资成本。这种资产可以具有两种不同的形式，这取决于该账户是如何被对冲的，该资产可能是以现金的形式出现，如果对冲交易对手有担保；或者以应收账款的形式出现，如果对冲交易对手没有担保。现金部分可以马上成为公司的一个融资来源。应收账款也可以提供类似的好处，前提条件是公司可以通过发行双重违约票据（只有在交易对手和公司都违约的情况下，票据持有人才会遭致损失）或其他方式，以使应收账款得到融资。因此可以假设公司的财务部门愿意为这一预期的融资好处支付成本。一方面，如果这一方法被幼稚地设立为公司的制度，那么它将导致公司的财务部门面临风险，只要所实现的融资好处与预期的风险中性融资好处之间存在较大的差异。另一方面，财务部门表现为双边模型中整个第二项的真正"所有者"，因为该部门可以很自然地想要合理对冲风险中性所隐含的融资好处和实际实现的融资好处之间的差异。

关键问题是，除非银行有一个确定的流程来实现其对交易对手的潜在债务的价值，否则银行就不应该使用双边信用价值调整。如果没有这样的一个流程，就相当于银行在其账簿中放入了一项最终价值会减为零的资产。

小　结

本章诠释了一般性的经济资本方法论的概念，并且着重介绍了交易对手信用风险的经济资本。在交易对手风险的框架中，信用风险和市场风险是相重合的。这一章指出交易对手信用风险与一般的信用风险的一个显著区别是暴露的大小和方向是不确定的。这个特征使得银行必须有一个专门的方法来计算交易对手风险的经济资本。这一章在概念和应用方面详细地介绍了这个专门的方法。所有的衍生投资组合都要求银行为交易对手信用风险和市场风险准备经济资本。

第7章
证券化资产的经济资本

证券化是指把金融资产汇集起来，形成一个资产池，并针对这些资产池所产生的现金流以有价证券的形式发行要求权。这些证券通常称为资产支持证券（ABS）。资产池中的资产通常是某种形式的债务，并且取决于债务的性质，资产支持证券也具有不同的名称：

- 第一抵押权：抵押贷款支持证券（MBS）和抵押担保债务证券（CMO）。
- 除第一抵押权以外的消费者贷款：资产支持证券（ABS）。
- 债券和商业贷款：抵押债务债券（CDO）。

最初拥有这些资产的金融机构被称为发起人。通常情况下，发起人并不会发行资产支持证券。实际上，发起人会将该资产池出售给特殊目的载体（SPV），即专门为该交易而组建的公司。SPV 通常评级为 AAA 级，SPV 可以保护资产支持证券免受发起人违约的影响。SPV 发行以该资产池所产生的现金流为担保的票据，将这些票据出售给投资者，并将出售所得的收入作为资产池的价格支付给发起人。

由于不同的投资者有不同的风险偏好，因此 SPV 会发行不同风险种类的票据。不同的风险种类来源于对资产池现金流排列优先级。最标准的优先级排列方法是简单次级化（本章稍后会讨论），即在风险更小的票据都得到支付之后，风险更大的票据才能得到支付。换句话说，较低风险（较高级别）的票据将通过用更具风险（更低级别）的票据垫底的方式来防止资产池的损失。在简单次级化方法中，一个给定的风险种类被称为一个批次（Tranche）。证券化中所有批次的面值加起来等于这个资产池的面值。发起人一般会持有被人们称为第一损失部分的最差的批次，以加强出售给投资者的票据的信用质量。这些出售给投资者的票据通常会被评级机构评级。

本章将讨论证券化的经济资本模型以及这些模型的应用。

经济资本模型

证券化资产已成为银行的一个主要融资工具和风险管理工具。尽管在20世纪90年代后半期，银行业提出了一些贷款和债券投资组合模型，但与证券化相关的投资组合信用风险评估模型却迟迟没有进展①。例如，为有评级的证券化批次配置经济资本的一个方法是，给这些批次配置与其评级相同的债券相等大小的经济资本。事实上，证券化批次的票据与债券十分类似：它们都有本金和合约到期日，它们都收到利息支付并且都被信用机构评级。但是一个评级为Ba的批次的风险与评级为Ba的债券的风险真的一样吗？答案是否定的，得出这一答案并不需要什么高深的分析。

债券的损失来自于单一借款人的违约，而批次的损失则来自于标的资产池中的许多借款人的违约。因此，在一个批次中，很大一部分异质风险都被分散化了。与债券相比，批次面临更多的系统性风险，并且我们不能像应用于债券那样，把对系统性因子（如资产相关性）的损失敏感性分析应用于批次。批次和债券的另一个基本区别是违约和违约损失率（LGD）驱动因子之间的依赖程度不一样。在债券的情形中，这一依赖性相对较弱，并且在很多行业模型中都假定这一依赖性根本不存在。在批次的情形中，一个批次的违约和违约损失率都由同一个变量驱使，即标的资产池的损失。因此，为贷款和债券投资组合发展起来的信用风险模型并不能直接应用于证券化批次中，并且一项Ba评级的批次所要求的经济资本可能会与一个Ba评级的债券十分不同。

目前，我们需要一个专门用来充分描述与证券化相关的投资组合信用风险的模型，这样的模型必须把批次的损失与投资组合中其他资产的损失联系起来。批次的损失是由标的资产池的损失通过合约的支付结构（现金流瀑布）而被惟一决定的。这个现金流瀑布的复杂程度取决于资产池的违约与清收时间以及本金和利息支付。为了将这些复杂性都考虑在内，我们需要动态地模拟资产池的现金流，并将这一现金流瀑布应用于批次损失。

---

① 例如Risk Metrics公司的CreditMetrics，KMV公司的PortfolioManager，CSFB的CreditRisk⁺。

为了使得这个模型在分析上可操作，我们还需要一些起简化作用的假设。

随着巴塞尔协议Ⅱ的提出，分析上可操作的与证券化批次相关的投资组合信用风险模型已成为迫切需要。自1988年巴塞尔协议Ⅰ问世以来，银行已学会如何在不降低实际承担的经济风险的条件下，减少监管资本要求。为了防止这种被称为监管套利的操作，有必要在巴塞尔协议Ⅱ中引入与标的风险相一致的监管资本。能够完成这一任务的模型必须足够简单，能提供闭合解，同时又足够严格，能充分描述证券化的经济风险。

有两个这样的模型在最近被提了出来：其中一个是 Pykhtin and Dev (2002，2003)，另一个是 Gordy and Jones(2003)。这两个模型都与渐近单风险因子框架(ASRF) 相一致，这个框架是巴塞尔协议Ⅱ内部评级(IRB)方法的基础，因为两个模型都将批次作为一个由单一系统性风险因子驱动的渐近分散投资组合的一部分。这两个模型在巴塞尔协议Ⅱ的证券化规则中都找到了用武之地：佩赫京(Pykhtin)和德夫(Dev)的模型在 Peretyatkin and Perraudin(2003)中被用于校准评级法(RBA)，而戈迪(Gordy)和琼斯(Jones)的模型被作为监管公式法(SFA)的基础。尽管评级法和监管公式法都会按不同的模型做出校准，但正如 Gordy(2003b)所证明的，这并不会必然导致这两种方法的不一致。戈迪能够把一个模型的参数映射为另外一个模型的参数，因此这两个模型所得出的资本要求近似相等。

渐近单风险因子框架

投资组合的经济资本通常被定义为投资组合损失分布的第 q 分位(投资组合的真实损失水平不超过这一分位的损失水平的概率为 q)。然后，这一投资组合的经济资本会按一定的规则分配到单个资产中去。资产通过这种方式得到的经济资本可以解释为该资产对投资组合总体风险的贡献。通常，尽管资产预期损失(EL)只依赖于资产本身的一些特征，但资产的贡献性经济资本(EC)还依赖于这项资产所在的投资组合的特征。Gordy(2003a)证明资产的经济资本只有在以下情形中才独立于投资组合的构成：①投资组合被无限分散(投资组合中最大的单项资产风险暴露是投资组合总暴露中可以忽略的一部分)；② 投资组合的损失由单一系统性风险因子驱动。这两个条件构成了渐近单风险因子框架(ASRF)。在第一个条件下，投资组合中的所有异质性风险都得到了分散，并且渐近投资组合损失等于系统性风险因子条件下的预期损失。第二个条件使得投资组合损失成为单一系统性风险因子的一个确定性单调函数。因此，在系统性风险因子条件下，投资组合的经济资本等于预期损失，并且当损失是一个增函数（减函数）时，该投资组合的经济资本等于预期损失的第 q 分位（$(1-q)$ 分位）。由于预期算子的线性特征，资产的贡献性经济资本就是在系统性风险因子取合适值的条件下，该资产的预期损失。

渐近单风险因子框架（ASRF）可以应用于投资组合中的任何资产，包括证券化批次。假设证券化批次位于无限分散的资产投资组合中，该批次的风险暴露是投资组合总风险暴露的一个可忽略的部分，因此该投资组合在加入这个证券化批次后仍然是无限分散的。投资组合的损失由一个服从标准正态分布的单一系统性风险因子 Z 所驱使，我们将这一系统性风险因子 Z 解释为经济状态：较大的 Z 与强劲的经济状态相对应，而较小的 Z 与低迷的经济状态相对应。这一解释使得投资组合的预期损失成为一个条件于系统性风险因子 Z 的减函数。戈迪的观点可以应用于任何资产，包括证券化批次。因此，如果用 U 表示某一批次一年的随机损失，那么该批次的经济资本就是：

$$EC_q = E[U | Z = z_{1-q}] \tag{7.1}$$

其中 $Z_{1-q} = N^{-1}(1-q)$ 是标准正态分布的 $(1-q)$ 分位。

等式（7.1）是 Pykhtin-Dev 模型与 Gordy-Jones 模型的出发点。这两个模型都考虑到了资产池在一年期限中的损失，但只涉及本金的损失。我们用 $G(l)$ 表示资产池损失率 L（即资产池名义价值的损失比例）超过 l 水平的概率。该互补分布函数与一个更为传统的分布函数 $F(l) \equiv \Pr[L \leqslant l)$ 相关，有 $G(l) = 1 - F(l)$，并且该互补分布函数是一个定义在 $[0,1]$ 区间上的资产池损失率的非增函数。因为损失不能超过资产池的名义价值，关系 $G(l) = 0$ 总成立。该互补分布函数在 $l = 0$ 时的值由资产池损失为零的概率决定，即 $G(0) = 1 - \Pr[L = 0]$。对于信用资产池而言，该概率永远为正，并且 $G(0) < 1$，因为严格地讲，资产池损失为零的概率总大于零。在无限分散的资产池中，零损失的概率为零，因此有 $G(0) = 1$。

Pykhtin-Dev 模型

批次的损失

Pykhtin-Dev 模型根据简单次级化规则将资产池损失分配到证券化批次中去。考虑一个具有如下特征的批次：预定损失金额（Attachment point 即保护水平）为 s 和分离点（Detachment point 即损失止赔点）为 t，且 $t \geqslant s$。名义总额（厚度）由 $t-s$ 给出。s 和 t 都是在单位资产池名义价值的基础上定义的，并且在 0 到 1 的区间中取值。简单的次级规则意味着如果 $L \leqslant s$，这个批次就不会发生损失（资产池的损失被次级批次吸收），并且如果 $L > s$，该批次就会尽可能地吸收资产池的损失，直到最大吸收值为止，这个最大吸收值为 $t-s$。批次损失的正式表达形式为：

$$U(s,t) = \int_s^t \mathrm{d}l \mathrm{l}_{\{L>l\}} \tag{7.2}$$

其中 1{·}是指标函数。

等式(7.2)的解释如下。所考虑的这个批次可以视为是无限细薄批次(ITT)的一个无限集。该无限细薄批次的保护水平为 l，名义额度为 dl，并且如果 $L \leqslant l$，名义额度(dl)就不会遭受损失，如果 $L > l$，其损失就等于名义额度(dl)。这个解释往往很有用，因为与一个有限厚度的批次相比，无限细薄批次更为简单。无限细薄批次在很多方面都类似于一个本金为 dl，违约概率(PD)为 $G(l)$，确定性违约损失率(LGD)为 100% 的贷款。

批次的预期损失和经济资本

批次的预期损失是通过对等式(7.2)取期望得到的：

$$\mathrm{EL}(s,t) \equiv \mathrm{E}[U(\mathrm{s},\mathrm{t})] = \int_s^t \mathrm{d}l G(l) \tag{7.3}$$

预期算子的线性特征确保了无限细薄批次在等式(7.3)中的应用：一个批次的预期损失是构成这一批次的无限细薄批次的预期损失之和。无限细薄批次和贷款之间的相似性很明显：无限细薄批次的预期损失与贷款的预期损失具有相同的形式（本金、违约概率和预期违约损失率的乘积）。

经济资本(EC)可以用相似的形式表述。根据等式(7.1),在系统性因子的条件下,经济资本由批次的预期损失给出,经济资本等于预期损失分布的第$(1-q)$分位。在事件$Z=z_{1-q}$的条件下,通过对等式(7.2)取条件期望,就可以得到该批次的经济资本:

$$\mathrm{EC}_q(s,t) = E[U(s,t) \mid Z = z_{1-q}] = \int_s^t \mathrm{d}lG(l \mid z_{1-q}) \qquad (7.4)$$

其中$G(l/Z)\equiv \Pr[l>l/Z=z]$是在系统性因子的条件下,标的资产池损失的互补分布。等式(7.4)与等式(7.3)具有相同的形式:批次的经济资本是构成这一批次的无限细薄批次的经济资本之和。无限细薄批次的经济资本和预期损失(EL)的惟一不同之处是资产池损失分布的条件$Z=z_{1-q}$。

批次的违约概率和违约损失率

以批次的违约概率和违约损失率为基础,我们可以从一个不同的角度来审视批次的预期损失和经济资本。批次的预期损失可以表示为批次的违约概率和预期违约损失率之积。对于一个保护水平为s的批次,它的违约概率由$G(s)$给出。与贷款和债券不同,批次的违约损失率由导致其违约的相同因子驱动,即由资产池损失驱动。因此,批次的预期违约损失率的确定不能独立于该批次的违约概率。批次的预期违约损失率(即单位资产池名义价值的损失)是在批次违约条件下的预期批次损失。对于一个保护水平为s的高级批次,预期违约损失率由批次违约条件(即$L>s$)下的资产池预期损失和该批次保护水平之间的差额给出。因此,一个高级批次的预期损失是:

$$\mathrm{EL}(s,1) = G(s)(\mathrm{E}[L \mid L>s] - s) \qquad (7.5)$$

任意批次的预期损失可以计算为两个高级批次的预期损失之差:

$$\mathrm{EL}(s,t) = \mathrm{EL}(s,1) - \mathrm{EL}(t,1)$$

在给定的证券化组合中,所有批次的总预期损失就是资产池的预期损失。实际上,根据等式(7.3),所有批次的总预期损失等于$\mathrm{EL}[0,1]$。将$s=0$代入等式(7.5),得到:

$$\mathrm{EL}(0,1) = \mathrm{E}[L]$$

该式与$G(0)$的值无关。

根据等式(7.1),批次的经济资本由系统性风险因子取极值的条件预期损失给出。因此,批次的经济资本可以表示为批次的条件违约概率和批次的条件违约损失率的乘积。对于一个保护水平为s的高级批次而言,条件违约概率由$G(s \mid z_{1-q})$给出,但是,条件违约损失率由$L>s$且$Z=z_{1-q}$条件下的资产池预期损失与批次保护水平之间的差额给出。这样就有：

$$EC_q(s,1)=G(s|z_{1-q})(E[L|\{L\geqslant s\}\&\{Z=z_{1-q}\}]-s) \tag{7.6}$$

由于包含条件 $Z=z_{1-q}$，因此等式(7.6)与等式(7.5)不同。任意批次的经济资本可以计算为两个高级批次的经济资本之差：

$$EC_q(s,t)=EC_q(s,1)-EC_q(t,1)$$

与预期损失的情形类似，由等式(7.4)可得出：所有批次的总经济资本等于 ECq(0,1)。将 $s=0$ 代入等式(7.6)，可以得到：

$$EC_q(0,1)=E[L|Z=z_{1-q}]$$

无论 $G(0|z_{1-q})$ 的值是多少，上式总成立。因此，所有批次的经济资本等于资产池的贡献经济资本（即该资产池被看作是投资者的投资组合中的一小部分）。

通常，资产池的损失分布是未知的，并且必须通过数值计算的方法得到。在这种情况下，根据等式(7.3)和等式(7.4)来计算批次的预期损失和经济资本，就会涉及到对数值方法所得到的函数进行数值积分。等式(7.5)和等式(7.6)分别等价于等式(7.3)和等式(7.4)，而且正如 Pykhtin(2004)所证明的，等式(7.5)和等式(7.6)可以根据等式(7.3)和等式(7.4)推导而来。因此，等式(7.5)和等式(7.6)使我们避免了数值积分的问题，并且这两个式子因而成为计算批次预期损失和经济资本的有用工具。

尽管为批次的预期损失所推导的等式(7.3)和等式(7.5)是自我包含的，并且对于资产池损失的任何分布，这两个式子都可以计算出来，但是计算批次经济资本的等式(7.4)和等式(7.6)还需要指定资产池损失和系统性风险因子 Z 之间的关系。

全局和局部的系统性因子

通常，与充分分散的投资组合中的资产相比，资产池中所包含的资产有更多的相似之处，例如，资产池中的资产可能来自于同一行业。在这种情形下，资产池中这些资产之间的相关性平均来说会高于由这些资产对全局系统性风险因子的共同依赖性所隐含的相关性。为了描述这一效应，假设资产池的损失由该资产池的局部系统性风险要素所驱使。全局系统性风险因子 Z 可以解释为全球经济状态，而局部系统性风险因子（用 Y 表示）描述了资产池中的资产所在行业的状态（或者其他共同特征）。假设 Y 服从标准正态分布并且对于 Z 满足如下线性关系：

$$Y=\rho_{YZ}Z+\sqrt{1-\rho_{YZ}^2}\,\varepsilon \tag{7.7}$$

其中 ρ_{YZ} 是风险因子 Y 和 Z 之间的相关系数，ε 是独立于 Z 的一个标准正态变量。假设更高的 Y 表示更加强劲的行业和更少的资产池损失，这意味着对于周期性行业来说 $\rho_{YZ}>0$。在多因子投资组合模型中，Y 被称为组合因子，ε 被称为行业特定因子。

分散化的资产池

现实中存在许多基于分散化标的资产池的证券化资产。在零售资产池（如汽车贷款）上定义的资产支持证券（ABS）通常属于这类资产。由于在充分多样化的投资组合中，大部分异质性风险都被分散化了，因此分析也能得以简化。对于零售资产池而言，可以合理地假设所有的异质风险都被完全分散化，并且可以用一个更加简单的无限分散投资组合的限制损失分布取代原来的损失分布。

当资产池的损失由单一系统性风险因子（即 Y）驱动时，我们甚至可以在不对资产池的损失分布做任何具体假设的情况下，将无限细薄批次（ITT）的预期损失（EL）和经济资本（EC）联系起来（即等式（7.3）和等式（7.4）中的被积函数）。对于服从正态分布的系统性因子，Vasicek（1987）表明上述关系具有条件违约概率的形式：

$$G(l|z)=N\left(\frac{N^{-1}[G(l)]-\rho_{YZ}{}^{Z}}{\sqrt{1-\rho_{YZ}^{2}}}\right) \tag{7.8}$$

其中 $N(\cdot)$ 是累积标准正态分布函数，$N^{-1}(\cdot 1)$ 是 $N(\cdot)$ 的逆函数。

资产池的瓦希塞克模型

为了完成这个模型，我们需要设定标的资产池的损失分布。假设资产池中包含属于不同借款人的 M 种贷款。瓦希塞克模型（Vasicek，2002）描述了借款人违约时资产池发生的损失。借款人 i 在一年内的违约概率为 p_i。当用来描述借款人 i 财务状况的连续偿付能力变量 X_i 低于给定阈值水平时，违约就会发生。这个偿付能力变量服从标准正态分布，并且可以解释为借款人资产的标准对数回报。借款人 i 的违约阈值由 $N^{-1}(p_i)$ 给出。资产回报变量与局部系统性风险因子 Y 间存在线性关系：

$$X_i=a_i\Upsilon+\sqrt{1-a_i^2}\,\xi_i \tag{7.9}$$

其中 a_i 是用于确定借款人 i 对局部系统性因子 Y 的敏感性的因子负荷（Factor loading）。变量 ξ_i 服从标准正态分布，它描述了资产回报的异质性成分,并且它在借款人之间是独立的。借款人 i 和借款人 j 之间的资产相关性等于 $a_i a_j$。

如果借款人 i 违约,损失数量由该违约人的随机违约损失率(LGD)变量决定。假设这些违约损失率变量之间,以及这些违约损失率变量与模型中的其他变量之间都是独立的。资产池损失率被定义为资产池的损失与资产池的总暴露间的比率,即:

$$L = \sum_{i=1}^{M} w_i \mathrm{LGD}_i 1_{\{X_i \leqslant N^{-1}(p_i)\}} \tag{7.10}$$

其中 w_i 是贷款 i 在资产池中的比重,w_i 被定义为贷款本金与资产池本金间的比率。

资产池的贡献资本可以通过对等式(7.10)取条件期望而得到:

$$K_C = E[L \mid Z = z_{1-q}] = \sum_{i=1}^{M} w_i E[\mathrm{LGD}_i] \hat{p}_i(z_{1-q}) \tag{7.11}$$

其中,$\hat{p}_i(z)$ 是借款人 i 在事件 $Z = z$ 的条件下的违约概率(PD),它由瓦希塞克公式给出:

$$\hat{p}_i(z) = \mathrm{N}\left(\frac{N^{-1}(p_i) - r_i z}{\sqrt{1 - r_i^2}}\right) \tag{7.12}$$

其中,

$$r_i \equiv a_i \rho_{YZ} \tag{7.13}$$

r_i 是资产回报对全局因子 Z 的敏感度。

不幸的是,对于等式(7.10)而言,不可能得到一个闭合形式的互补损失分布函数 $G(l)$。但是,计算批次预期损失和经济资本的解析或半解析方法还是存在的,这些方法对于理解瓦希塞克模型而言并不重要,Pykhtin(2004)中有对这些方法的详细讨论。

一些例子

用来分析位于同一个资产池内的各种批次风险的一个有效方法是,将无限细薄批次(ITT)的资本 $G(l/z_{1-q})$ 作为信用保护水平的一个函数进行刻画。对于一个预定损失金额为 s、分离点为 t 的批次来讲,其经济资本是曲线下方从 s 到 t 点间的面积。曲线下方的总面积代表所有批次的经济资本,也是资产池的贡献经济资本 K_C。

下面将探讨批次的经济资本如何依赖于资产池的分散性、资产池的信用质量以及局部和全局系统性因子间的相关性。为简化起见,我们只讨论同质的资产池，即由 $\overline{M}$ 个同质贷款组成的资产池，这些贷款的违约概率都为 $\overline{p}$，局部因子负荷为 $\overline{a}$，预期违约损失率为 $\overline{\mu}$，违约损失率的标准差为 $\overline{\sigma}$。图 7－1 展示了 $q=99.9\%$ 的水平下的 ITT 资本，同质资产池由 $\overline{M}$ 个投机级别（$\overline{p}=5.0\%$）的贷款组成，风险因子间的相关性选定在两个水平上，即（a）$\rho_{YZ}=0.95$ 和（b）$\rho_{YZ}=0.80$。全局因子负荷被固定为 $\overline{r}=0.40$（相应的全局资产相关性为 0.16）①。所有资产池的预期违约损失率 $\overline{\mu}=40\%$，违约损失率的标准差是 $\overline{\sigma}=20\%$。根据等式（7.11）计算得到的资产池贡献经济资本是 $K_C=13.1\%$。注意，两条曲线对应于不同的 $\overline{M}$ 值。

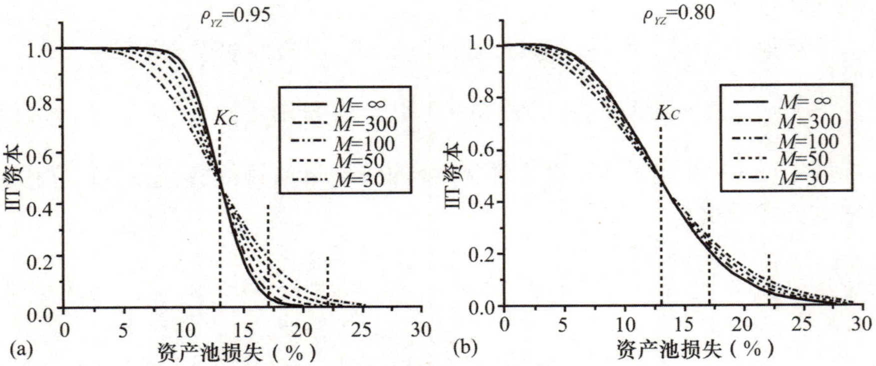

图 7－1　投机级别贷款同质资产池的 ITT 资本（PD＝5.0%）

从图 7－1 中可以看出，减少资产池中的有效贷款数量能降低级别较低的批次的风险，同时会提高级别较高的批次的风险。这一现象非常直观：在任何投资组合中，分散化的缺失会增大极高损失发生的风险。在交叉区域，无限细薄批次（ITT）资本对 $\overline{M}$ 的依赖性改变了它的符号（比如从正依赖性转变为负依赖性，反之亦然），这一区域非常小，并且得到了很好的界定。符号的变化发生在资产池贡献经济资本 K_C 的一个很小的区域内②。这个规则在模型参数的一个很宽的范围内都成立，并且正如下面将要讲到的，该规则只对那些违约概率较低、分散化程度不是很高的资产池例外。

---

① 考虑到等式（7.13），我们不可能在变动 ρ_{YZ} 的同时保持局部因子负荷和全局因子负荷不变。这里让全局因子负荷保持不变，是因为这样能生成固定的资产池贡献资本，也就是说所有曲线下方的面积都相等。

② 从图象上看，图 7－1 中的所有曲线似乎都经过 $l=K_C$ 的那点。但严格地讲，事实并非如此。

降低局部和全局风险因子间的相关性能降低批次经济资本对 $\overline{M}$ 的敏感性，通过比较图 7－1 中的(a)和(b)就可以看出这一点。这一效应的另一种描述方式是：更分散化的资产池对 ρ_{YZ} 的变化更加敏感。从直觉上来看，这一点可以这样来解释：在 $Z = z_{1-q}$ 条件下，更分散化的资产池的损失率在给定 ρ_{YZ} 时具有较少的不确定性。因此，这样的资产池对因 ρ_{YZ} 降低导致的资产池损失不确定性的上升更加敏感。

为了定量说明有限规模批次上的这些效应，我们在每一个资产池的基础上定义了一项证券化。该证券化存在四个批次：吸收 $K_C = 13.1\%$ 以下的资产池损失的第一损失部分；两个介于中间的批次，这两个批次中优先级较低的批次的名义金额占资产池总名义金额的 4%，优先级较高的批次的名义金额占资产池总名义金额的 5%；以及吸收 $K_C = 22.1\%$ 以上的资产池损失的高级批次。批次的界限如图 7－1 所示。表 7－1 将这些批次的经济资本表示为每一个资产池的批次名义金额的一个百分比。

表 7－1　　投机级别贷款同质资产池的批次资本（PD＝5.0%）

批次 (%)	M＝∞ (%)	M＝300 (%)	M＝100 (%)	M＝50 (%)	M＝30 (%)
		$\rho_{YZ} = 0.95$			
0－13.1	93.7	92.6	90.8	88.6	86.3
13.1－17.1	20.0	22.7	26.3	29.5	32.1
17.1－22.1	0.57	1.27	3.02	5.79	9.08
22.1－100	0.00	0.00	0.00	0.00	0.08
		$\rho_{YZ} = 0.80$			
0－13.1	85.4	84.9	84.0	82.7	81.1
13.1－17.1	32.6	33.0	33.6	34.4	35.3
17.1－22.1	10.6	11.2	12.4	13.9	15.7
22.1－100	0.11	0.13	0.18	0.26	0.37

图 7－2 展示了投资级别资产池（违约概率 $\bar{p} = 0.05\%$）的无限细薄批次（ITT）资本。资产池的所有其他参数与上面的投机级别的例子一样。对于所有的资产池，贡献性资本 $K_C = 0.50\%$。投机级别例子中得出的大部分结论在这里也成立：减少资产池中的贷款数目 $\overline{M}$ 的效果等同于从较低优先级的批次向较高优先级的批次重新分配风险。但是，与在投机级别中的情形相比，这一效应在投资级别中要大得多。

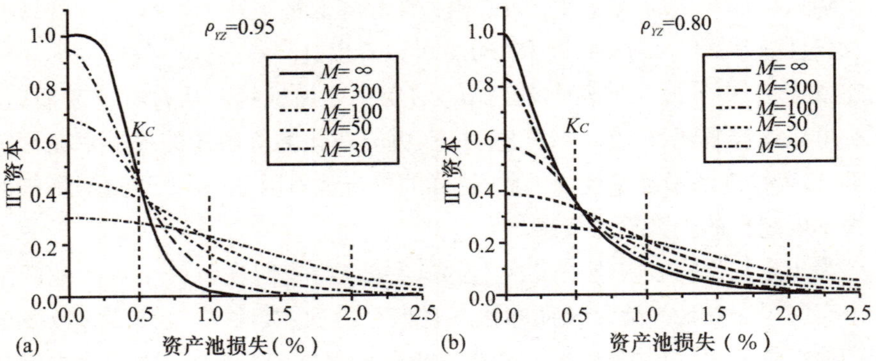

图 7－2　投资级别贷款同质资产池的 ITT 资本

前面曾提到过，在零损失水平上 ITT 资本的值，就是在 $Z = z_{1-q}$ 的条件下资产池中的非零损失概率，考虑到这一点，投资级别的情形具有更大的效应就很容易理解。在上面的投机级别的例子中，违约概率（PD）是如此高，以至于在 $Z = z_{0.1\%}$ 的条件下，即使对于那些 $\overline{M}$ 的数目只有 30 的资产池而言，资产池中的非违约概率（即资产池损失为零的概率）也可以忽略不计。这就是为什么图 7－1 中的所有曲线都开始于 ITT 资本等于 1 的点，该点的资产池损失为零。相比之下，投资级别资产池的违约概率是如此之低，以至于在 $Z = z_{0.1\%}$ 的条件下，在 $\overline{M}$ 高达 300 时，非违约概率也很显著。$\overline{M}$ 越小，非违约条件概率就越大，零损失水平上的 ITT 资本就越低。因此，与投机级别的资产池相比，投资级别资产池 ITT 资本对资产池中贷款数目的依赖性更强。由于资产池的总贡献风险不依赖于 $\overline{M}$（从图像上看，每条曲线下方的总面积应等于资产池的贡献经济资本），因此损失水平较低时的风险降低必须由损失水平较高时的等量风险增加予以抵消。

我们也为投资级别的资产定义了一个证券化样本。第一损失部分吸收了从 $K_C = 0$ 到 $K_C = 0.50\%$ 之间的损失，较低级和较高级的中间批次分别吸收了 K_C 处于 0.50%～1.00% 之间与 K_C 处于 1.00%～2.00% 之间的损失，较高优先级的批次吸收了 K_C 高于 2.00% 的损失。图 7－2 中给出了批次的界限。表 7－2 将这些批次的经济资本表示为每一个投资级别资产池的批次名义金额的一个百分比。

表 7-2　投资级别贷款同质资产池的批次资本(PD=0.05%)

批次(%)	M=∞(%)	M=300(%)	M=100(%)	M=50(%)	M=30(%)
		$\rho_{YZ}=0.95$			
0-0.5	85.2	72.9	58.3	42.0	29.3
0.5-1.0	14.3	22.7	27.3	30.0	25.7
1.0-2.0	0.24	2.14	6.60	1.11	15.4
2.0-100	0.00	0.00	0.01	0.03	0.07
		$\rho_{YZ}=0.80$			
0-0.5	66.3	60.1	49.9	37.0	26.7
0.5-1.0	21.1	23.4	25.6	27.4	23.7
1.0-2.0	5.13	6.59	9.14	11.9	14.9
2.0-100	0.01	0.02	0.03	0.06	0.10

批次的评级与经济资本

从上面的例子中可以看出,批次的经济资本取决于批次的厚度和资产池的参数。这就意味着对于经济资本的计算而言,仅仅知道批次的评级并不够。尽管这一结论通常是成立的,但是还有一个特例存在,在这个特例下,经济资本可以根据评级来确定,该特例就是定义在无限分散资产池上的ITT(无限细薄批次)。

信用评级机构在给证券化批次评级时,一个最重要的输入变量就是批次的预期损失(EL)或批次的违约概率(PD)。如前所述,保护水平为 l 的无限细薄批次类似于一笔确定性违约损失率(LGD)等于 100% 且违约概率等于 $G(l)$ 的贷款。因此,对于无限细薄批次,$G(l)$ 是以预期损失和违约概率为基础的评级过程的基本输入变量。因此,等式(7.8)在本质上将充分分散资产池的 ITT 评级与该 ITT 的经济资本联系起来了。

前文曾提到过,等式(7.8)就是条件违约概率的瓦希塞克公式,其中无限细薄批次的无条件违约概率由 $G(l)$ 给出,而资产的相关性由 ρ_{YZ}^2 给出。从等式(7.11)中可以看出,一项贷款的贡献性经济资本是由预期违约损失率乘以瓦希塞克公式得到的。这里的瓦希塞克公式使用一般的资产相关性而不是 ρ_{YZ}^2 作为其输入变量。这一相似性允许我们直观地比较无限细薄批次和贷款的经济资本。

为简化这一比较,假设贷款具有 100% 的违约损失率,同时,为了得到与无限细薄批次相同的评级，我们还假设贷款具有相同的违约概率，即 $G(l)$。一般地，我们会预期 ρ_{YZ}^2会显著地高于贷款的典型资产相关性。如果违约概率大于或等于1减去置信水平，那么对较高的资产相关性，瓦希塞克公式总是会给出较高的值。另一方面，如果违约概率小于1减去置信水平（$PD < 1-q$），那么瓦希塞克公式就不再是单调的了：随着资产相关性从0增加到1，经济资本将增加，直至最大值，然后又减至0。因此，如果在充分分散资产池基础上定义的较细薄的中间批次的评级足够低，以至于满足 $G(l) > 1-q$，那么与具有相同评级的贷款相比，这个批次一般会吸收更多的经济资本。对于较高的评级，这一批次的经济资本可能低于也可能高于贷款的经济资本，这取决于 ρ_{YZ}和 $G(l)$（也就是评级本身）。

批次的经济资本可由其评级决定的惟一例子是：以无限分散资产池为基础的无限细薄批次。尽管无限分散的资产池是零售资产池的一个合理近似，但现实中的证券化批次通常太厚，以至于无法由单一的无限细薄批次近似。因此，真实批次的经济资本除了取决于评级外，还将取决于批次的厚度和资产池的特征。下面将从定性角度简单地讨论这一依赖性。

首先，每单位批次名义价值的经济资本取决于批次的厚度①。这一依赖性不同于以违约概率和预期损失为基础的评级机制。考虑一个厚度递增并且评级相同的中间批次集。对于以违约概率为基础的评级而言，这个集合中的所有批次都有相同的预定损失金额以确保它们有同样的违约概率。无论资产池的损失有多大，相对于较细薄的批次，较厚的批次中的批次经济资本占批次名义金额的比例会更小或与较细薄的批次相同。因此，批次的经济资本将总是随着厚度的上升而下降。对于一个固定的以预期损失为基础的评级而言，答案就不是那么一目了然。随着厚度的上升，对于较高评级的细薄批次，经济资本会上升，而对于较低评级的批次和较高评级的厚批次，经济资本会下降。无论采用何种评级机制，高优先级批次的经济资本将比具有相同评级的低优先级批次低。

批次的经济资本也取决于资产池的分散度。从图7－1和图7－2中可以看出，这一依赖性会随着资产池信用质量的提升而增强。随着资产池中

① 从等式（7.4）中可以看出，每单位资产池名义价值的批次经济资本明显随批次厚度的增加而增加。这里探讨的是每单位批次名义价值的批次经济资本，该经济资本可以用等式（7.4）除以（$t-s$）而得到。每单位批次名义价值的批次经济资本可以解释为ITT经济资本在 s 和 t 之间的平均值，该平均值会随着（$t-s$）的变化而增加或下降。

有效暴露数目的下降以及资产池分散度的降低,高评级批次的经济资本会上升,而低评级批次的经济资本会下降。

巴塞尔协议Ⅱ中的评级法

巴塞尔协议Ⅱ要求银行(只要银行拥有批次评级信息)使用评级法(RBA)来确定证券化的监管资本要求。对于每一个信用评级而言,评级法具有三个资本因子:基本因子、评级较高的高优先级批次的较低因子以及定义在非分散化资产池基础上的批次的较高因子。这三个资本因子试着描述有评级的批次的经济资本对批次厚度/优先级和资产池分散度的依赖性。但是,这一依赖性太过丰富和复杂,以至于无法仅根据这三个因子描述出来,而且评级法缺乏对风险的敏感性。建立在 Gordy-Jones 模型基础上的监管公式法(SFA)更具风险敏感性。

另一方面,对于一个想要投资于批次的投资者而言,他所面临的典型情况是:他可以了解到的有关这个批次的惟一信息就是该批次的评级。评级法使得我们可以在对这个资产池不甚了解的情况下,为资产池的批次配置资本。同时,评级法的资本因子反映了这一典型事实,即高评级的批次与具有相同高评级的债券相比,前者吸收的经济资本更少,而评级较低的批次所吸收的经济资本比相同低评级的债券多。

Gordy-Jones 模型

批次的损失

对于标的资产池而言,Gordy-Jones 模型和 Pykhtin-Dev 模型具有相同的基础:它们都依赖于渐近单风险因子框架(ASRF)和瓦希塞克公式。但是,除了这一共同基础之外,这两个模型在其他方面都不相同。Gordy-Jones 模型并没有区分局部和全局系统性风险,而是假设 $Y=Z$(即 $\rho_{YZ}=1$)。另一方面,戈迪(Gordy)和琼斯(Jones)并不满足于 Pykhtin-Dve 模型所使用的简单次级化结构。戈迪和琼斯认为批次的实际保护水平可能与名义水平不一样,这个差异可能是由于本金和利息现金流或现金流瀑布的其他特征之间的相互作用造成的。由于在一个简单的单期模型中不可能考虑到现金流瀑布的所有细节，因此戈迪和琼斯随机地为证券化的所有批次设定保护水平。

更具体地讲，戈迪和琼斯假设所有批次的实际批次名义价值$\{\tilde{v}_m\}$是围绕名义批次名义价值$\{v_m\}$的一个随机变量，这个随机变量服从参数为$\{\tau v_m\}$的狄利柯雷分布，其中$\tau>0$是精度参数。实际的批次名义价值被假设为独立于模型中的所有其他随机变量。在这些条件下，随机批次名义价值相加的和总是等于1。对于批次m，它的实际预定损失水平（或分离点）$\tilde{t}_m$是围绕名义预定损失水平t_m（或分离点）变动的一个随机变量，这个随机变量服从参数为τt_m和$\tau(1-t_m)$的Beta分布。$\tilde{t}_m$的期望等于t_m，并且τ的较高值与$\tilde{t}_m$围绕t_m的较紧分布相对应。τ趋向于无穷时的极限与具有确定性批次名义价值的简单次级规则相对应。

考虑一个具有随机分离点$\tilde{t}$的第一损失部分（第一损失部分的预定损失水平总是零）。现在，批次损失有两个不确定性来源：资产池损失率L和分离点$\tilde{t}$。这个批次的损失将由等式（7.2）给出，这里在积分中加上不确定上限，如等式（7.14）所示：

$$U(0,\tilde{t}) = \int_0^{\tilde{t}} \mathrm{d}l 1_{(L>1)} \tag{7.14}$$

批次的预期损失和经济资本

这一批次的预期损失（EL）是通过对等式（7.14）取期望得到的：

$$\mathrm{EL}(0,\mathrm{t}) \equiv \mathrm{E}[U(0,\tilde{t})] = \int_0^1 \mathrm{d}B(\xi;\tau t,\tau(1-t))\int_0^{\xi}\mathrm{d}lG(l)$$

其中，$B(\cdot;a,b)$是参数为a和b的累积Beta分布函数。通过改变积分的顺序，上式可以表示为：

$$\mathrm{EL}(0,t) = \int_0^1 \mathrm{d}lG(l)[1-B(l;\tau t,\tau(1-t))] \tag{7.15}$$

由于Gordy-Jones模型建立在渐近单风险因子框架（ASRF）上，因此批次的经济资本（EC）可以计算为在$Z=z_{1-q}$的条件下，对等式（7.14）取条件期望。通过对等式（7.14）取条件期望并重复在计算批次预期损失时所遵循的步骤，结果有：

$$\mathrm{EC}_q(0,t) = \int_0^1 \mathrm{d}lG(l|z_{1-q})[1-B(l;\tau t,\tau(1-t))] \tag{7.16}$$

等式（7.15）和等式（7.16）分别为第一损失部分定义了预期损失（EL）和经

济资本(EC)。名义预定损失水平为 s 和分离点为 t 的任意批次的预期损失可以计算为:

$$\mathrm{EL}(s,t)=\mathrm{EL}(0,t)-\mathrm{EL}(0,s)$$

类似的关系对于经济资本同样成立:

$$\mathrm{EC}_q(s,t)=\mathrm{EC}_q(0,t)-\mathrm{EC}_q(0,s)$$

等式(7.15)和等式(7.16)来自于损失优先次序的不确定性,并且是Gordy-Jones模型的关键结果。当 τ 趋向于无穷时,等式(7.15)和等式(7.16)分别收敛于等式(7.3)和等式(7.4)。与等式(7.3)和等式(7.4)类似,等式(7.15)和等式(7.16)对标的资产池的任何损失分布都有效。Gordy and Jones(2003)使用了由全局系统性因子驱动的资产池的瓦希塞克模型,并且Gordy(2003b)还使用了由局部系统性因子驱动的瓦希塞克模型,因此将Pykhtin-Dev模型和Gordy-Jones模型整合成了一个单一的统一模型。这两项研究的重点都在经济资本上,提出了等式(7.16)的闭合近似。本章剩余部分将讨论Gordy-Jones模型在由全局系统性因子驱动的经济资本和资产池中的应用。

充分分散的资产池

考虑一个由全局系统性因子驱动的无限分散资产池。在这种情形下,等式(7.16)中的积分可以解析地估计出来。由于资产池中的所有异质性风险都得到了分散,因此资产池损失是风险因子 Z 的确定性函数。在事件 $Z=z_{1-q}$ 的条件下,资产池的损失率就等于资产池损失的条件期望,也就是资产池的贡献经济资本 K_C。因此,条件互补损失分布(即资产池损失率超过 l 水平的条件概率)是一个阶梯函数:

$$G(l|z_{1-q})=1_{\{l<K_C\}}$$

将上式代入等式(7.16)并计算积分,得到:

$$\mathrm{EC}_q^{\infty}(0,t)=K_C[1-B(K_C;\tau t,\tau(1-t))]+tB(K_C;\tau t+1,\tau(1-t)) \tag{7.17}$$

等式(7.17)可以用来计算基于零售资产池的证券化经济资本。

边际资本

等式(7.16)是等式(7.4)的Gordy-Jone版本。等式(7.16)甚至可以重新写成与等式(7.4)相同的形式,即某个边际资本函数的积分:

$$EC_q(s,t) = \int_s^t dl H_q(l;\tau) \tag{7.18}$$

这一边际资本与资产池的条件互补分布 $G(l|z_{1-q})$ 紧密相关，但该边际资本同时也依赖于不确定性参数 τ。与 $G(l|z_{1-q})$ 类似，边际资本 $Hi(l;\tau)$ 是损失水平 l 的一个非增函数。此外，在 $v=0$（在 $Z=z_{1-q}$ 的条件下非零损失的概率）和 $v=1$（取值为零）这两点，边际资本 $H_q(l;\tau)$ 与 $G(l|z_{1-q})$ 取相同的值。但是，随着 l 的上升，与 $G(l/z_{1-q})$ 相比，边际资本的下降更为平缓。损失优先次序的不确定性（有限的 τ）降低了边际资本函数在 K_C 邻域附近的陡峭程度。损失优先次序的不确定性越强（较小的 τ），曲线就会越平滑。在极限处（$\tau \to \infty$ 即严格损失优先次序），边际资本与 $G(l|z_{1-q})$ 重合。

在无限分散的资产池中，边际资本对 τ 的依赖性特别强。如图 7－3（a）所示。图 7－3（a）描述的是违约概率 $\bar{p}=0.5\%$ 的同质资产池，该资产池的预期违约损失率 $\bar{\mu}=40\%$，资产相关性 $\bar{a}^2=0.16$。资产池的贡献资本 $K_C=2.88\%$。严格损失优先次序的边际资本是一个阶梯函数，因为正如上面所讨论的，资产池中的所有异质性风险都被分散化了，并且在 $Z=z_{1-q}$ 条件下的资产池损失是确定性的。严格损失优先秩序的边际资本如图 7－3 中的实线所示。其他三条曲线分别表示 τ＝1 000，τ＝200 和 τ＝50 时的边际资本。

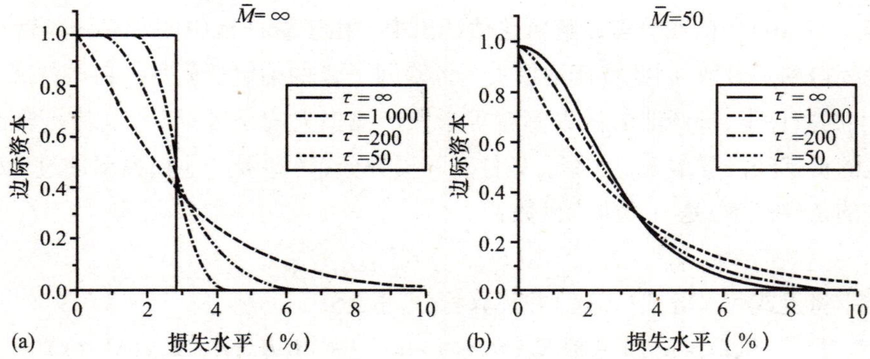

图 7－3　Gordy-Jones 模型中的边际资本，PD＝0.50%

随着资产池分散程度的降低，异质风险的出现不仅使得边际资本函数变得更加平滑，并且也减弱了损失优先次序的不确定性对边际资本的影响。图 7－3（b）中的边际资本曲线针对的是一个分散程度较低的同质资产池，与图 7－3（a）中的资产池相比，图 7－3（b）中的资产池只在借款人数目上有所不同，在图 7－3(b)中，$\overline{M}=50$。

模型之间的对应

通过将图 7－1 和图 7－2 中的边际资本曲线与图 7－3 中的边际资本曲线进行比较，就能发现它们之间存在着很多相似之处，我们甚至会怀疑 Pykhtin-Dev 模型和 Gordy-Jones 模型之间是否真的有那么大的差异。实际上，全局和局部因子之间的不完全相关性 ρ_{YZ} 对于批次经济资本的影响与损失优先次序的不确定性 τ 对批次经济资本的影响非常相似。

Gordy(2003b)证明了这两个模型间的映射关系。这就意味着在给定 ρ_{YZ} 和资产池参数集合的情况下，我们可以发现这样一个 τ，它使得两个模型的边际资本曲线几乎不可区分。戈迪也证明了这一映射只弱依赖于大多数资产池参数，包括全局资产相关性、贷款的数量、违约概率(PD)和违约损失率(LGD)的标准差。即使显著地改变这些资产池参数，但只要保持 ρ_{YZ} 不变，“映射”的 τ 的相关变化就会非常小。这一映射只对预期违约损失率这一资产池参数高度敏感。

读者可能会问：如果这两个模型给出的边际资本函数非常相似，那么我们为什么还需要两个不同的模型呢？Gordy(2003b)对这个问题的回答是：

- 这两个模型讲述的是不同的经济故事。
- 它们应用不同的经验方法来校准。
- 在映射边际经济资本时，边际预期损失函数将不同。

因此，这两个模型中的任何一个都不是多余的，并且总体而言，将这两个模型综合在一起是一个最佳的选择。

闭合近似

不幸的是，批次经济资本和边际资本都没有闭合形式。对于批次经济资本和边际资本，Gordy and Jones(2003)已经提出了很好的解析近似。他们注意到边际资本函数可以写成以下形式：

$$\mathrm{H}_q(l;\tau)=G(0\,|\,z_{1-q})[1-F_q(l;\tau)] \tag{7.19}$$

其中 $F_q(l;\tau)$ 是定义在[0,1]区间上的损失水平 l 的非减函数，这一函数在 $l=0$ 时取值为 0，在 $l=1$ 时取值为 1。换句话说，函数 $F_q(\cdot;\tau)$ 具有某一定义在[0,1]区间上的随机变量的累积分布函数的所有性质。尽管函数 $F_q(\cdot;\tau)$ 没有闭合形式，戈迪和琼斯计算了这一随机变量的均值和标准差。然后，他们用 Beta 分布的分布函数 $B(l;a_q^\tau,b_q^\tau)$ 来代替等式(7.19)中的未知

分布函数 $F_q(l;\tau)$。参数 a_q^τ 和 b_q^τ 用于匹配该标的随机变量的均值和标准差。对于资产池损失的任意一个分布，戈迪和琼斯都推导了这些参数，并且他们将该一般结果与资产池的瓦希塞克模型相结合使用。因此边际资本函数的 Gordy-Jones 近似是：

$$\hat{H}_q(l;\tau)=G(0|z_{1-q})[1-B(l;a_q^\tau,b_q^\tau)] \tag{7.20}$$

其中标有"^"的函数指的是近似值。将等式(7.20)代入到等式(7.18)中，并计算积分，戈迪和琼斯得到了一个有限规模批次的闭合形式的经济资本：

$$\hat{\mathrm{EC}}_q(0,t)=G(0|z_{1-q})\left[t[1-B(t;a_q^\tau,b_q^\tau)]+\frac{a_q^\tau}{a_q^\tau+b_q^\tau}B(t;a_q^\tau+1,b_q^\tau)\right] \tag{7.21}$$

戈迪和琼斯在资产池的瓦希塞克模型中和置信水平 q 为 99.9% 的情况下检验了由等式(7.20)和等式(7.21)所给出的近似。他们发现对于模型参数在很大区间内的取值，该近似计算的结果都相当令人满意。感兴趣的读者可以进一步参考 Gordy and Jones(2003)。

巴塞尔协议Ⅱ中的监管公式

当与资产池的瓦希塞克模型一起使用时，等式(7.21)式就成为巴塞尔协议Ⅱ中的监管公式的一部分，即 $K(L)$ 部分，其中 L 表示的是第一损失部分的分离点(即前文中的 τ)。监管公式的其他部分表示的是加在 Gordy-Jones 模型上的监管推翻(Overrides)。这些推翻包括与 K_{IRB}(即前文中的 K_C)一样高的 100% 的边际资本和低到仅为批次名义价值 0.56% 的批次经济资本。为了避免边际资本在 $L=K_{\mathrm{IRB}}$ 这一点上的不连续性，监管部门在 Gordy-Jones 边际资本上又增加了一个额外的项。这一项可以确保监管边际资本在 K_{IRB} 点等于 100%。对于高于 K_{IRB} 的损失水平 L，当 L 上升时这一项会以指数形式下降，因此正如图 7-4 所示，监管边际资本会很快地收敛于 Gordy-Jones 边际资本。

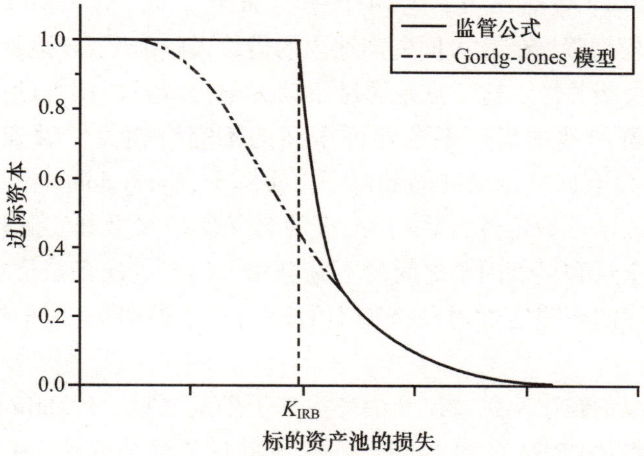

图 7-4　Gordy-Jones 模型和监管公式

小　结

本章讨论了资产证券化批次的经济资本分配。为贷款和债券投资组合发展起来的经济资本模型并不能直接地应用于证券化批次。换句话说，证券化批次的信用风险与相同评级的债券投资组合的信用风险非常不一样。其原因有二：①与贷款或债券投资组合相比，批次中系统性风险的比例可能要高得多；②对于批次而言，违约和违约损失由同一随机变量（即资产池损失）驱动，而对于贷款或债券投资组合而言，违约和违约损失由不同的弱相关随机变量驱动。因此为了描述证券化的信用风险，我们需要一个专门的模型。

本章讨论了证券化经济资本的两个模型，即 Pykhtin-Dev 模型和 Gordy-Jones 模型。这两个模型都是严格的，但又足够简单，从而能用解析方式或半解析方式（即无需使用模拟）予以实施。这两个模型具有一些相同的假设：

- 批次位于无限分散的投资组合中，该投资组合由单一系统性风险因子（ASRF 框架）驱动。
- 与投资组合的名义价值相比，批次的暴露可以忽略不计。
- 证券化建立在由单因子瓦希塞克模型驱动的贷款池的基础上。

从上述共同基础出发，这两个模型研究了同一问题的不同方面。Pykhtin-Dev 模型强调借款人同资产池内的借款人（相比资产池外的借款人）间的潜在更大相关性。这一点是通过驱动无限分散投资组合的全局系统性因子与驱动资产池的局部系统性因子间的不完全相关性做到的。Gordy-Jones 模型并没有区分全局和局部因子。实际上，Gordy-Jones 模型在损失优先次序中引入了不确定性，以解释批次的名义保护水平和实际保护水平之间的差异。全局和局部因子之间的不完全相关性对批次经济资本的影响和损失优先次序的不确定性对经济资本的影响十分类似，这两个模型甚至可以互为映射。

这两个模型在巴塞尔协议Ⅱ中都找到了用武之地。Pykhtin-Dev 模型被用来校准评级法（RBA），而 Gordy-Jones 模型是监管公式法（SFA）的基础。如果得到恰当较准，评级法和监管公式法中对不同模型的使用不应成为不一致性的一个来源，因为这两个模型间存在映射关系。但是，与监管公式法相比，评级法是对现实的一个更为粗糙的近似。这是因为批次经济资本除了取决于评级外，还取决于资产池的特征和批次的厚度。

在以违约概率（PD）为基础的评级系统中和以预期损失（EL）为基础的评级系统中，批次经济资本对于批次的厚度的依赖性是不一样的。对于以违约概率为基础的评级系统，批次经济资本总是随着厚度的增加而下降。而对于以预期损失为基础的评级系统，随着厚度的上升，对于高评级的细薄批次，批次经济资本会上升，而对于低评级的批次和高评级的厚批次，批次经济资本会下降。无论在什么样的评级系统下，高级批次所要求的经济资本会低于具有相同评级的中间批次所要求的经济资本。随着资产池中有效暴露数目的下降和资产池本身变得不那么具有分散性，高评级批次的经济资本会上升，而低评级批次的经济资本会下降。这一依赖性在资产池信用质量提升时会变得更强，因此，批次经济资本也取决于资产池的信用质量。

有评级的证券化批次的资本要求通常与有评级的公司债券的资本要求相比较。这一比较很难进行，因为不像债券，批次资本对于评级以外的其他很多因子的依赖性也很强。平均而言，高评级批次（如 AAA，AA 级）所要求的经济资本比具有相似评级的公司债券所要求的经济资本少，而低评级的批次（如 BB，B 级）所要求的经济资本比相同评级的公司债券所要求的经济资本多。

第 8 章
市场风险的经济资本

1993 年 12 月,西德金属公司发现它的一个子公司为了对冲其售出的一项长期远期合约的风险,而积累了将近 15 亿美元的账面损失。因为西德金属公司不能够满足对冲所要求的现金流,这个合约头寸和对冲项目最终都遭到清算,这给西德金属公司带来了巨大的损失,并导致其股票价格的崩溃。

1994 年,尽管抵押贷款支持证券市场价格已发生急剧变化,但阿斯肯(Askin)资本管理公司仍将这些证券的估价维持在显著高于交易价格的理论水平上。对阿斯肯公司的强制清算揭示了这种估价错误,甚至产生了"Askin for mercy"①这个短语,同时导致四个资产超过 6 亿美元的基金的破产。

1998 年 9 月末,连续负面的和极端的市场变化使拥有数十亿美元对冲基金的美国长期资本管理公司徘徊在违约的边缘。为使全球金融系统免于一场系统性危机的浩劫,联邦储备委员会牵头美国的投资银行和商业银行平仓很大一部分头寸并建立了一个 35 亿美元的救济基金。

如果说上面这些事件是由市场风险惟一导致的,这种说法未免武断。但我们可以负责任地说,导致这些悲剧的罪魁祸首就是市场事件,即市场风险。最后,这些公司要么耗尽了所有的资本,要么缺乏足够的资本以继续任何有意义的业务。

合理地配置资本以抵补市场风险并不意味着在将来可以防止上面那样的事件的发生。事实上,上面破产的那些公司都实施了恰当的资本化,其资本水平已令其母公司或控股方感到满意。问题的症结在于,在为市场风险配置资本时需要估计那些会完全耗空资本的市场风险发生的概率,并公平、公正地考核业绩,以使业绩评估中考虑到市场风险要素。如果风险被合理

---

① "Askin for mercy"是"Asking for mercy"的谐音。

地、较好地资本化，那么即使出现那些成为报纸头条的市场事件，公司的管理者也不会感到那么惊讶和手足无措。

企业的风险资本

与营运资本（Working capital）不一样，风险资本是企业在某一公认的概率水平下，能够满足企业对于债权人的义务而持有的充足的准备金。风险资本与监管资本也不一样。尽管监管资本在定义上与风险资本类似，但持有监管资本只是为了满足监管要求，监管资本的持有与企业的目标可能并不一致。

尽管风险资本的概念可能十分简单，但用来确定合适的风险资本水平和风险资本配置的方法并不简单，这些方法间也并不必然具有一致性。通常，所使用的方法都旨在识别那些会导致损失的市场变化，并针对这些市场变化设定一个偿付能力不足的目标阈值水平，比如0.5%的目标水平，然后根据该目标水平确定风险资本，以使假设的市场风险所导致的损失超过偿付能力的概率仅为0.5%。

企业内部单位的风险资本

风险资本也可以指大型实体内部的特定单位的风险贡献，这些单位可以是业务单元、产品线或单个交易员。在这种情况下，风险资本提供了一种客观的考评方法，从而使得该实体能够评估各个内部单位的风险调整业绩，并能在风险资本信息的基础上制定更加有效的投资组合优化决策。

在内部单位的基础上计算风险资本会更为复杂，因为针对每一个内部单位，可能都需要就该单位与实体内其他单位间的相关性作出假设，并在各个内部单位间分配多样化收益。例如，如果公司的代理部门持有1亿美元的GNMA 5.0s的空头，而公司总部持有1亿美元的Daimler 6.5s（2013年）的多头。这两个头寸都会有专门的风险资本配置，但整个公司将能因这两个头寸间可能的负相关性而受益。那么，因GNMA空头头寸所带来的多样化收益（从而能降低总体资本要求）是应分配给公司总部，还是代理部门，抑或整个公司呢？

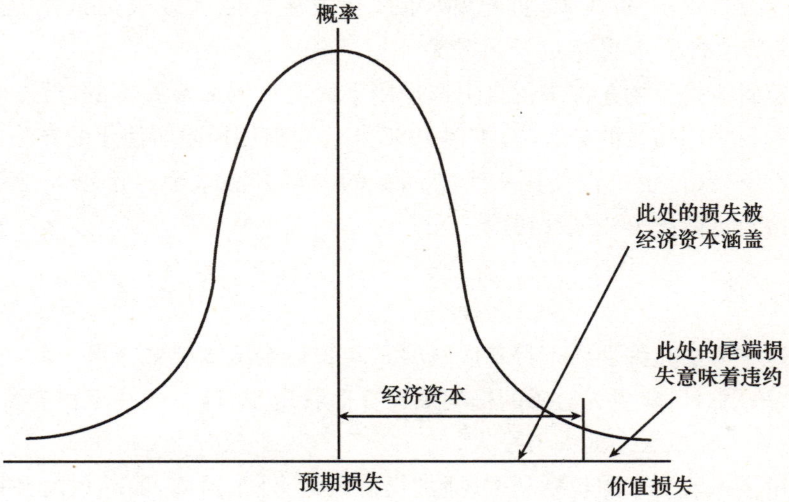

图 8－1　风险/经济资本

市场风险的监管资本

让我们从简单一点的情形开始讨论。首先研究一个分配市场风险资本的简单方法。政府和（有时）各种行业自律组织希望维持金融系统的稳定。这一目标是通过监管机制实现的，监管机制为金融系统中的各个组成部分设定阈值要求，只有达到这些阈值要求，这些金融机构才具有财务稳健性或拥有充足的资本。这样做的理论依据是：如果系统的各个组成部分都是稳定的，那么整个系统也是稳定的。

巴塞尔协议是一个比较成熟的监管框架，它区分了那些需要分配资本的不同风险来源。为了更好地处理市场风险，该协议在 1996 年进行了修改，从而为计算市场暴露所需的监管资本数量提供了不同的方法。

作为讨论的一个背景，BIS（国际结算银行）在 1988 年采用了一个信用风险资本分配框架，该框架简单地对不同的信用风险暴露作了分级处理。这种分级方法是在先前方法基础上的一个进步，并引入了监管资本向风险资本的转变。这一框架后来发展成了大家所熟知的巴塞尔协议。

BIS 在 1996 年修改了 1988 年的协议，并开始专门考虑市场暴露风险。金融衍生产品在 20 世纪 90 年代初发生的巨大损失促成了这一转变，使得监管资本更接近于风险资本。

监管机构开始允许银行自主选择用于确定市场风险资本的方法。银行可以选择采用简化的分级法，类似 1988 年针对信用风险所使用的方法，在某些条件下，银行也可以使用一个更高级的内部方法来确定市场风险资本。下文会对这两种方法展开讨论。

标准方法

这一方法允许那些不具备成熟的风险管理系统或感知市场风险较低的银行，采用对风险更为敏感的框架来计算监管资本，这一方法不需要复杂的建模，也不需要太多的人力投入。

市场风险的来源包括利率风险、权益风险、外汇风险、商品风险和期权。为了确定每一种市场风险的基本资本需求，每一种风险都会有自己的资本配置公式和分级。举例如下。

利率风险

在标准化方法中，为计算利率风险的资本要求，我们需要明确每种证券和投资组合的具体风险或者可能包含有投资组合收益的一般风险（见表 8－1）。

表 8－1 具体风险的分级

证券种类	剩余到期时间	资本要求（%）
政府证券	所有	0.00
合格证券	低于或等于 6 个月	0.25
	6～24 个月	1.00
	超过 24 个月	1.60
其他		8.00

具体风险资本的确定需要考虑到利率工具的面值、证券种类的分级以及利率工具的到期期限。

政府证券通常是指那些由 7 国集团的成员国所发行的证券。合格证券包括公共部门实体发行的证券、多边担保权限以及投资级别或与投资级别质量相等的证券。各个监管机构在设定资本要求时都有一定的灵活性，但一般做法是把更多的资本分配给那些通常被认为具有更大价格波动性的证券。

一般市场风险是一种额外的风险因子，旨在涵盖市场费率的一般变化所导致的风险。标准化方法要求银行以久期或到期期限为基础计算一般市场风险资本。无论采用哪一基础，一般市场风险的资本要求都是以下四项之和：整个交易账户的净多头或净空头头寸；单个时间段里相匹配头寸的较小比例；不同时间段相匹配头寸的较大比例；可能存在于交易账户中的任何期权的资本要求。

本章提及巴塞尔协议只是为了说明市场风险的资本配置方法，而不是为了详细地讨论1996年的巴塞尔协议。表8-2展示了久期方法的应用，以及该方法对资本要求的影响（参见BIS，1996）。

表8-2　　一般市场风险的久期方法

	假设的收益变化		假设的收益变化
区域1		区域3	
低于1个月	1.00	3.6～4.3年	0.75
1～3个月	1.00	4.3～5.7年	0.70
3～6个月	1.00	5.7～7.3年	0.65
6～12个月	1.00	7.3～9.3年	0.60
		9.3～10.6年	0.60
区域2		10.6～12年	0.60
1.0～1.9年	0.90	12～20年	0.60
1.9～2.8年	0.80	超过20年	0.60
2.8～3.0年	0.75		

银行将表8-2中列出的利率变化应用于风险区域和时间区域的证券净头寸，并会针对基差风险自主决定额外的资本要求。

最后，针对利率衍生产品，银行会使用一个更为复杂的方法以将利率衍生产品转化为等价证券，如表8-3所示，该表说明了利率衍生产品的具体风险因子和一般风险因子的处理（参见BIS，1996）。

表8－3　衍生产品的处理

衍生工具	具体风险资本	一般风险资本
外汇交易期货		
—政府债券	没有	有。作为两个头寸
—公司证券	有	有。作为两个头寸
—利率指数(如LIBOR)	没有	有。作为两个头寸
OTC远期		
—政府债券	没有	有。作为两个头寸
—公司债券	有	有。作为两个头寸
—利率指数	没有	有。作为两个头寸
FRA,掉期	没有	有。作为两个头寸
远期外汇	没有	有。作为每种货币都作为一个头寸
期权		采用以下两种方案中的任何一种：
—政府债券	没有	(1)与相关对冲头寸一起实施例外处理 —简化方法 —情景分析 —内部模型
—公司债券	有	(2)根据Delta＋方法计算一般市场风险的资本要求(Gamma风险和Vega风险应得到独立的资本)
—利率指数	没有	
—FRA,掉期	没有	

权益风险

类似地,在计算权益风险的资本要求时也使用具体风险因子和一般风险因子,并将资本要求表示为面值的一定百分比。例如,具体市场风险和一般市场风险的资本要求都是面值的8%,除非投资组合十分分散,在这种情况下具体风险的资本要求只占面值的4%。

权益的衍生品也被类似地转化为标的等价物,并运用相应的资本要求规则。

外汇风险

为计算外汇风险的资本要求,需要两个步骤。第一个步骤是度量单一货币头寸的风险暴露,第二个步骤是度量银行以不同货币持有的多空头头寸的内在风险。

在计算总净敞口头寸(Net open position)时,需要加总单一货币的净空头头寸或净多头头寸,并选择两者中较大的一个。资本要求等于总净敞口头寸的 8%。

读者可能已觉察到标准方法似乎使用了很多假设,实际情况确实如此。但是,这里仍有必要回顾一下这种方法,因为该方法首次尝试在银行监管资本的计算中引入风险敏感性。

内部模型方法

在调和监管资本要求与风险资本计算之间的冲突方面,内部模型法十分重要。尽管许多人认为这一方法为资本增加了某些随机因素,但由银行自身建立的用于确定监管资本充足率的内部模型已得到监管认可这一事实本身具有十分重大的意义。内部模型法的成功促成了巴塞尔协议Ⅱ的出台,巴塞尔协议Ⅱ将内部模型法扩展到了信用风险和操作风险领域,并使监管资本更加接近于风险资本。

为使用内部模型法,银行必须首先获得监管批准。这种批准旨在评估:①银行的风险管理系统在概念上是合理的;②银行拥有足够数量的能熟练使用复杂模型的员工;③银行必须对模型做事后检验,并且检验的结果必须能够支持模型的事前评估;④ 银行定期对其风险进行压力测试。

确定市场风险资本要求的方法建立在在险价值(VAR)计算的基础之上,该在险价值的计算以 99 分位下的单尾置信区间为依据(使用与 10 日价格变动相等价的瞬间价格冲击)。在确定在险价值时,银行能够识别各种风险种类之间的经验相关性。

银行一般会在它们的在险价值模型中使用风险因子。例子如:对于利率风险使用收益率曲线和价差,对于权益风险使用指数波动率和 Beta 等价风险指标,对于商品风险使用便利收益(Convenience yield)。

从内部模型得到的在险价值数值会被一个不低于 3 的因子相乘,该因子的确定以模型事前评估的事后检验结果为依据。此外,在根据 VAR 数值来计算资本要求时,还会加上具体风险的资本要求。

对内部模型法的批评意见指出,以 10 天、99% 的置信水平为基础的在险价值是真实市场风险资本要求的一个不太好的近似。但是,该方法表明监管者已承认银行的风险估计能力有了进一步的提升,并意识到了使资本要求更具风险敏感性的需要。

市场风险资本的计算

尽管巴塞尔标准方法远不是一种高级方法，但它给出了一些分级原则，并指明更具风险的资产应持有更多的资本。内部模型法承认很多银行自己开发的模型有更为完善的分级机制，并能更为准确地反映为支持市场风险暴露所需的资本。尽管短期在险价值（VAR）是内部模型法的一个基础，但短期在险价值的初衷并不是用作资本配置工具。因此这里需要加入经验因子（Fudge factors），比如3倍VAR。

对于使用内部模型来计算和配置市场风险资本的大多数企业而言，它们会试着通过蒙特卡罗模拟、历史模拟和一些其他形式的压力测验如极值建模等方法来模拟不太可能发生的事件。

蒙特卡罗模拟

迄今为止，最常用且最有效的市场风险资本计算方法是蒙特卡罗模拟，该方法使用关键风险因子的模拟变化来估计具体证券的价格。模拟的基础通常是假设回报和风险因子变化服从正态分布并设定风险因子的方差。

例如，附息证券可能会使用收益率曲线和收益价差作为影响证券价值的关键风险因子，股票期权可能会使用标的证券价值和隐含波动率作为风险变量。实际上，对可能的风险因子组合可以进行成千上万次模拟，并且从这种随机风险因子组合模拟中所得出的隐含证券价值会进行排序（见表8-4）。然后，企业将选择第 n 个模拟价值，n 的选择取决于企业希望达到的偿付能力标准。第 n 个价值和当前价值之间的差异代表了在目标置信水平上的经济资本。

蒙特卡罗模拟方法十分吸引人，因为它们在未来结果中加入了一定程度的随机性。但是，这些结果高度依赖于模型输入变量的有关假设（相关性、波动性、提前偿付等）。高度复杂的模拟所要求的计算能力可能十分惊人，计算能力的提升明显降低了许多公司使用蒙特卡罗模拟的障碍。随着科技的进步，有关如何使用蒙特卡罗模拟的理念也会不断提升。毫无疑问，那些在技术和人力资本上有更多投入的公司将能够进行更好的模拟，并且企业之间的竞争将会一直持续下去。

表 8-4　在 10 000 条模拟路径下并且置信水平为 99.5% 时，蒙特卡罗模拟得出的损失价值

次序	路径	价值变化
9 948	4 204	US $ (1 035 217)
9 949	35	US $ (1 365 272)
9 950	3 345	US $ (1 813 710)
·		
·		
·		
9 997	1 529	US $ (3 032 818)
9 998	18	US $ (3 055 464)
9 999	9 312	US $ (4 009 099)
10 000	8 863	US $ (5 001 234)

历史模拟

尽管蒙特卡罗模拟能够创造一个未来结果的近无限集合(Near-infinite set)，但这种方法并不能很好地模拟过去观察到的极端价格行为。事实上，极端市场事件发生的频率往往比根据蒙特卡罗的价格分布所估计的频率要高。这一现象通常称作肥尾问题。

为了更好地模拟未来的肥尾现象，建模者们提出的一个方法是，假设过去的肥尾现象是未来可能发生的肥尾现象的很好预测。因此，历史模拟方法不用创造一个巨大的风险因子可能水平的集合，它只根据最近观察到的风险因子组合来评估证券。

使用历史模拟法，我们就可以得到证券可能价值的一个集合，该集合完全可以作为证券价值的可靠估计值，因为模型中所使用的决定性因素是以历史观测值为基础的。使用历史数据的优点就是，肥尾现象在模拟中能得到考虑。换句话说，历史模拟简单地假设过去的肥尾问题在将来既不会发生弱化，也不会发生强化，而是会保持过去的模式不变。

与蒙特卡罗模拟类似，历史模拟的结果也会进行排序，并且对应于目标违约概率的模拟结果就是市场风险的资本配置。

历史模拟也存在缺点。首先，并不能保证将来的状态一定会遵循过去

的模式。大量证据表明，很多风险因子都有很强的均值回归倾向，但我们并不知道未来的均值回归速度是多少。尽管历史模拟的主要缺点是该方法的使用者常常难以得到复杂工具的历史数据，但是即使使用者需要的数据大量存在，证券分析的长期性意味着该方法对均值回归行为有更大的依赖。几乎所有的价格数据都证明了序列相关或自相关的存在，在利用时间上极其接近的数据来度量这种相关性时，这种相关性将会非常强。数据收集的期间越长，最近的数据中所包含的信息流失就会越大。另一方面，如果只使用当前的数据，分析人员就无法获得一个可靠的分布以得出准确的资本要求。

极值理论

蒙特卡罗模拟中的分布假设的一个主要缺陷是，它们不能很好地处理极端事件群或肥尾问题。尽管历史模拟方法已尝试根据历史观察值来模拟未来的肥尾现象，但极值分布使用了更为高深的数学原理。

在极值理论里，极值被假设具有自己的分布。本质上，由均值与方差描述的蒙特卡罗模拟的分布假设现在又有了第三个描述参数，这个参数描述了肥尾程度。这里假设极值回报渐近收敛于一个已知的分布。

就像其他用来估计极端事件的方法一样，极值理论也有缺点。这一理论的核心是假设用于模型化极值事件分布的观测值间相互独立。尽管一般的市场数据都表现出有自相关性，但极端事件之间的相关性可能会非常高。对此的证据是纳斯达克指数在2000年的极端市场变化。

情景/极端事件压力测试

资本配置具有很高的实用价值，例如确保公司在某一置信水平上的流动性等。资本配置也具有管理上的用途，因为它为那些产生风险的组织的高级执行官和领导人提供了新的工具。坦白地讲，这些人中的大多数都不会关心蒙特卡罗模拟或历史模拟以及这些模拟方法背后的细节。这些模拟方法背后的概念都很简单，但是对于管理者的日常商业决策而言这些概念未免又太过高深。

那些愿意接受风险资本教育的管理者可能曾经历过重大的风险事件，知道同行或竞争对手已认真研究过本章开头提到的那些灾难性事件。换句话说，这些管理者可以实实在在地触摸到极端事件的概念。

情景/极端事件压力测试从观测到的极端事件中提取出风险因子数据。

特奎拉危机、1987 年或 2000 年的股市崩溃以及与美国长期资本管理公司相关的价差扩大都是广为人知的事件。与这些事件相关的实际市场条件和风险因子可以应用于单个证券，以确定这些市场条件和风险因子对现在的影响，并且相关信息可以拿来与高级管理人员交流。

情景/极端事件压力测试不应与资本配置方法相混淆。情景/极端事件压力测试更多地是一个教育工具，因为我们不可能确定这些极端事件在未来重复发生的概率。但是，银行可以使用情景/极端事件压力测试来比较由其他方法得出的风险资本数值与极端情景下的风险资本数值。在很多情形下，这种分析可以作为对更高级方法的现实性检验，并且可以作为一个平台用来讨论所设置的违约置信水平是否真的可靠。换句话说，即使整个行业对市场风险已有了较好的把握，我们仍需对我们准确计算未来市场事件发生概率的能力（表现为精确至小数点后的几位）有所保留，比如 99.5% 与 99.75% 这两个概率间的区别。现在，我们可以说的是，在描述我们所面临的市场风险方面，我们已拥有很好的方法，尽管这些方法还谈不上绝对准确；另外，可以明确的是，在其他条件相同时，企业持有的资本越多，企业就越不可能因市场事件而破产。此外，上述方法所配置的资本水平的变化应能得到很好的解释。这就为风险管理者提供了很好的教育机会，从而能最好地展示风险管理实务。

市场风险资本计算的企业应用

风险资本配置有重要的信号传递作用，表现在它能揭示对市场定价证券的风险的理解以及持有这些证券的实体的预期信用价值。风险资本配置同时也是一个教育工具，作为教育工具，它的作用甚至超过了情景/极端事件压力测试。

最终，风险资本的计算和配置是为了最有效地利用稀缺且脆弱的资源：资本。为此，人们不惜展开复杂的分析工作，并在资本配置框架的实施过程中使尽各种心计，其主要目的也即主要好处是，那些专门负责决策制定的商业领袖在此基础上能制定出更好的决策。与此同时，这些商业领袖也能实施更为公平和合理的业绩考核制度，从而能恰当地奖励那些能及时向他们提供信息以推动决策制定的下属。

考虑两条业务线，A 和 B。每条业务线都能为它们的母公司贡献 1 亿美元的净收入。两条业务线的交易量相等，且其管理方式使得两条业务线的交易量和费用保持同步增长。事实上，通过度量几乎所有的会计和管理信息，可以确定这两条业务线在投入与产出方面基本上相同。

那么为什么支付给A业务的领导的薪酬低于B业务的领导且这种分配方法还是合理的呢？在两条业务线中，未得到充分报告的业务成本主要是风险承担成本。假设业务A是向退休老年人出售有担保的对冲基金，而业务B是生产软和坐垫中使用的泡沫橡胶。人们基本上不会认为业务A和业务B对于其母公司而言具有相同的风险。在不对它们所承担的风险进行风险资本调整的情况下，这两个业务好像给股东提供了相同的回报。

为简化分析，假设业务A和业务B中不存在其他形式的风险。风险资本使我们能够区分由于橡胶价格的上升和由于对冲基金价格的下降所带来的市场风险。如果根据风险做出一些合适的调整，与业务B相比，业务A的业绩较差就可以被母公司的管理者看到，并且这些管理者可以在将来采取正确的行动，即将一些资本从A业务中抽出并投入到B业务中。

正如早前所提到的，大部分高级执行官很少关心资本配置方法背后的具体细节。事实上，他们中的大多数都不会知道配置给他们的资本数量的含义是什么，不论采用的是何种配置方法。为了能够交流这些数字的重要性，资本需要转换为成本，就像人事成本和办公空间成本那样。

假设A和B的母公司每年可以12%的成本筹集资本，并且该母公司不希望对其子公司使用不同的资本成本。现在，如果对业务A配置7亿美元的风险资本，而对业务B配置3亿美元的风险资本，假设没有分散化，这两个业务加在一起将需要母公司每年支付1.2亿美元的资本成本。总资本成本中的70%将分配给业务线A，并且业务线A的净经济利润为1 600万美元，而业务B的净经济利润是6 400万美元。这两个业务好像都为母公司创造了正价值，但事实上业务B的经济利润是业务A的4倍，这表明资源应从业务A转移到业务B，并且业务B的领导应得到比业务A的领导更多的报酬。但是，如果不考虑风险资本的话，这样的结论是很难得出的。

了解业务A和业务B的市场风险特征，企业管理者就能够客观地分析企业资本的哪一种用途能给股东带来最大回报。并且，如果A的惟一风险是对冲基金价格暴露而B的惟一风险是橡胶价格的简单暴露，那么母公司可以在对冲基金和橡胶价格上使用上面所描述的任一种方法，从而确定一个适合整个公司的市场风险资本水平。

小　结

通过模拟未来证券价格并设定驱动这些价格的风险因子间的协方差，我们就可以最为准确地计算市场风险的资本要求。也可以使用更为简单的替代方法，比如巴塞尔协议中的那些方法，但这些替代方法在可靠性方面不尽如人意。在业绩考核中考虑到风险承担成本，哪怕这种成本度量只能在趋势上得到准确把握，而无法精确地计算其大小，这种信息也能帮助商业领袖制定更好的决策，并使得风险管理实务能给公司带来更多的价值。

第 9 章
操作风险的经济资本

本章将说明如何在损失分布方法(LDA)的基础上构造一个高级度量方法(AMA),以整合内部损失、外部损失和可靠情景分析,并将商业和控制环境状态直接引入到度量过程中来,商业和控制环境状态通过风险和控制自我评估(RCSA)、关键风险指标(KRI)和审计评估确定。通过这一方法,我们将不再需要毫无准备的并且往往是过于武断的定性调整。这一方法称为操作风险评级法,它直接度量了在风险和控制自我评估中识别的风险。这一度量方法为管理部门处理以下问题提供了信息:为了实现或者维持合意的操作风险水平,哪些控制应得到改善。

操作风险经济资本的来龙去脉

新的资本协议(通常称为巴塞尔协议Ⅱ,见 BIS,2004)已开始关注操作风险的度量和管理,这一关注促生了很多操作风险方案,包括定性的自我评估、各种形式的操作风险数据收集,以及十分复杂、深奥的高级统计方法的应用,比如使用极值理论来度量操作风险①。不幸的是,实际情况往往是,对于实施这些方案将如何改善操作风险的管理只有模糊的认识,对于实施这些方案应实现什么样的目标也没有明确的愿景或战略,因此,在深入考察操作风险的度量之前,有必要先形成一个明确的愿景,否则,即使我们能够很好地度量操作风险,这种度量的使用也会很有限。

首先应意识到,目前已存在很多操作风险管理方法,因此任何新的操作风险方案,无论是数据收集方案还是度量方案,其生存的前提就是应能提高现存方案的质量。

---

① 操作风险数据可能包括内外部损失数据、关键风险指标、未遂过失(Near misses)、审计分数、法律要求权、保险要求权、操作风险问题、情景分析等。

收集、储存和报告操作风险信息是一个十分庞杂的活动，这一活动触及到组织的所有部分，并且可能需要在人员、流程和系统方面的巨大支出。但这并不是一个单纯的成本问题。问题的关键是，实施这一成本高昂的操作风险管理活动能给组织带来多少价值增值。

在大多数银行中，大部分操作风险信息已由各种职能单位如财务、审计、法律事务、公司安全、合规、业务管理、营运持续管理、IT 管理等部门收集、储存和报告给业务管理层、高级管理层及董事会。同样，在大多数银行中，某个组织或主要竞争对手所遭受的重大操作风险事件都已由银行中受到影响的相关部门予以报告，并且这些报告在管理委员会会议上也得到了不同程度的正式审查。那么，将这些本来由不同的职能单位履行的操作风险管理职能转而交给一个专门的操作风险管理部门集中处理，到底能给组织带来什么样的价值增值呢？

一位操作风险经理曾对其他银行的操作风险经理抱怨：在他所在的银行，一个重大欺诈事件被发现了并报告给了高级管理层，银行很快制定了行动计划并立即着手实施，几个星期后，负责的操作风险经理就被查处。其他银行的操作风险经理听完后纷纷点头，叹气惋惜，但对这一现状又感到无能为力，因为这种情况在他们各自的银行里也会经常发生。但是，当被问到如果有关操作风险的信息是报告给他们时，他们会怎么做，或者他们会如何根据该信息来改善操作风险管理，这些风险经理都不能够给出一个具体的答案。

有人会争辩说现有流程不够完善，又具有一定的特殊性。操作风险管理团队可以通过标准化、规范化和进一步完善现有流程来填补这一缺口。这样做是可能的，并且与其实施一个新的修补流程，在原始流程内部着手弥补这一缺口要便宜得多。重要的是，正如巴塞尔协议Ⅱ所指明的，改善操作风险管理的价值是不容置疑的。我们的建议是，用来支持操作风险管理的信息系统的开发和实施应充分利用现有系统，必要时改善现有系统，并应尽量避免重复。换句话说，对前面提出的操作风险经理应如何利用相关信息来改善操作风险管理这一问题，应给出具体的、有价值的回复。

由度量和操作风险资本支持的战略风险管理是上述问题的具体答案。该答案并不是建立在投机的基础上，它是通过仔细研究其他风险领域的成功案例后归纳出的、适用于操作风险管理的具体答案。

从多种角度来看，市场风险管理是目前发展得最为完善的一个风险管理领域，因此研究市场风险管理可以为操作风险管理提供富有价值的洞见。

市场风险管理的当前形式都是从JP摩根前董事会主席提出的一个问题开始的。这个问题是：当市场发生不利变化时，银行如何独立且可靠地度量它所拥有的众多交易投资组合的损失。尽管这个问题很简单，但它非常难以回答。为了回答这个问题，银行不得不去寻找精巧的方法，实施复杂的、由强有力的分析引擎支持的风险管理流程，并委托精明的市场风险管理者来管理整个业务。一旦银行找到了这个问题的答案，这个答案本身又有另外两个非常有价值的含义。首先，董事会和高级管理层都会松口气，因为各种交易投资组合的市场风险位于他们的容忍范围之内，从而能减轻意外事件对损益表的影响。其次，通过确保每一个投资组合的风险特征都可以满足必要资本回报率的要求，否则就减少对该投资组合的投资，银行可以实现对投资组合的风险管理。自此以后，银行又从市场风险管理中发现了其他的重大价值，但对银行来讲，即使只是为了获得上面所提及的两点好处，也值得为了实施市场风险管理而投入数百万的资金。

考虑这样一种情形。在这一情形下，每项业务中的操作风险都得到了度量，并且这个度量是在一定的耐受水平上进行的，因此意外损失事件很少发生。此外，董事会和高级管理层也相信，如果发生意外损失，银行有足够的能力来吸收这些损失，因为银行有足够的资本。而且，在风险容忍范围之内，业务管理人员可以决定是否通过去除昂贵的控制和增加便宜一点的资本来提高风险，或者通过增加便宜一点的控制和去除昂贵的资本来降低风险。这就是操作风险管理的愿景和真正价值所在。风险度量是实现该价值的一个途径。

为了实现这一愿景，度量模型必须提供一些关键结果。它必须与风险与控制自我评估（RCSA）中识别的风险直接联系起来；它应允许业务管理人员看到其有关商业和控制环境的决策对风险度量的影响；它应能准确地反映与商业和控制环境相关的潜在损失的大小，因此各种操作风险类型会因为相同数量的风险而配置相同的资本；并且最终，它应满足巴塞尔新协议的监管要求。

在操作风险管理发展的当前阶段，并不是所有的这些目标都能完美地实现。但是，渐进式进步正在发生，并且能创造出巨大的价值。换句话说，为了实现上述目标，我们还有很长的一段路要走，有些人可能只希望走这条路的一小段，但是与完全不走相比，即使只走一小段也能带来不错的收益。

本章剩余部分将讨论第一代操作风险度量模型的建立，如何实现操作风险管理的价值，以及如何通过提升操作风险管理水平以实现更大的价值。

操作风险的度量

从哪里开始讨论操作风险的度量呢？一个好的出发点是从巴塞尔委员会2003年2月出台的操作风险管理健全实务文件（见BIS，2003a）开始。这看起来可能有点奇怪，因为该文件主要是处理操作风险的管理，而不是操作风险的度量。那么，我们为何不像经常所做的那样，从模型化操作风险损失，拟合分布函数和填补数据空白等统计技巧开始呢？这些讨论毫无疑问是重要的。但是，要建立一个能够实现上述目标的度量模型，更具体地讲，为了提供一个合理的业务管理工具以确定合适的商业和控制环境，我们必须首先建立一个一致的操作风险管理框架，操作风险度量必须与该框架相吻合。操作风险管理健全实务文件所提供的就是这样一个管理框架。

该文件共陈述了十条原则，其中有三条涉及的是董事会和高级管理层的角色，有四条原则涉及操作风险管理问题，两条处理监管角色，最后一条与操作风险最低披露要求有关（按市场风险和信用风险的标准，对操作风险的披露的确是最低披露）。该文件是操作风险管理发展史上的一个伟大的里程碑。它第一次以一致和综合的方式将与操作风险管理健全实务相关的所有因素整合到了一起。

为了度量操作风险，我们将重点放在与操作风险管理相关的四条原则上，这些原则处理了与识别、评估、监控和控制/减少操作风险相关的问题。把这四条原则和巴塞尔新协议所要求的高级度量方法（AMA）的合格标准结合在一起，就为我们提供了整合的操作风险管理框架。

图9-1简单地展示了这个整合的操作风险管理框架。值得注意的是，该框架将风险度量纳入到风险管理框架内，尽管应用时一般将风险度量和风险管理视为两个独立的因素。但是，更好的度量会带来更好的监控和更好的资本配置，以及最终更好的风险控制/减少，这些都是风险管理的组成成分。通常在提到“管理”的时候，它的意思实际上是“控制/减少”。我们将用“管理”来指代框架中的所有成分，并且我们建议为了避免混淆，这个概念应被广泛地使用。

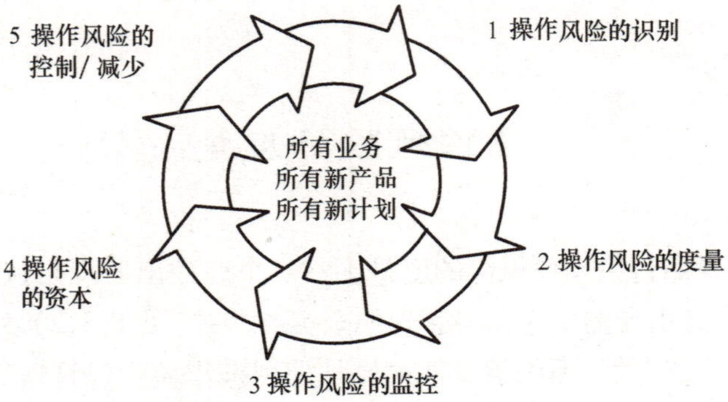

为实现操作风险管理的效率和效益，我们需要一个整合的方法

- 每一个成分都应建立在先前成分的坚实基础之上，并能实现持续改进。
- 后面的成分应能对前面的成分施加影响。

图 9－1 操作风险管理：整合的框架

以这个内在一致和整合的操作风险管理框架为起点，在开始构造操作风险度量模型之前，我们有必要先检查风险的识别过程，确保这个过程与操作风险管理愿景具有内在的一致性，并能支持该愿景的实现。

操作风险的度量通常独立于风险识别过程，该识别过程一般通过风险和控制自我评估法(RCSA)的一个变种进行。更为麻烦的是，在风险和控制自我评估(RCSA)中识别的风险往往不同于度量模型所度量的风险。例如，风险和控制自我评估(RCSA)可能会把信息安全风险作为一种重要的风险，但很多度量模型只会松散地和隐含地考虑信息安全风险，并将该风险作为某个加总指标的一部分，而不会单独地确定信息安全风险的贡献。这样做不仅会导致混淆，而且还使得度量模型与信息安全的管理者毫不相干。因此这种度量方法并不可取。一个更好的方法是直接度量在风险和控制自我评估(RCSA)中识别出来的风险，从而能为管理层提供有用的信息，以决定哪些控制应增加/改善，哪些控制应予以剔除，目的是实现或维持期望的操作风险水平。

操作风险的识别

我们的第一个任务是识别操作风险到底是什么。巴塞尔协议把操作风险定义为由于不完善或失败的流程，个人和系统的原因或外部事件所导致的损失风险①。这个定义可以帮助我们界定先前所谓的剩余风险（既不属于市场风险，也不属于信用风险），这一点非常有用。但该定义太过笼统，以至于对管理操作风险毫无用处。大多数银行已仔细挖掘这个定义，并提出了一系列具体的操作风险项目。我们用到"项目"这个词是因为所有被包括的项目都不是实际风险，即使它们被称作风险。这些项目通常包括关键人物风险、信息安全风险、培训风险、复杂产品风险、系统整合风险、监管复杂化风险、地震风险，法律风险、欺诈风险等无数风险种类。这个风险种类的列表十分庞大，因为它包含所有可能出错的事件。与这个风险种类列表同时存在的是一个较小规模的，当上面提到的这些事件出错时就会发生的风险列表。有必要对这些列表做一下排序。

这个列表实际上包含三个不同种类的项目，这些项目都旨在描述商业环境的特征。例如，我们经常听到关键人物风险，但是关键人物风险根本就不是一种风险，因为它只不过是潜在损失（即风险）的一个贡献因子。"关键人物风险"这个术语实际上描述的是一种环境，在这个环境里，商业活动高度依赖于少数拥有特殊技能的人来执行关键的活动，市场对于这些人的需求非常大，而当前的内外部环境可能会导致这些人离开。类似地，"监管复杂化风险"实际上描述的是企业经营环境的监管特征，它并不是一种风险。企业进行一定的经营活动会受到严格的监管，监管要求也会与时俱进，并且在一个没有监管的环境里，进行相同的经营活动会面临更大的风险。从操作风险列表中还可以找到很多类似的例子。这些元素描述了商业环境的特征，并且它们并不是风险，而是商业环境。

① 操作风险中包括法律风险，但不包括商业风险、战略风险和商誉风险。

从商业环境角度考虑,这种风险贡献通常称为内在风险①。

还存在一些描述控制的项目,如信息安全风险和培训风险。这些因子也不是风险,它们只是控制。当这些控制起作用的时候,它们就会减少风险;当这些控制不起作用时,它们就会增加风险。所有这类项目都应单独列在一张控制列表中,并统称为控制环境。

最后,列表里还包括一类实际风险项目,比如欺诈、法律义务和资产损害。这个列表与另外两个列表不同,因为这个列表中的元素不会影响风险水平,而只是描述了风险的种类。因而这些元素是真正意义上的操作风险。

这三类元素相互之间是吻合的。业务类型决定了这项业务所面临的操作风险类型。例如,积极参与市场工具的交易活动就会面临欺诈风险,但积极参与零售银行业务并不会面临这种风险。业务运行所在的商业和控制环境决定了暴露的总量,也就是说,商业与控制环境推动暴露的形成,而风险度量旨在量化所形成的暴露。

在确立了需要度量的对象(风险)和度量的驱动因子(商业和控制环境)之后,我们现在可以继续发展这个度量模型。但是,模型需要标准化的输入变量和输出变量集合,也就是风险及商业和控制环境,因此在继续构造该模型之前,我们必须先构造出这些标准的集合。

标准化的操作风险

巴塞尔协议Ⅱ提供了一个包含7种操作风险的标准化集合,如表9-1所示。这7种巴塞尔操作风险类型并不完美,并没有严格地区分风险与商业和控制环境因子。例如,系统是否失败是由这个系统本身所定义的。这种系统失败可以影响到内外部欺诈水平、资产损害程度以及其他操作风险,这取决于这个系统具体都干些什么。结果,有必要使用一些非常复杂的决策树以确保合理的分类。好的分类应包含相互排斥的种属,如欺诈和资产损害以及未被复杂决策树包含的那些内容。从上面讨论的可能项目分组出发,我们可以提出一个更好的操作风险种类列表。但是我们并没有这么做,因为这超出了本章的范围,并且现存的巴塞尔分类已经代表了行业标准。

---

① 内在风险有时称为没有控制的风险或只有平均控制水平的风险。但这会造成混淆,因为没有控制的风险是无限大的风险,而所谓的平均控制水平也取决于商业环境。实际上,内在风险是指因商业环境而导致的风险贡献。

表 9－1　巴塞尔协议的操作风险种类

1. **内部欺诈**

   因欺诈、盗用财产、规避监管、违背法律或公司政策等行为(不包括歧视事件,这些行为中至少涉及一个内部相关方)所导致的损失

2. **外部欺诈**

   由于第三方的欺诈、盗用财产或规避法律等行为而导致的损失

3. **雇佣实践和工作环境的安全性**

   因不遵守雇佣实践、违背健康或安全法律或协议等行为或因员工伤害赔偿的支付或歧视事件所导致的损失

4. **专业实践**

   因无意或疏忽致使未能成功履行对具体客户的专业义务(包括信任要求和适当性要求)或因产品性质或产品设计而导致的损失

5. **资产的损失和损害**

   实物资产因自然灾害或其他事件而发生的损失或损害

6. **业务中断和系统失灵**

   因业务中断或系统失灵而导致的损失

7. **交易处理风险**

   因失败的交易处理或流程管理或因与交易对手和供应商的关系而导致的损失

一个明智的做法是以上述风险种类为出发点继续分析,尽管这些分类并不完美,而不是将时间花费在完善分类上以致风险的度量无限推后。整个操作风险管理方法应是一个持续改进的过程,这意味着有效方案在框架的每一步上都会得到采用和实施,并根据方案的实际使用情况和新的环境因素予以改进。这样做能确保很快看到成效,并且持续改进能实现最为完美的结果,与此相反,将时间花在完善分类上充其量只具有知识旨趣,对实际经营结果的影响十分有限。行业从业人员和监管者应经常聚在一起讨论如何完善这些风险分类。

下一步,我们将提出一个标准的描述商业和控制环境特征的集合,这些特征决定了操作风险的发生时机和水平。

控制环境关键风险驱动因子的评级

在控制环境中，目前业内已存在一些由各种国际行业协会提出的标准，例如由信息系统审计和控制协会提出的信息技术控制目标（COBiT），由 COSO（全美虚假财务报告委员会下属的发起人委员会）提出的内部控制框架，以及由软件工程学院提出的能力成熟模型等①。这些方法称为到期期限模型，它们通常将控制环境的状态划分为 5 个不同的级别或种类。分级标准取决于与控制环境状态相关的具体的和可观测到的条件的存在性。分级标准是具体的和可观测的，这种具体性和可观测性十分重要，COBiT 会把第二高的级别评给如下的控制环境，在这样的环境中，所有业绩指标都得到记录和监控，并且正在推动整个企业范围内的改进的实现，在该控制环境下，大部分流程都根据基准指标予以监控。当然，该控制环境还有很多其他的具体条件，这里就不一一列举。这里着重要强调的是，与大多数控制评估方法不同，该方法并不要求某个个体来决定控制是否有效。相反，该方法事先为两种控制类型的不同有效级别设定了一系列具体标准，然后要求某个个体（业务和支持性职能）根据具体标准确定实际情况落在哪一个级别范畴内。与传统方法相比，这种方法有两个优点。第一，它以审计专家和其他控制专家的专业意见为基础，预先设定给定风险集合的有效控制标准，并将这些专业意见融入到评级方法中。第二，由于评判标准的设定建立在实际观测的基础之上，并且该流程可重复且更加客观，因此这一方法与那些要求专业知识的大多数其他领域所使用的分析方法是完全一样的。例如，医生不会问我们是否健康，因为这个问题的答案建立在我们对身体状况相关问题的回答的基础上。对于控制环境也是一样的，我们不能要求业务职能决定控制的有效性，因为这是将要得出的结论。相反，我们应询问有效性的证据，因为这些证据是要拿来决定评级的。

在实践中这个方法是怎样实施的呢？对银行而言，控制环境评级是通过匹配银行当前的控制条件和一系列可观测的控制条件而得到的，可观测的控制条件定义了每一个控制的评级。控制评级与信用评级非常类似，每

① 在互联网上可以搜索到有关这些标准的大量信息。

一个信用级别都是由资产负债表的具体条件、收入状态、管理质量和行业等特征决定的。

控制环境具有若干维度或者说具有若干关键风险驱动因子，即关键风险指标 KRI①。

表9-2展示了操作风险控制环境的关键风险驱动因子。对一些指标来讲，可能只需要简单地确定这些指标特征是否存在。而对另一些指标，需要明确存在的程度，而不仅仅是存在与否的问题②。在这种情况下，必须运用主观判断以确定存在的程度是否足以从一个级别转至另一个级别。这与信用评级也很类似。例如，很多公司涉足多个行业，因此在决定该公司到底属于哪个行业时就需要用到主观判断，从而能给该公司指定具体的评级。在很多其他领域，也存在这种情况。例如，在健康风险中，健康生活方式的一个条件就是要经常运动。尽管我们可以大致地定义什么是经常运动，例如每周三次，每次三十分钟的练习，那些每天做二十分钟练习的人也被认为是经常运动的人，但一个每天两次每次五分钟运动的人就不会被认为是一个经常运动的人。无论如何，标准都应建立在具体的条件之上，但是，正如上面的那个健康例子所表明的，强迫具体条件（广泛的具体条件）吻合一般条件只会削弱评级的价值，而不是提高它的价值。

评级是确定控制的充足性和有效性，因此每个级别都代表对操作风险的一个贡献水平。在这一点上，有人可能想要构建一个与实际风险相关性最强的评级框架。我们的建议是，在目前这个阶段，更好的做法是从充分评级框架出发，把这一框架融入到度量模型中来，然后在使用过程中调整和改进这个评级框架。否则，寻找最佳评级框架本身就是一个终极目标，而且在框架被实际用于度量之前，人们怎么能知道这个框架就是最好的呢？随着时间的推移和行业损失数据的日益丰富，我们可以修改评级以及相关的评级标准，以更好地吻合观测到的损失经验。

---

① 关键风险指标有时被用于指代任何操作业绩指标和操作能力指标。这里的关键风险指标是指与关键风险驱动因子相关的指标。

② 关于存在程度，有一个很好的方法，即模糊逻辑和模糊群。对该方法的描述已超出了本章的范围。

表 9－2 控制环境的关键风险驱动因子

控制的驱动因子	特征
政策/指令	政策/指令当前的基本状态； 政策/指令提供了充分的指导； 政策/指令得到了很好的宣传/履行。
合格人才	跳槽； 为管理该风险，有充足的约当全职员工（FTE）履行该控制环境； 具有履行和监控控制环境的合适能力。
风险指标/限额	该活动存在风险指标或限额； 该活动存在合适的风险指标/限额阈值； 定期会打破风险指标/限额。
过程/程序	该活动存在充分的管理流程； 所记录的流程与当前的实践相一致； 该活动存在明确的管理流程。
独立报告/MIS	存在充分的信息来源，从而能很好地把握商业活动的动态； 需要的信息不可得或信息已过期； 报告不清楚，不简明（即不完整）。
沟通	该商业活动存在沟通渠道（即当你有问题时，你知道去问谁）； 当使用沟通渠道的时候，能得到及时的回应。
监控	控制环境中描述的活动存在充分的监控； 监控活动独立于在业务线中履行日常工作的组织单位。

商业环境关键风险驱动因子的评级

与控制环境不同，当前还没有一个很好的方法以将相关操作风险商业条件系统化到风险评级中去。再一次，我们以现实观测作为出发点，通过考察在不同的商业环境下进行的类似商业活动，我们就可以提取出对风险水平有影响和没有影响的各种条件。例如，在地震多发区、洪水多发区或战争多发区开展银行业务所面临的资产损害风险和操作风险，要大于在不那么危险的地区进行相同活动所面临的风险。因此地理位置是资产损害的一个关键驱动因子。通过高度相关的复杂系统来分销和处理简单的产品与通过独立的系统分销和处理相同的产品相比，前者使银行承受了更大的操作风险。这不是一个简单的推测，很多例子已证明，整个零售银行网络可以被那些能够影响看起来不相关的系统的简单编程错误拖垮，因此系统的复杂性是商业环境的另一个关键风险驱动因子。与在一个法律关系通过了法院检验的市场上提供老产品相比，在一个法律关系未知的新市场上提供老产品会给公司带来更大的法律风险。具体一点的例子是，如果银行开始给英国当地的理事会提供利率掉期协议，而银行后来发现这些合约没有法律效力，因为这些当地的部门没有签订合约的权利。因此法律环境也是一个关键风险驱动因子。更多的例子可以从先是操作失败，然后出现了一种操作模式的历史记录中找到。

表 9－3 列示了对操作风险水平有影响的商业环境条件。这些条件被分成了 7 种不同的关键风险驱动因子，它们是：产品的复杂性、流程的复杂性、系统的复杂性、地理位置、法律的复杂性、监管的复杂性以及变化速度。

表 9－3　　商业环境的关键风险驱动因子

环境的驱动因子	特　征
产品的复杂性	熟悉的市场，损益复杂性； 估价的复杂性，成熟性/惟一性。
流程的复杂性	流程的数目。
系统的复杂性	科技的成熟性和复杂性； 通过单一系统的某些因素； 单独的，中央化/多个局部点； 通过单一系统的许多因素。
地理位置	城市/农村，自然灾害暴露； 恐怖主义暴露，犯罪环境暴露； 政治稳定性。
法律的复杂性	司法，标准化文件和它们对诉讼的影响； 专门文件对诉讼的影响； 活动的信托方面，与业务相关的法律数目。
监管的复杂性	多个监管主体，新的监管主体； 监管要求不断更新的或现有的监管主体； 多个国内、国外或跨国监管； 复杂的或新的监管。
变化速度	快速扩张； 快速缩减。

不同的银行和不同的环境应该具有与之相适应的关键风险驱动因子框架，以便能针对那些影响操作风险水平的商业条件提出一个合理的识别和分类架构，并切实履行这一架构。一旦能提出这样的一个框架，我们就可以采用与控制环境中相似的方法，将商业环境的分类与操作风险的评级相对应。

迄今为止，我们已证明现实中存在7种操作风险（正如巴塞尔协议所定义的那样）和14种关键风险驱动因子，其中7种驱动因子反映了商业环境的状态，而另外7种反映了控制环境的状态。这些关键风险驱动因子影响每一种操作风险（共7种操作风险）的暴露水平。很明显，不同的关键风险驱动因子对每种操作风险的影响方式是不一样的。例如，在地震多发区的经营对资产损害风险有直接的影响，但对内部欺诈风险来讲，影响即使有，也非常小。同样，组织可能会花大力气开发旨在控制内部欺诈风险的检查系统，但对与歧视风险相关的雇员实践的监督可能就没有这么大的热情。考虑到这一点，对于每种操作风险，有必要制定一个独立的评级。

图9-2展示了零售银行内部欺诈风险的一个评级。商业环境的7种关键风险驱动因子都使用5分制来评级，从1（意味着非常简单的环境）到5（意味着非常复杂的商业环境）复杂程度逐渐递增。

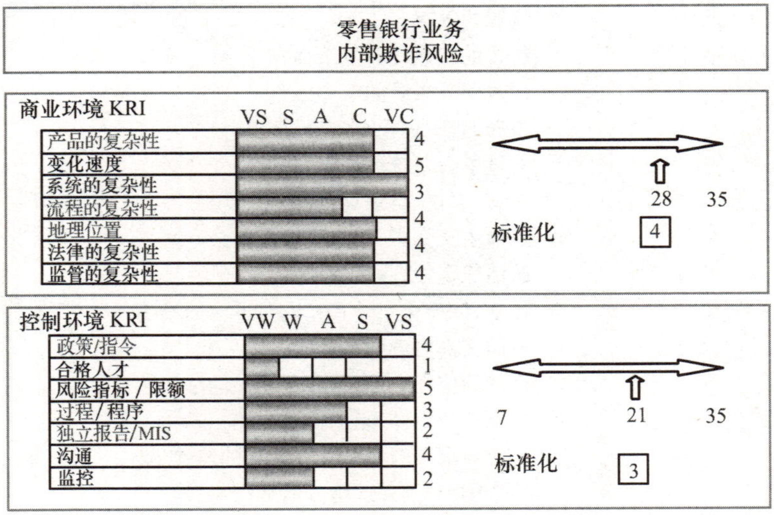

图9-2 风险评级

由于7个关键风险驱动因子的取值范围都是从1到5,因此,如果把这7种驱动因子联合起来的话,总的取值范围就是从7到35,并且这一范围可以通过除以7以后标准化成从1到5的范围。在这个例子中,每一个关键风险驱动因子都被赋予相同的权重。这是一个简单的方法,并且是一个很好的入门例子,在这个例子中,无法获得进一步的信息。随着时间的变化,作为持续改进方法的一部分,以事实为基础的权重可以引入进来,以反映商业环境的某一关键风险驱动因子对不同风险的不同影响。在这个例子中,商业环境的整体评级被定为4,这意味着由商业环境中的条件造成的内部欺诈风险暴露相当高。具体是哪些条件呢?具体的可观测到的每一评级(在这个例子中是4)的元素,能够精确地告诉我们是哪些条件造成了较高的风险暴露。

同样,也可以使用相同的方法对零售银行业务中与内部欺诈风险有关的控制环境作出评级。级别的范围是从1(意味着非常弱的控制)到5(意味着非常强的控制)。在这个例子中,当控制环境被应用于内部欺诈风险时,它的级别被定为3,因此与商业环境的级别4相比,这个控制既不能充分地揭示也不能充分地平衡来自商业环境的风险贡献水平的影响。为了平衡商业环境的风险贡献,银行需要一个级别为4的控制环境。并且,正如上面在商业环境中所描述的,通过研究控制环境的这7种关键风险驱动因子,以及它们的评级,可以很容易地确定控制环境的不足之处。

到现在为止,我们已经明确地把握了该零售银行业务的概况,我们考察了与内部欺诈相关的操作风险,并以定性的方式发现了零售银行所处的具体商业环境带来的风险贡献总量,要大于具体控制环境减少的风险总量。如果想要降低风险,我们必须做以下两件事情之一。我们可以减少商业环境的风险贡献,并且评级已告诉我们应怎么去做。由于很多商业环境条件并不能加以直接控制,至少在短期是这样的,那么通过商业环境来减少风险的成果就很有限。一个替代办法是,可以通过改进控制来增加风险减少的额度,并且评级再一次告诉我们应改进哪些控制。这是一个强有力的工具,使用该方法,业务管理部门和风险管理部门可以通过相互合作以达到预期风险水平。这个预期风险水平当然是由支持该风险水平的必要资本回报率的实现与否来决定。也就是说,如果因为风险太大因此配置的资本较多,从而导致所要求的必要资本回报率未能实现,业务管理部门就会分析:通过增大在控制上的投入以降低风险,从而能降低资本要求,由此所带来的资本(从自由市场上筹集到的资本)成本的减少是否足以抵消控制上的投入增加。

这一过程可以对其他6种操作风险重复进行。最终的结果在图9-3（热图）中进行了总结。"IF"代表内部欺诈风险，其控制环境评级为3，商业环境评级为4。

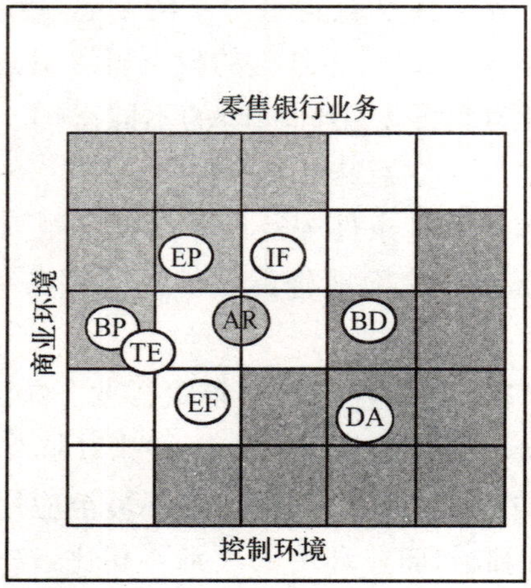

图9-3 风险评级

图9-3展示了操作风险的特征。为方便说明，操作风险的特征被分成了三个区域。黑色区域表示高风险（对商业环境的风险贡献没有足够的或有效的控制），白色区域表示平均风险（商业环境的风险贡献可以被控制的风险降低效应平衡），灰色区域代表低风险（商业环境的风险贡献能更好地被控制的风险降低效应平衡）。当然，我们也可以对风险特征作出更细的划分（大于三个区域）。但是，这里存在一个分区下限，在下一节我们可以看到，这个下限受可获得的数据多少的限制（与得到可信的损失分布所需的数据相比）。对此，下文会有进一步的讨论。同时也应注意，个体风险已经被加总为一个用"AR"表示的总体风险。我们在讨论了度量模型以后再来描述个体风险如何被加总为总体风险，因为一个有意义的加总只有通过度量模型才能做到。

这种评级不仅为操作风险和控制评估提供了一个结构化的以观测为基础的方法，而且还使得对风险水平有影响的商业和控制环境的关键风险驱动因子具有了透明性、一致性、可加总性和向下挖掘的能力。因此，这种评级就在以下方面为商业管理提供了一个有用的工具：①确定暴露的水平（以定性方式）；②理解风险的产生原因；③确定管理者对暴露水平和商业与控制环境条件是否满意,明确可能通过改变哪些条件来实现预期暴露水平。

有人可能会说,这就是风险和控制自我评估(RCSA)。但其他人会反对,认为这种说法不完全对。传统的风险和控制自我评估(RCSA)不仅要求识别风险,还要求确定风险发生的频率和严重程度(财务影响)。但是,这实际上是度量过程所要实现的目标。传统上,作为风险和控制自我评估(RCSA)的一部分,专家们被要求去猜测(之所以说"猜测"是有理由的,这个理由我们后面会解释)发生的频率,然后估计潜在损失的一些特征,如均值、最可能或最差的情形。

之所以说"猜测",原因如下。损失的发生要么是完全有规律的,要么毫无规律可寻。如果损失的发生有规律可寻,那么来自经验丰富的专家的主观判断就可以作为估计损失发生频率的可靠基础。但是,如果损失的发生完全有规律可寻,那么从历史损失经验的统计分析中得出的估计会更加精确,因此没有必要使用基于专家经验的粗略估计。如果损失的发生没有规律,专家们又怎么能够估计出一个可靠的发生频率呢?在这种情况下,专家们没有充分的信息以得出可信的结论。再一次,我们需要使用风险度量。度量模型应能为商业和控制环境评级中所识别出来的风险确定风险发生频率和损失严重程度。

本章的剩余部分将讲解度量模型的构建。

操作风险评级度量模型和经济资本

一旦操作风险得到识别和评级之后,使用上面所描述的程序,度量风险实际上是一个简单的工作,当然前提条件是所有其他因素都已到位。度量过程与信用风险差不多。首先,贷款被评级,然后得出该评级的损失分布,损失分布的确定以大量类似评级贷款的损失经验为依据。在操作风险的情形中,我们没有贷款,我们所拥有的是业务线(或更精确地说,是业务线中的活动)。此外,操作风险有7种不同的风险,因此评级不仅需要应用于业务线,还需要应用于每一种风险类型。接下来要做的是确定损失分布,即与每一组业务线活动和操作风险类型相关的每一种操作风险评级的损失分布。巴塞尔委员会已经指出了这一方向。在2002年收集的89家银行的损失经验的基础上(参见BIS,2003b),巴塞尔委员会校准了一个处于平均水平的银行的操作风险。这个校准过程是通过构造一个与 89 家银行的损失集合相拟合的损失分布做到的，得到损失分布后，接下来在 99.9 % 的置信水平上估计损失，损失约占总收入的 15% ①。

巴塞尔委员会更进了一步，它根据不同的标准业务线细分损失，并为每一个业务线都估计了一个损失分布。在这么做的时候，对于一个处于平均水平的零售银行，操作风险被定为总收入的 12%，而前述包含所有 8 条业务线的处于平均水平的银行，其操作风险是总收入的 15%。对于平均水平的交易和销售，操作风险是总收入的 18%。应用于单个业务线总收入的操作风险率称为 Beta。由于损失数据包含整个样本中不同零售银行业务线的各种评级，因此这些 Beta 值代表了商业和控制环境中具有平均评级的每条业务线的操作风险率。

所以，在识别了零售银行业务线的操作风险并作出评级之后，如果加总风险位于黄色区域（平均风险），那么对于这个银行而言，用来支持操作风险的资本要求应占总收入的 12%。但是，加总风险并不处于黄色区域，我们应怎么做呢？假设该零售银行在一个风险不那么大的商业环境中或具有较好控制的条件下从事经营活动，因此该银行位于绿色区域或低于平均风险水平。那么在这种情况下，该银行的资本要求是多少呢？对于这个问题，可以使用同样的流程来分析。所有零售银行的损失数据应分成两个集合。一个集合针对具有较高风险的零售银行的所有损失，另一个集合针对风险较低的零售银行的所有损失，使用本章前文所述的方法来评定零售银行的风险级别（较高或较低）。一旦这个工作完成以后，可以使用相同的标准统计技巧（包括极值理论）来确定每一个评级或集合的损失分布。假设使用同样的分析流程，并且高风险零售银行的 Beta 值被定为 18%，而低风险零售银行的 Beta 值被定为 6%，那么低风险零售银行的资本要求占总收入的 6%。

与信用风险中的分析类似，一旦评级已知，损失分布和资本也都成为已知。图 9－4 展示了这一过程。相同的过程可以应用于剩下的其他 7 个业务线。

---

① 应注意的是，这个数据集反映了不同质量的 89 家银行在 2001 年间的损失以及这些银行收集损失数据的能力。因此，我们对任何从这个数据集中推导出来的统计量都没有很高的信心。但是，这些数据是目前惟一能得到的相关数据，并且推导这些统计量的过程是正确的，因此，如果能得到更多、更可靠的损失数据集，使用相同的推导过程所得出的统计量就具有很高的可信度。为进行校准，巴塞尔委员会可能加入了一定的主观判断。

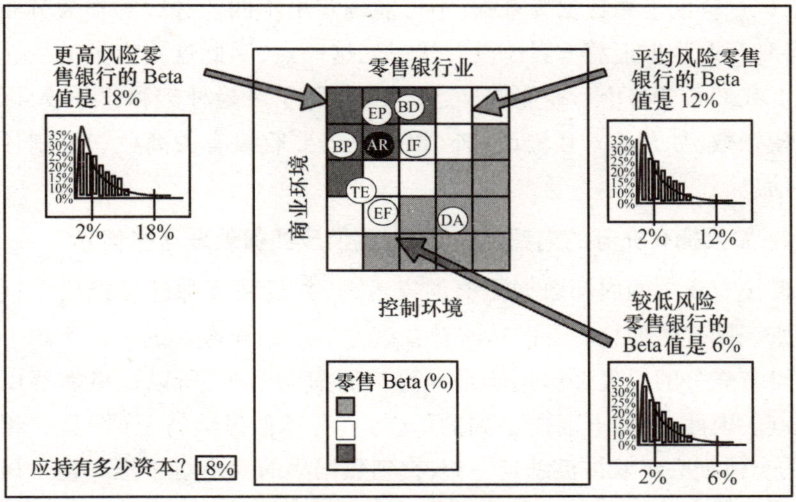

图9-4　校准操作风险特征

操作风险的经济资本

为了得出整个银行的操作风险资本，首先应将银行细分成业务线，然后为每条业务线评级，并得出每条业务线的经济资本，最后将每条业务线的经济资本加总。这个方法面临以下三个问题：

(1)为确定每个评级的损失分布所需的数据从何而来？

(2)如果拥有充分的内部损失数据，我们应怎样处理这些信息？

(3)对于整个银行的资本要求而言，计算时是否应考虑到不完全相关，而不是完全相关(即直接加总单个业务线的资本要求)？

下面按顺序回答这些问题。

1. 数据从何而来？

损失数据来自于单个损失经验的汇总，但简单地汇总损失数据并不够。除了损失信息，还必须收集相关评级信息或者至少应收集商业和控制环境在损失发生时的状态信息。没有这些额外的信息，就不可能推导出每一个评级或风险类别的损失分布。如果在尚未明确损失是来源于零售银行业务线还是其他业务线的情况下，就不分青红皂白地把所有损失数据都汇总在一起，以这样的汇总数据为基础，不可能确定出不同业务线的损失分布。目前，各种行业数据汇总方案还没有认识到这一点，因此这些方案的用途非常有限。我们希望整个行业能够早点认识到：除了风险种类和业务线，以及某些规模指数（如总收入和资产）外，银行还需要收集有关商业和控制环境的额外信息。

2. 如果拥有充分的内部损失数据，我们应如何处理这些信息？

假设有充分的内部数据需要加以考虑，并且精算师已经提出了很好的方法来识别这些信息。下面具体看看该方法是怎样操作的。因为单个实体通常没有充分的损失经验用于推导可信的损失分布，所以这里需要用到评级机制。因此，正如上面所提到的那样，具有类似风险特征（即具有相同评级）的个体损失经验被汇总到一起，直到数据集的大小对于推导整个风险类别的可信损失分布来说已足够为止。在汇总的集合或风险类别中，没有任何两个实体具有完全相同的风险特征，但是对于单个实体的实际损失分布（如果该分布可以计算出来的话）来说，它们是如此相似，以至于这种相似性可以用来计算该风险类别的平均损失分布。风险类别中每一个特定实体的损失分布都与平均分布相似，但并不完全相同。通过使用可信性理论，综合考虑特定实体的有限损失经验和整个风险类别的损失经验，就可以确定出特定实体的损失分布与平均分布间的差异。假设某实体并没有充分的数据以在较高的置信水平上计算出平均损失，但该平均值可以计算出来，并假定为5。现在假设这个实体属于一个平均损失为7的风险类别，并且这个风险类别有充分的数据，从而能在较高的置信水平上计算出这个均值。如果我们对于之前计算的实体损失均值没有信心的话，因为缺乏具体的实体损失数据，我们的结论将会是：实体的损失均值是7而不是5，5只是一个没有充分数据支持的不可靠的结果。另一方面，如果该实体有充分的数据，从而能以与整个风险类别相同的置信水平来计算其损失均值，那么我们的结论是：这个实体的损失均值实际上就是5。在大多数情形下，实体损失数据的充分性处于这两个极端之间，因此该实体损失均值的可信估计值将位于5到7之间。可信性理论认为该估计值是 $c5+(1-c)7$，其中 c 是可信性因子，它在0到1之间取值，c 的大小取决于对仅根据单个实体的损失经验计算出来的实体损失均值的信心。相同的方法可以应用于整个分布。

因此，通过使用可信性理论，内部损失数据可以用来修正从整个风险类别中得到的损失分布。修正结果将取决于内部损失经验的充分性。

3. 怎样处理相关性？

理论上，我们意识到所有的潜在风险不会在同一时间发生，因此将个体分布加总夸大了实际风险。有人可能会争辩说恐怖主义风险和欺诈风险之间没有相关性，因为导致这两种风险发生的原因完全不同。并且尽管 9·11 事件证明，二者之间实际上是有相关性的，但它们之间并不是一个因果关系，而只是简单地因为世贸大楼被毁坏的事后效应创造了可能更容易实施欺诈的条件。在压力条件下，无关风险也会变得相关起来。这个时候，现实中不会存在支持相关性可信估计的充分经验证据。因此对于高级管理人员和监管者而言，在拥有可信的证据从而能得出合理的结论之前，默认 100% 的相关性是更为谨慎的一种做法。

压力测试

这个方法允许在压力情景中计算操作风险。压力情景是指要么商业环境变得更为复杂，要么控制严重恶化的情形。例如，商业环境中的压力改变可能是因不友好的法律的通过而带来的体制上的突然变更，因重大市场调整带来的网上打折交易需求的激增，或者是一个关键交易团队的突然离去等。在控制方面，这样的例子包括欺诈检测系统长时间的崩溃，有限的监控系统或者关键控制人物的突然离去。有关压力情景的例子可以一直列举下去，而且压力情景并不是操作风险所独有的，市场风险和信用风险也面临各种压力情景。

但是只有合理的情景才值得考虑。什么是合理的情景呢？它是指过去发生过的情景或者是过去发生过的情景的延续。以市场风险为例，股票价格 30% 的单日下跌是一个合理的压力情景，但 90% 的下跌就不值得考虑了，尽管理论上后者也有可能发生。同样，对于操作风险而言，两周的管制可以是一个压力情景，但持续一年的管制不是。在压力测试方面，银行并不是刚刚起步，因为大多数银行已开始制定业务连续性计划来处理这样的压力情景。一旦选定了压力情景，就应确认这些情景下的操作风险商业条件和控制状态，并作出评级，评级方法如前所述。

为容纳各种压力条件，前述的 5 级评分制可能已不够，因此需要扩大级别范围，或针对压力测试提出全新的压力度量级别。一旦设定级别范围之后，评级应针对严重程度的分布进行，而不是损失分布。两者间的差异是，这里没有必要确定损失的频率，因为如果压力情景真的发生，我们也只对损失严重程度的分布感兴趣。

操作风险的压力情景与市场风险和信用风险的压力情景一样。从其本质来看，压力情景比操作风险事件更加不容易发生，因此我们没有办法来估计压力情景的可信发生频率。在任何情况下，处理操作风险压力情景的最好方法不是通过资本配置，因为资本配置要求估计频率，而是通过有效的业务连续性计划和保险。

小　结

本章探讨了操作风险度量的重要性，因为度量操作风险可以确保每个经营实体每天承担的操作风险水平（个体层面和总体层面）都位于董事会所设立的容忍水平之内，同时还能确保如果发生重大操作风险损失，组织有充足的资本储备来应对。

本章表明，操作风险度量的所有组成部分（内部损失、外部损失、情景分析以及商业环境和控制环境）可以通过一个以评级为基础的 LDA（线性判断分析）联系起来。这个度量方法的基础是一个在结构上内在一致的风险和控制评估。

度量不仅能确定资本要求，它还能帮助业绩管理部门决定持有多少风险以及如何实现该风险持有水平（通过确定改变哪些商业和控制环境的关键风险驱动因子以及改变多少）。为了把这个构想付诸实践，我们在数据收集方面还有很多工作要做，对此，本章已指出了未来的发展方向。

第 10 章
经济资本和风险利润度量

经济资本(EC)和风险利润度量,例如资本的风险调整回报的资本回报率(RAROC)和经济利润(EP)在金融业里得到了广泛的应用。由于它们的定义随时间发生了变化,因此我们认为经济资本和风险利润度量缺乏一个一般的基础,并且银行现在缺乏指导应用这些度量的理论。

在这一章,我们将从一个更加严格的角度来看待经济资本要求和利润的度量,这个角度的重点是如何决定合理的资本要求,以及如何把所需资本的度量和现代投资组合理论联系起来。

本章的结构如下:

首先,讨论对于一个银行而言,正确的经济资本数目能否确定,以及如何被确定。

其次,我们将给出经济资本计算的一个一般描述,我们将侧重讨论经济资本的分配。

处理与如何把经济资本融入到流行的风险利润度量中相关的问题。

最后,在资本资产定价模型(CAPM)的基础上,我们将推导一个替代的风险利润度量,并研究这个替代的度量如何与目前所用的度量联系起来。

决定合理的经济资本水平

银行所面临的主要风险是什么?为了弥补这一风险,银行需要多少资本?资本如何分解为一个可以应用于交易、客户关系、商业决策和银行整体的一个全面的利润度量?

这些都是银行在使用风险概率框架时需要面对的问题。许多银行使用基于风险调整回报的资本回报率（RAROC）和经济利润（EP）的度量。这些度量都基于以下这个假设：风险能够被量化，并且这个量化的风险能够用来确定利润率。

但是，资本市场讲述的好像是如下的故事：被公开披露的利润率数字是股本回报率（ROE），因为这个概念独立于经济资本要求的定义。对于许多美国或欧洲的大银行而言，市账率可以在很大程度上通过一个简单的公式来解释：

$$\frac{\text{价格}}{\text{账面价值}}=\frac{\text{权益回报}}{\text{权益成本}}$$

假设使用10%作为权益成本，那么当我们评价一家银行的利润率时，这是否意味着资本市场只是简单地应用一个平均的风险溢价（例如，10%的Libor率）？

由于银行感兴趣的是一个稳定的，或者最好是一个稳步提升的股本回报率（ROE），因此管理者通常会支持任何稳定收入的合规方法。我们认为风险调整的利润度量为银行得到长期稳定的股本回报率（ROE）提供了一个正确的激励。本章将提出一个决定经济资本要求、并且整合经济资本与风险调整利润度量的方法。

任何银行的经济资本都会有不同用途：

- 保护银行的资产以防止极端的事件（利益攸关者观点）。
- 保护银行的资产或存款以防止系统性波动（监管观点）。
- 为一项交易配置正确的经济资本，从而方便基于风险偏好的风险/回报分析（股东的观点）。
- 为特定交易的风险/潜在损失的业务线管理提供一个指导（管理的观点）。

行业中一个可接受的观点是：不同的经济资本要求可以覆盖银行不同容忍水平下的损失分布的风险度量。结果，银行可能面临多个资本优化目标。

- 由评级机构支持的潜在的利益攸关者可能会偏好一个高的置信水平，例如，对于AAA级别的99.99%。
- 监管者似乎满足于一个99.9%的置信水平。
- 股东可能对于使用与他们投资的风险偏好相一致的置信水平，例如对于BBB级别银行的置信水平99.8%感兴趣。
- 而业务的管理者可能不想看到一个10到20年出现一次的极端事件

反映的位于 90% 到 95% 之间的置信水平。这样的置信水平可以看作是一个资深的管理者在他们的职业生涯中可能碰到的极端损失的平均值。

但是，什么是经济资本的正确容忍水平呢？根据 Bessis(1998)的观点，银行的经济资本应该反映它的目标级别：

资本、风险、容忍水平和银行的违约风险之间有一个直接的联系。经济资本的选择必须与银行的战略相一致。决定经济资本的最相关的规则是给定风险时，选择能提供银行意愿级别的资本。由于级别能够与每一个种类的平均违约率相联系，因此容忍水平可以等同于与目标级别相联系的置信水平。

但是，正如 Matten(1996)所解释的那样，由一个十分保守的目标级别所驱使的"过渡资本化"具有潜在的缺点：

根据这些资本要求，管理者希望达到的目标收益必须被设定。这将被市场期望的收益率所推动，目标收益率超过市场预期将会导致股东价值的提高，尽管如果银行不能实现这些预期，股东的价值会受损害。银行持有的资本数量越多，那么为了实现目标回报，它必须挣得更多的利润。

这些互相抵触的目标非常难以协调。我们建议经济资本的要求具有如下的边界条件：

- 银行内部的容忍水平必须高于最低的监管要求，例如 99.9% 的置信水平。
- 容忍水平应该高于与银行当前级别相关的信用水平。
- 如果上面两个条件的第一个满足的话，为了实现对于股东投资的最佳利用，风险容忍水平应该位于一个使用了超过银行可获资本 90% 的水平(作为缓冲，保留剩余的资产)。

一旦一个充足的容忍水平被定义后，这个水平应该被保持固定还是随经济周期而发生变化呢？我们喜欢保持恒定的容忍水平，因为容忍水平的改变不仅会影响整体的经济资本要求，还会影响相对利润率，因而会改变不同资产的相对利润。降低容忍水平的行为应该只被考虑为防止过低资本化的一个最终的措施。在任何披露的信息中，容忍水平的降低都应该被认为是银行风险偏好的一个实质性的上升。

如果在一个给定的容忍水平上，股东股本的使用率下降的话，一个银行将面临三个选择：

- 它可以把释放出来的资源投入到新的业务中，以增加收入来源的基础。

- 它可以把一部分资本归还给股东。
- 它可以提高容忍水平，从而实现其评级的升级。这种行为可以被理所当然地认为是银行风险偏好的下降。

结果，尽管容忍水平有规律的变化可以被认为是平滑股本回报率（ROE）的一个方法，但我们还是建议银行保持容忍水平的稳定，除非银行对它的战略做出实质性的改变。

计算与配置经济资本

在前面一节中，我们已经讨论了经济资本和银行的容忍水平。这一节的目标是为经济资本的计算和配置而识别具体的风险度量。我们将在投资组合的情形下进行分析，也就是说我们决定一个投资组合$\mathcal{P}$的经济资本，并且将这个确定出来的经济资本配置于投资组合的子组合$\mathcal{P}_1, \cdots, \mathcal{P}_n$。在这一节中，投资组合将由它们的损失变量来表示。更加精确地说，投资组合$\mathcal{P}$的损失变量$X_{\mathcal{P}}$是一个定义在所有事件的概率空间$(\Omega, \mathbb{P})$上的实值函数，并且$X_{\mathcal{P}}(\omega)$是投资组合$\mathcal{P}$在情景$\omega \in \Omega$中的具体损失。

经济资本的计算

经济资本是对风险的一种度量，它被用来表示在高的确信程度下，银行为了吸收非预期损失所需的资本数目。“高的确信程度”的准确含义取决于银行的风险容忍程度。一个流行的规则是选择与银行的信用评级相关的平均违约概率。这个规则马上转化为基于在险价值（VAR）的经济资本的定义：举例来说，如果银行的当前评级是AA，与这个评级相关的违约概率为0.02%相关，那么银行的经济资本是银行的损失分布在$\alpha = 99.98$的水平下的在险价值所决定的。

评级和基于在险价值（VAR）的经济资本之间的简单联系是解释为什么具体的经济资本方法论变得如此流行，并且还达到了被写入行业监管条例这样的高度的一个原因。对于大多数种类的风险，一个标准的做法是将投资组合$\mathcal{P}$的经济资本具体化为一个在险价值（VAR）减预期损失的量：

$$\mathrm{EC}(\mathcal{P}) := \mathrm{VAR}_{\alpha}(X_{\mathcal{P}}) - E(X_{\mathcal{P}}) \tag{10.1}$$

其中，$E(X_{\mathcal{P}})$代表投资组合$\mathcal{P}$的损失变量$X_{\mathcal{P}}$的均值。

但是，一个众所周知的事实是基于在险价值（VAR）定义的经济资本有严重的缺点。只要投资组合的损失变量服从正态分布，在险价值（VAR）方法就会激励资产多样化：

$$\mathrm{VAR}(X+Y) \leqslant \mathrm{VAR}(X) + \mathrm{VAR}(Y) \tag{10.2}$$

其中损失变量X和Y服从正态分布。对于大多数的投资组合而言，正态分布的假设是不合理的，并且在这样的情形下，等式（10.2）对于在险价值（VAR）不再成立。多样化通常被认为是降低风险的一种方式，但是它可能会提高在险价值（VAR），从而增加经济资本。

许多文献因此建议在等式（10.1）中使用更加合理的风险指标ρ来取代在险价值（VAR）：

$$\mathrm{EC}(\mathcal{P}) := \rho(X_{\mathcal{P}}) - E(X_{\mathcal{P}}) \tag{10.3}$$

但是，好的风险度量具有什么样的特征呢？为了回答这个问题，Artzner *et al*（1997，1999）提出了如下一些公理：

风险指标的一致性公理

令V为所有投资组合损失变量的线性空间，并且ρ为一个从V映射到$\mathbb{R}$的函数，也就是说，$\rho(X)$代表一个投资组合$X \in V$的风险资本，风险指标被称为是一致的，如果它满足：

单调性	$X \leqslant Y \Rightarrow \rho(X) \leqslant \rho(Y)$	$\forall X, Y \in V$
转换不变性	$\rho(X+a) = \rho(X) + a$	$\forall_a \in \mathbb{R}, X \in V$
正的一次齐次性	$\rho(aX) = a \cdot \rho(X)$	$\forall_a \geqslant 0, X \in V$
次可加性	$\rho(X+Y) \leqslant \rho(X) + \rho(Y)$	$\forall X, Y \in V$

最流行的一致的风险指标是条件损失（ES）。为了实用的目的，我们用ES_α表示X在水平$\alpha \in (0,1)$上的条件损失（ES），它可以被定义为：

$$E(X \mid X > \mathrm{VAR}_\alpha(X)) = (1-\alpha)^{-1} E(X \cdot 1_{\{X > \mathrm{VAR}_\alpha(X)\}}) \tag{10.4}$$

因此直觉上，条件损失（ES）可以解释为超过损失分布函数一个给定分位的所有损失的平均值。这个精确定义关注损失分布函数在其分位上的跳跃。

资本的配置

一致性公理为风险指标的理论分析提供了一个优秀的框架。我们现在转入第二个问题：如何将经济资本配置于子投资组合或业务单位。更一般地，我们假定风险指标ρ已经被确定下来，并且投资组合$\mathcal{P}$的经济资本通过等式(10.3)计算。我们的目标是要将投资组合$\mathcal{P}$的经济资本分配于它的子投资组合$\mathcal{P}_1,\cdots,\mathcal{P}_n$。

为了对经济资本进行分析和分配，我们再一次建议使用公理性框架。资本分配是一个从$V\times V$映射到$\mathbb{R}$的函数Λ。这个函数的解释是：$\Lambda(X,Y)$代表了对于投资组合X的经济资本的配置，其中X被认为是Y的一个子投资组合。如果Λ一致地满足$\Lambda(X,X)=\rho(X)$，也就是说如果配置到X(被认为是一个单独的投资组合)的经济资本就是X的风险资本，那么Λ就被称为是针对于风险指标ρ的一个资本配置。我们建议银行的资本配置框架应该满足如下要求。

配置公理

令Λ是针对于ρ的一个资本配置，即：

$$\forall X\in V \quad \Lambda(X,X)=\rho(X)$$

线性。配置于一个投资组合集合的经济资本等于配置于单个投资组合的资本的总和。特别地，一个投资组合的风险资本等于其子投资组合的风险资本之和。更一般地，Λ被称为是线性的，如果它满足：

$$\forall a,b\in\mathbb{R},X,Y,Z\in V \quad \Lambda(aX+bY,Z)=a\Lambda(X,Z)+b\Lambda(Y,Z)$$

分散化。配置于一个较大的投资组合Y的子投资组合X的经济资本永远不会超过当X被认为是一个单独的投资组合时，配置给X的资本。Λ被称为分散化的，如果：

$$\forall X,Y\in V \quad \Lambda(X,Y)\leqslant\Lambda(X,X)$$

连续性。一个头寸的小幅上升对于分配给这个头寸的风险资本的影响很小。Λ被称为是在$Y\in V$上连续的，如果它满足：

$$\forall X\in V \quad \lim_{\epsilon\to0}\Lambda(X,Y+\epsilon X)=\Lambda(X,Y)$$

有意思的是，在投资组合Y上连续的，线性和多样化的资本配置可以由其相关的风险指标(也就是Λ的对角价值)惟一决定。如果说得更具体一点，那就是：给定投资组合Y，配置于Y的一个子投资组合X上的经济资本是风险指标ρ在Y上的导数：

$$\forall X\in V \quad \Lambda(X,Y)=\lim_{\epsilon\to0}\frac{\rho(Y+\epsilon X)-\rho(Y)}{\epsilon} \tag{10.5}$$

这个结果说明上面提到的三个公理是惟一决定资本配置框架的充分条件。我们剩下需要证明的是满足这些公理的资本配置框架是存在的。我们的结论是一个线性和分散的资本配置的存在性在数学上等价于相关的风险指标的特定特征：对于风险指标ρ而言，线性的和多样化的资本配置是存在的,当且仅当ρ是次可加和正一次齐次性的。

到此为止,我们的重点是与任意风险指标ρ相关的资本配置方式Λ。利用等式(10.1),Λ可以被很容易地转换为一个经济资本的配置框架:配置于子投资组合$\mathcal{P}_i$的经济资本等于:

$$EC(\mathcal{P}_i, \mathcal{P}) := \Lambda(X_{\mathcal{P}i}, X_{\mathcal{P}}) - E(X_{\mathcal{P}i})$$

其中$X_{\mathcal{P}i}$和$X_{\mathcal{P}}$分别是子投资组合$\mathcal{P}_i$和投资组合$\mathcal{P}$的损失变量。

一些例子

作为风险指标的条件损失(ES)是一致的,并且因此它也是次可加和正一次齐次性的。通过使用上面的定理,我们可以得到一个与风险指标ρ有关的线性的、分散的配置框架:Y的子投资组合X的条件损失(ES)贡献可以定义为:

$$E(X \mid Y > VAR_\alpha(Y)) = (1-\alpha)^{-1} E(X \cdot 1_{\{Y > VAR_\alpha(Y)\}}) \qquad (10.6)$$

因此,一个子投资组合的条件损失(ES)贡献可以认为是这个子投资组合超过$VAR_\alpha(Y)$分位的对于总投资组合资产损失的平均贡献。

另一方面,在险价值(VAR)不是一个次可加的风险指标。因此,对于在险价值(VAR)而言,通常不存在一个线性的和多样化的资本配置。从实践的观点看,与在险价值(VAR)相关的配置是一个棘手的问题。当在险价值(VAR)被应用于市场风险的时候,Hallerbach(1999)建议一个基于$\rho = VAR_\alpha$上的方向导数,即等式(10.5)的配置方式。在一个充分连续的环境中,这个方法的表现非常之好。但是在一个非连续或者甚至离散的模型中,方向导数通常是不存在的,或者它们是不连续的,并且在α上这些导数高度不稳定。对于这个问题,信用投资组合模型中一个标准的解决方法是将投资组合的在险价值(VAR)按比例配置于损失的协方差中:

$$Cov(X_1, X), \cdots, Cov(X_n, X)$$

这个配置技巧被称为波动性配置,它是经典投资组合理论里的一个自然选择。在经典的理论中,投资组合的风险是由标准差或波动率来衡量的。

通常,将波动性配置与VAR模型结合起来是一个不错的选择,只要损失分布接近于正态分布。但是对于信用卡投资组合而言,这个方法的表现就不令人满意了:分配于Y的子投资组合X的资本可以超过当X被认为是一个单独的投资组合时,分配给X的风险资本,一个贷款的资本储备可能甚至会大于这个贷款的暴露。

一般利润的度量

之前讨论的目的是为计算和配置经济资本而提出一些概念。这一节的目的是利用经济资本来评估投资组合中的交易和估计业务单位创造的股东价值。

银行利润率的评估通常是通过将风险-回报关系表示为风险和回报因素之间的一个简单的合理函数关系而进行的。所谓的风险调整比例的两个基本变量分别是RAROC或RORAC，它们都是对经典股本回报率（ROE）的改进。

参考资本

在进入细节分析之前，我们首先回顾一下之前提到的有关银行资本作用的问题。

尽管权益资本是一个重要的和不容置疑的资本量，但是这个数字并没有告诉我们权益资本所支持的企业业务的风险。当我们从风险回报的角度出发来度量利润率时，把回报和风险的资本度量联系起来是重要的。对于这一点，我们的一个自然的选择是使用经济资本。另外的一个选择是使用监管资本，监管资本对于风险也是敏感的，尤其是经过巴塞尔新协议的调整以后，监管资本的风险敏感性尤为突出。但是，由于监管资本具有的局限性（例如，不能反映多样化效应），我们认为它应该以成本度量的方式，而不是以风险资本度量的方式进入任何利润度量中。

很自然地，任何资本的度量都需要与股东的权益资本联系起来。实现这个目标的一般程序如下：

“我们依赖于账面资本来吸收假设的来自于银行业务可能风险的任何损失。账面资本被定义为资产负债表中的权益资本。我们把经济资本作为将账面资本分配于各项业务的一个基本工具。我们也使用经济资本来评价各项业务的利润和这些业务使用资本的效率。”（节选自德意志银行2002年年报）

RAROC比率

风险调整回报的资本回报率（RAROC）度量是在风险资本的基础上计算

出来的利润率。在风险调整回报的资本回报率(RAROC)的严格定义中,风险调整回报的资本回报率(RAROC)会调整风险的回报(例如通过计算统计违约率的边际净值),并且将调整后的结果与银行所持的权益资本联系起来。

为了建立一个综合的风险与回报的关系,这些调整都是需要的。任何形式的预期损失都应该从预期的边际收入中扣除,并且这个风险调整回报应该与用来吸收潜在的非预期损失所需的资本联系起来。因此,我们可以把 RAROC 和 RORAC 背后的思想整合为一个比率。遵循金融行业的一个一般的趋势,我们暂时将这个比例继续称为 RAROC:

$$\text{RAROC}:=\frac{\text{风险－调整后的回报}}{\text{EC}}$$

因此,分子的风险调整回报包含如下的成分:

- 来自一个交易或客户关系的总收入。
- 行政管理成本(由成本结构和银行的工作流决定)。
- 预期损失(把 RAROC 作为分母由 EC 的部分计算得出)。

从上面可以明显地看到,在经济资本合理配置的存在性的约束下,RAROC 可以在投资组合以及交易的层面上计算出来。

尽管上面给出的 RAROC 的定义在行业中是公认的,但是它的详细计算过程还没有固定下来。随着银行业务的进行,数据的可获得性和特别是需要评估的业务在不同的地方可能会出现剧烈的变动,因此这些数值现在还不存在一个可以应用于所有相似银行的统一定义。很自然地,这导致了不同银行甚至是同一个银行内部不同的风险度量方法论如雨后春笋般地出现。

经济利润

RAROC 是一个有维度的“风险－回报”度量。它通过回报率分别考核交易、客户和业务线,而不是在某一期间的回报。但是,想要把 RAROC 修正到最小水平,需要银行的最低回报率 h,h 自动由当前业务单元想要的利润度来给出。我们将 EP 定义为:

$$\text{EP}=\text{风险调整后的回报}-h\cdot\text{EC}\tag{10.7}$$

最低回报率和经济资本的乘积通常被称为资本的成本,因为这个乘积被认为是银行在最低回报率 h 借入经济资本而必须支付的年利率。最低回报率 h 的基准是从股东的角度看待的资本市场的风险价格。当使用之前提到的权益资本配置程序时，最低回报率可以直接从股东期望的股本回报率（ROE）和银行的经济资本与权益资本的比率中推导出来：

$$h \approx \text{ROE}-\text{target} \cdot \frac{\text{权益资本}}{\text{EC}}$$

因此，EP 量化了一项交易产生的高于（或低于）资本成本的那部分货币数量。

两个交易可能会有相等的 RAROC，尽管给定它们各自的 EP，风险更大的那个交易产生了更高的收入或损失。因此，关于业绩目标的设定而言，EP 是一个优于 RAROC 的度量，因为 EP 量化了真实的利润和成本。因此，为了提高整体的利润率，银行总是有可能会彻底地清理那些低利润的交易或者进一步支持那些高利润的交易。在这样的情形中，利润率（作为一个百分比）促使了银行业务规模的膨胀。通常，业务规模和利润率都可以被管理。使用一个目标 EP 值使得业务规模和利润率之间权衡的可行性明确化了，同时也使银行更加重视业务的交易量。

其他可供选择的方法

尽管 RAROC/EP 在概念上是直觉的，并且它也很容易进行交流，因为这个概念是从现金流的角度出发的（所有的成分都可以解释为单个的现金流），但是我们不清楚这个概念是否包含了现金流的交叉影响的所有方面。而且，它不能告诉使用者给定投资组合最优的、现实的回报率应该是多少。

因此在这一节，根据一个在风险回报角度上最优的投资组合，我们将重点放在设定一个给定的投资组合的基准之上。在这里，我们使用资本资产定价模型（CAPM）来推导一个替代的利润度量，并且把这个替代的利润度量与 EP 相比较。

EP 的问题

现代投资组合理论（由所有的现代金融数学支持）里的一个基本的信念是市场的期望回报或者要求的回报与围绕这个回报的不确定性之间存在某种关系。利润的度量应该在量化由于违约或其他事件带来的潜在损失时，直接引入这一个关系。

作为一个简单的财务比率或风险调整的回报与(配置的)经济资本的一个线性组合,RAROC和EP不能完全识别回报的波动性。这主要是因为经济资本的目的是为了量化极端损失事件:经济资本的重点不可避免地位于尾端风险之上,并且它不能够充分地反映出资产的回报经历不同事件时的波动。

经济资本要能够反映盈余波动性,通过可采取这样的补救措施:在经济资本中包含一个评估所谓的商业风险的项。这个商业风险的项被设计出来以资本化由具体业务线收入流的偏离带来的非预期损失。商业风险的经济资本会不断地和操作风险的经济资本合并,但是由于它的计算是由模型化损益的波动率而得出来的,因此它将与用来模型化操作风险的方法存在本质的不同。

我们认为,银行明智的做法应该是持有一个整合回报和风险的观点,而不是从EP中扣除掉一个成本的成份。

资本资产定价模型

用来模型化市场回报率之间的依存性和市场回报率的不确定性的一个广泛接受的方法是由资本资产定价模型给出的,在这个模型中不确定性是通过回报的标准差表示的。更加准确的是,这个模型认为一项投资要求的回报率可以通过参考投资和市场之间的历史关系而被决定:

$$E(R_i)=R_F+\beta_i(E(R_M)-R_F)$$

其中,R_F是指无风险的回报率,R_M是市场的回报率。表达式$E(R_M)-R_F$指的是市场和无风险回报率之间的一个简单的差额(风险溢价)。β_i是个体股票的一个因子,这个因子度量了股票与市场之间联系的紧密程度,它被定义为R_i和R_M之间的协方差除以R_M的方差所得的比率。

资本资产定价模型隐含的利润率度量

我们的目标是要将经济资本的概念整合于资本资产定价模型,并且在这个扩展的模型中推导一个利润率的度量。

令R为投资组合$\mathcal{P}$的回报变量,这个投资组合拥有n个子投资组合$\mathcal{P}_1,\cdots,\mathcal{P}_n$,每个子投资组合的回报率为$R_1,\cdots,R_n$,即$R=R_1+\cdots+R_n$。我们假设经济资本通过之前提到的方法计算出来,并且被分配到了每一个子投资组合中去:投资组合$\mathcal{P}$的经济资本是$\mathrm{EC}(\mathcal{P})$,而分配给$\mathcal{P}_i$的经济资本是$\mathrm{EC}(\mathcal{P}_i,\mathcal{P})$。

作为应用资本资产定价模型的一个先决条件，我们必须在业务单位的规模下考虑标准化子投资组合。对此，我们通过因子 $EC(\mathcal{P})/EC(\mathcal{P}_i,\mathcal{P})$ 来标准化每一个子投资组合，因此所有的子投资组合都具有相同的经济资本。第 i 个标准化后的子投资组合 $\overline{\mathcal{P}}_i$ 的回报由下式给出：

$$\overline{R}_i := \frac{EC(\mathcal{P})}{EC(\mathcal{P}_i,\mathcal{P})} \cdot R_i$$

注意到 $\overline{\mathcal{P}}_i$ 所需经济资本等于 $EC(\mathcal{P}) = (1EC(\mathcal{P})/EC(\mathcal{P}_i,\mathcal{P})) \cdot EC(\mathcal{P}_i,\mathcal{P})$。因此：

$$R = \frac{EC(\mathcal{P}_1,\mathcal{P})}{EC(\mathcal{P})} \cdot \overline{R}_1 + \cdots + \frac{EC(\mathcal{P}_n,\mathcal{P})}{EC(\mathcal{P})} \cdot \overline{R}_n \tag{10.8}$$

并且

$$1 = \frac{EC(\mathcal{P}_1,\mathcal{P})}{EC(\mathcal{P})} + \cdots + \frac{EC(\mathcal{P}_n,\mathcal{P})}{EC(\mathcal{P})} \tag{10.9}$$

等式(10.8)和等式(10.9)可以通过如下的方式解释：$\mathcal{P}$ 是一个由投资项目 $\overline{\mathcal{P}_1},\cdots,\mathcal{P}_n$ 组成的投资组合。投资于投资组合 $\mathcal{P}$ 的总的资本数目是 $EC(\mathcal{P})$，投资于 $\mathcal{P}$ 的资本比例等于 $EC(\mathcal{P}_i,\mathcal{P})/EC(\mathcal{P})$。根据资本资产定价模型，$\overline{\mathcal{P}}_i$ 的期望回报现在被定义为：

$$\left(R_F + (E_R - R_F) \cdot \frac{Cov(R,\overline{R}_i)}{Var(R)}\right) \cdot EC(\mathcal{P})$$

其中 E_R 代表投资组合回报 R 的标准化均值，即 $E_R = E(R)/EC(\mathcal{P})$。通过乘以 $EC(\mathcal{P}_i,\mathcal{P})/EC(\mathcal{P})$，我们得到了投资组合（没有标准化）$\mathcal{P}_i$ 的期望回报：

$$\left(R_F + (E_R - R_F) \cdot \frac{Cov(R,\overline{R}_i)}{Var(R)}\right) \cdot EC(\mathcal{P}) \cdot \frac{EC(\mathcal{P}_i,\mathcal{P})}{EC(\mathcal{P})}$$

$$= R_F \cdot EC(\mathcal{P}_i,\mathcal{P}) + (E_R - R_F) \cdot EC(\mathcal{P}) \cdot \frac{Cov(R,R_i)}{Var(R)}$$

更准确地讲，我们建议用银行设定的目标回报率 $\tilde{h}$ 来替换期望的投资组合回报 E_R。从 $E(R_i)$ 中减去上式就可以得到利润的度量：

$$P(\mathcal{P}_i,\mathcal{P}) := E(R_i) - \left(R_F \cdot EC(\mathcal{P}_i,\mathcal{P}) + (\tilde{h} - R_F) \cdot EC(\mathcal{P}) \cdot \frac{Cov(R,R_i)}{Var(R)}\right) \tag{10.10}$$

这个利润度量具有如下的特性：

$$P(\mathcal{P}_i,\mathcal{P})\begin{cases}=0\\>0\\<0\end{cases}\text{如果 } P_i' \text{的回报 } R_i\begin{pmatrix}\text{等于}\\\text{大于}\\\text{小于}\end{pmatrix}\text{其期望}$$

我们可以看到这个利润度量包含有两个不同的经济资本配置方法：它们是 EC（一个服从配置公理的配置方法，例如条件期望 ES 配置）和波动率配置。在这个意义上，资本资产定价模型隐含的利润率度量得到了这两种配置方法的一个综合，尽管这两个方法只有在不同的角度才是合适的。

与 EP 进行比较

现在检查资本资产定价模型（CAPM）隐含的利润度量与 EP 之间的关系。回忆等式（10.7），在那里 EP 被定义为：

$$\text{EP}=\text{风险调整回报}-h\cdot\text{EC}$$

其中风险调整回报包含了毛收入、行政管理成本和预期损失。如果我们假设这些成分可以由回报变量 R_i 所涵盖，那么 EP 就可以被写为：

$$\text{EP}(\mathcal{P}_i,\mathcal{P})=\text{E}(R_i)-h\cdot\text{EC}(\mathcal{P}_i,\mathcal{P})\qquad(10.11)$$

比较等式（10.10）和等式（10.11）右边的项，并选择 $\tilde{h}\equiv h$ 成立，可以发现 $\text{EP}(\mathcal{P}_i,\mathcal{P})$ 和 $P(\mathcal{P}_i,\mathcal{P})$ 之间的差异最终为：

（1）应用于资本成本的配置机制。

（2）额外的风险成本项：$R_F\cdot(\text{EC}(\mathcal{P}_i,\mathcal{P})-\text{EC}(\mathcal{P})\cdot\text{Cov}(R,R_i)/\text{Var}(R)$。

分析

我们现在分析两个极端事件，从而证明 EP 和 CAPM 之间的差异意味着利润率的度量。

（1）“收支相抵的观点”：$h=R_F\Rightarrow\text{EP}\equiv P$；

（2）“激进的观点”：$h\gg R_F\searrow 0\Rightarrow\text{EP}\approx E(R)-h\cdot\text{EC}(\cdot,\mathcal{P}),P\approx E(R)-h\cdot\text{EC}(\mathcal{P})\cdot\text{Cov}(\cdot,R)/\text{Var}(R)$

收支平衡事件对于设定了一个低的最低回报率（国有企业，主要从事零售业务的企业）的银行是成立的。在这个情况下，EP 和 CAPM 暗含的利润率度量是等价的。

“激进的事件”在无风险回报率（比较低，例如低利率）或者个体银行设定的最低回报率比较高的时候就会发生。对于具有强的 M&A 和交易界限的银行而言，这可能是常有的事情。一个高的最低回报率意味着配置的经济资本对于利润而言是不重要的，并且银行把重点更多地放在了交易（子投资组合，业务单元）对于整体银行收益波动的贡献之上。在这一激进的事件中，EP 和 CAPM 暗含的利润度量之间的差异就简化为经济资本的配置。而后者意味着当银行通过波动率方法而不是一个与一致的经济资本度量相关的方法分配经济资本时，这个银行就可以优化它的风险回报。

在当前的市场条件下，对于大的欧洲银行而言，无风险回报率一般是围绕 EURIBOR = 2.5% 和税后最低回报率的 10% ~15% 之间变动。这个无风险回报率近似等于与每单位 ES 的 VAR/COVAR 相对应的四个单位的波动率配制。在这个情形下，基于波动率分配的 EP 对于优化和稳定风险回报而言是一个合理的近似。

总之，在优化风险 - 回报时，如果无风险回报率和银行制定的最低回报率之间的差异越大，那么银行从 ES 分配转为波动分配的可能性就越大。

小　结

这一章的一些关键结论如下。

经济资本的容忍水平

为了在极端风险事件发生时得到充分的保护，以及避免以银行股东的价值为代价的资本化，我们建议通过如下方式推导个体的经济资本要求：

- 银行内部的容忍水平应该既高于最低监管资本要求，又高于与置信水平相关联的银行的当前评级。
- 如果这个最低条件满足，那么为了实现对股东投资的最大化使用，风险的容忍水平应该位于一个使用超过 90% 可获得权益的水平。

一旦一个充足的容忍水平被制定下来，这个水平就应该保持恒定，即采取合适的行动以撤回银行股东权益的一些用途。

一致的风险度量和配置

尽管这个方法在银行和监管者之间已经变得流行起来，但是基于在险价值（VAR）计算的经济资本具有严重的缺陷，主要的缺点是它不一定能够识别多样化收益。因此，银行应该将经济资本的计算建立在能够与直觉特征相匹配的风险度量之上。这样的特征是由所谓的一致性公理所给出的，满足这些公理的一个最突出的风险度量是 ES 度量。

为了符合直觉地把经济资本配置于子投资组合或业务单位，银行还可以采用一个替代方法。线性、连续和分散化的条件惟一地决定了适合任何一致风险度量的一个配置。

改进的利润度量

基于经济资本的风险调整利润率度量为银行得到长期稳定的股本回报率（ROE）提供了正确的激励。但是，作为一个简单的财务比率或风险调整回报与经济资本（配置的）的一个线性组合，RAROC 和 EP 不能完全识别收益的波动性。

作为整合回报和风险观点的一个尝试，我们使用了资本资产定价模型（CAPM）来推导其他的利润率度量。分析证明，如果银行的必要资本回报率与无风险利率一样低的话，这个资本资产定价模型（CAPM）隐含的利润率度量与经典的 EP 是相等的。但是，随着银行目标回报率的上升，这个替代的利润率度量将更重视盈余的波动，这与股东的角度和投机者的角度都是一致的。

第 11 章
基于评级的风险因子模型

大的商业银行和其他一些具有严重信用暴露的金融机构逐渐依靠数学模型来为投资组合水平的信用风险管理提供指导。模型允许管理者识别一个严厉和客观的框架里的多样化机会和风险的聚集，并因此为传统的借贷限制控制提供了一个更加成熟的、更合理的替代方法。数学模型更加广泛和深入的使用，激励了商业银行投资组合管理的更加活跃的方法的出现，这种方法已经为负债工具和信用衍生品市场流动性的提高做出了贡献。

究其本质，信用风险模型是从工具水平的特征和市场水平的参数的集合映射到在某一给定时间区间的投资组合信用损失分布的函数。对于模型的结果银行最关心的是支持这些投资组合所需的"经济资本"，而经济资本是作为损失分布的某一概括的统计量得出的。一旦作为资本储备而配置于个体工具时，经济资本就提供了持有每一头寸的成本的影子价格。数学模型在资产负债管理上的应用将直接或间接地取决于银行在工具水平合理分配资本储备的能力。

基于模型的资本储备的评估为日益紧迫的监管问题提供了一个潜在的吸引人的答案。当前，商业银行借贷所要求的资本监管框架是建立在 1988 年的巴塞尔协议之上的。按照这个协议的规定，商业贷款的资本储备率统一设定为贷款面额的 8%，而无论借款人的财务能力和担保品的质量如何。由于这个协议不能区分具有不同程度信用风险的商业贷款，商业银行就有动机将低风险的工具移出资产负债表而只保留高风险的工具。作为对于这一动机的反应，金融创新已经潜在地损害了资本监管条例的有效性，并因此导致了巴塞尔委员会当前改革此项协议的努力的出现。一个被广泛认可的事实是：除非工具水平监管资本的配置使得某个工具的资本与该工具潜在的风险联系紧密，否则资本的仲裁将会继续实行。

致力于银行监管的巴塞尔委员会实行了一项针对于银行的内部模型如

何用来设定监管资本的详细研究。巴塞尔委员会承认,采用精心设定和校准的内部模型能够传递一个对于投资组合信用风险而言更精确的度量,但是该委员会同时发现在模型发展的现阶段,模型不能提供一个在不同的机构之间进行的可接受的比较,并且数据的约束可能会损害关键的模型参数和假设的有效性。因此,监管者们好像不太可能在近期或者中期就可以使用内部模型来设定监管资本。但是,随着模型和数据的质量上升,监管者和行业的实践者们都认为修改后的新协议将允许模型朝着内部模型的方向发展。

现在,改革后的巴塞尔协议实际上提供了一种或多种形式的以评级为基础的"风险分区"系统。在这样的一个系统中,银行账面资产被总合在一个分区内,而且这个分区被假设为同质的。与每一个分区相关的是为每一美元暴露而准备的一个固定的资本储备。在内部评级法(IRB)的巴塞尔草案的一个最新版本中,这个分区系统通过内部借款人的评级,贷款的种类(如政府贷款、企业贷款和项目融资贷款),决定违约损失严重程度的担保品种类的一个或更多的代理以及贷款的到期期限来划分工具。更加复杂的系统可能会进一步通过诸如借款人的国家和行业来划分贷款。无论分区系统的精细程度如何,资本储备对于投资组合而言是不变的,也就是说,一个给定工具的资本储备只依赖于它自己的特征,而不依赖于包含它的投资组合的特征。我们将投资组合不变性作为以评级为基础的资本规则的一个本质特征。在这一章中,我们将使用以评级为基础这个词来宽泛地指代具有多维分区的投资组合不变的资本配置规则,而不是将这个名词限制于只依赖于传统的单变量信用评级的资本配置框架。

尽管在当前的条件下,一个以信用评级为基础的框架可能是一个次优的解决方法,但是将资本储备在投资组合模型的内部做出调整绝不是我们期望的。一个非常具体、一致的模型将会为这个校准过程带来更多的纪律和准确性,并且将为基于内部模型的演化提供平滑的路径。这一章提出的一个问题是:一个严格的基于评级的资本储备的模型校准是如何得到的。特别是,我们必须附加什么样的建模假设,才能使得投资组合经济资本的边际贡献是不随投资组合改变的(即投资组合不变)?

通过设计得到的投资组合模型一般不会具有这种投资组合不变的性质。要得到投资组合的损失分布,模型必须确定各投资工具的信用损失的联合分布。银行广泛使用的投资组合模型的最新发展通过假设不同债务人在信用事件中的相关性是由于他们都依赖于一个系统性风险因子集合而引起的，而给出了上面那个问题的结构。这些要素在更大或更小的程度上，潜在或明确地代表了注入国民经济中企业之上的区域转换和宏观经济力量。这些模型的一个自然特征是：一项贷款的边际资本要求取决于它如何影响多样化程度，并且取决于在这个投资组合中出现了什么样的其他资产。

如果经济资本是在在险价值（VAR）的框架中定义的，那么这个问题就有一个简单的答案。在在险价值（VAR）的框架中，一个机构持有资本是为了维持对于其自由债务的一个目标评级。与这个目标评级相关的是银行在一个时间段里的存活概率（例如，在一年里的99.9%的概率）。为了与这一目标存活概率（以 q 表示）相一致，这个机构必须持有充分的储备或者权益资本来弥补在那个时间段的损失分布的第 q 分位的损失。我们证明在单因子模型的在险价值（VAR）中，有两个保证投资组合不变性的充分必要条件：第一，投资组合必须是渐近分散，其含义就是在投资组合中任何一个单一的暴露可都是整个投资组合暴露的一个可忽略的部分；第二，必须存在且仅存在一个单一的系统性风险因子。

不用说，真实的世界并没有完美分解的投资组合。银行的投资组合只具有有限数目的债务人和凹凸形状的暴露规模的分布。在异质风险被完全分散化的渐近假设下校准资本储备，必定会低估任意给定的有限投资组合的资本要求。为了评估这一偏差的程度，我们将检查在险价值（VAR）对于它的渐近极限的收敛率。作为一个应用，我们建议使用一个简单的方法来评估银行应为异质风险没有完美分散的投资组合补偿多少资本。许多例子表明这个模型在现实中的表现非常好，因此，在基于评级的资本规则实践中，现实中的投资组合对于渐近分散假设稍微的偏离不构成一个问题。

尽管它是大多数应用的一个标准，但在险价值（VAR）作为一个定义经济资本的风险指标并不是没有毛病的。因为基于损失分布的一个简单的分位，在险价值（VAR）对由于资本耗尽所导致的损失程度没有提供任何信息。一个更加稳健的风险度量是条件损失（ES），不严格地讲，它是条件于尾端风险的预期损失。从存款保险人的角度来看（如美国的联邦存款保险制度FDIC），一个更加相关的风险度量是超预期损失（EEL）。在超预期损失（EEL）的框架下，一个机构必须持有足够的资本以使期望的超过权益资本的信用损失率小于或等于目标损失率。在单因子框架下，我们将考虑条件损失（ES）和超预期损失（EEL）是否为一个渐近投资组合传递了不变的资本储备信息的问题。条件损失（ES）传递了该信息，但是超预期损失（EEL）没有，因而超预期损失（EEL）不适合作为一个推导风险分区资本储备的合理标准。

这一章的重点是不同的投资组合和模型的一般性。使用渐近方法来设定模型的特征并不是最近才出现的,但是所有之前的类似分析已经应用于同质投资组合,并且这种分析的目的是为了简化计算。不同的银行在规模、投资组合的构成和信用风险模型细节方面的变动非常大。对于政策目标,我们的结果在本质上可以充分包含这些差异。实际上,我们的结果被证明可以应用于非常异质的投资组合和许多种类的信用风险模型中。

本章的内容构成是:首先,为当前银行所使用的根据账面价值定义的信用损失风险因子模型制定了一个一般框架。其次,给出了这类模型的在险价值(VAR)的一个关键结果。再次,我们将证明这些结果同样可以应用于多状态模型中,在这样的模型中,损失是在市场价值的基础上度量的。对于未分散异质风险的投资组合的资本调整将在随后给出。最后,我们将检查作为在险价值(VAR)替代方法的条件损失(ES)和超预期损失(EEL)的渐近特征。结论性的评价将集中于单一系统性风险因子的假设,这个假设在经验上是不能被证明的,并且它对于具有投资组合不变性的资本储备是一个不可避免的前定条件。尽管这个假设对于追求一个可以实现的、巨大的近期和中期监管改革而言是可接受的,但是它可能会限制监管资本的基于评级的风险分区规则的长期适用性。

账面价值会计下的一般模型框架

如果通过账面价值(精算)来定义损失,那么信用损失只有在债务人违约时才会出现,因为信用评级的上升或下降所带来的市场价值的变化被忽略掉了。对于我们的目的而言,这是一个最简单的框架,因为我们只需要关心违约风险和一项资产在债务人违约时可收回的价值的不确定性。

在任何风险因子模型中,一个关键的概念是无条件的和条件的事件概率之间的区别。一个债务人的无条件违约概率也被称作是违约概率(PD)或预期违约频率,它是给定当前所有的可观测的信息,债务人在某一时段之前违约的概率。条件违约概率是我们分配给债务人的违约概率,如果我们同时知道系统风险在那个时间段的实际数值是多少。无条件的违约概率是条件违约概率在所有系统性风险因子可取的数值上的平均值。

令 X 表示系统性风险因子,它是从一个一致的联合分布中抽出来的。

这些风险因子可以在一些具有具体观测数值的模型中识别出来，如宏观经济变量或者行业部门的业绩指标，它们也可以不是一个具体的变量。无论它们的本质是什么，我们假设不同信用事件之间的所有相关性都是由于这些信用事件对于这些因子的一般敏感性而引起的。条件于 X，投资组合中剩下的信用风险对于投资组合中的债务人而言是异质的。令 $p_i(X)$ 表示债务人 i 条件于 X 的实现值 x 的违约概率。

这一用来模型化违约事件的一般框架与所有著名的投资组合信用风险的行业模型是相容的，这些模型包括 JP 摩根风险管理部门的信用计量方法（CreditMetrics）、瑞士信贷金融产品的信用风险方法（CreditRisk$^+$）、麦肯锡的信用投资组合（CreditPortfolio）观点，以及 KMV 的投资组合管理方法。这个框架与信用风险方法（CreditRisk$^+$）的相似性最容易被看出来，因为信用风险（CreditRisk$^+$）模型是通过条件违约概率而给出的。为了在这个框架中得到信用风险方法（CreditRisk$^+$），假设风险因子 $X_1, \cdots, X_K$ 是服从 Gamma 分布的相互独立的随机变量，其均值是 1，方差是 $\sigma_1^2, \cdots, \sigma_K^2$。令 $\bar{p}_i$ 代表债务人 i 的违约概率（PD），并且该违约概率具体化为：

$$p_i(x) = \bar{p}_i\left(1 + \sum_{k-1}^{K} w_{ik}(x_k - 1)\right) \qquad (11.1)$$

其中，w_i 是因子负荷向量，这些向量的总和位于[0,1]区间中。

建立在简化的默顿模型之上的信用计量方法（Creditmetrics）也可以在条件概率的框架下得出来。风险因子向量 X 被假设为服从联合正态分布。与每一个债务人相联系的潜在变量 R_i 代表了公司资产的回报。R_i 由下式给出：

$$R_i = \psi_i \epsilon_i - X w_i, \qquad (11.2)$$

其中 ϵ_i 满足$\mathbb{N}(0,1)$，它们是独立同分布的白噪音（代表了债务人的具体风险）。不失一般性，权重 w_i 和 φ_i 被标准化，从而使得 R_i 的均值为零，方差为 1。一个债务人会发生违约当且仅当他的资产回报低于一个最低的价值水平 γ_i 的时候。

为了得到条件违约概率函数 $p_i(x)$，我们观察到违约会发生当且仅当 $\epsilon_i \leqslant (\gamma_i + \omega_i)/\psi_i$ 时。因此条件于 $X = x$，个人 i 的违约是一个独立的贝努利事件，它的概率为：

$$p_i(x) = \Pr(\epsilon_i \leqslant (\gamma_i + x\omega_i)/\psi_i) = \Phi((\gamma_i + x\omega_i)/\psi_i) \qquad (11.3)$$

其中 Φ 是标准正态分布的累积分布函数。为了校准参数 γ_i，我们注意到违约的无条件概率是 $\Phi(\gamma_i)$，因此 $\gamma_i = \Phi^{-1}(\bar{p}_i)$。

在一些行业的模型中，违约损失率（LGD）通常被假定为已知的和非随机的。在广泛使用的信用在险价值（VAR）模型中，那些假设违约损失率随机的模型都将清收风险假设为完全异质的。实际上，违约损失率不仅可能是高度不稳定的，而且还可能受到系统性风险的约束。例如，违约的商业房地产贷款的清收价值依赖于房地产担保品的价值，当许多其他的房地产项目失败的时候，这个担保品的价值可能会更低。目前，行业在控制这个效应方面已经有了一些进展。Frye（2000）提出了一个扩展的单因子 CreditMetrics 模型，在这个模型中担保品的价值（因此清收价值）与促使违约率变化的相同系统性风险是相关的。Burgisser（2001）扩展了 CreditRisk$^+$模型，这个扩展的模型在清收风险里包含了一个系统性因子，这个因子与违约的系统性因子是正交的。

为了引入系统的和异质的清收风险，我们把损失而不仅仅是违约的状态作为模型主要的因变量。令 A_i 是对于债务人 i 而言已知的或非随机的暴露。令随机变量 U_i 代表每美元暴露的损失，在存活事件中，$U_i=0$；否则，U_i 是违约损失率在工具 i 上的百分比。为了引入短期头寸，我们假设 U_i 是负的。违约的条件独立性的一般假设被扩展为 U_i 的条件独立。我们假设：

（$\mathcal{A}-1$）$\{U_i\}$ 位于区间［0，1］中，它们是有界的，条件于 X 且相互独立的。

对于一个具有 n 个债务人的投资组合，我们将投资组合损失比例 L_n 定义为总损失对于整个投资组合暴露的比率，也就是：

$$L_n = \frac{\sum_{i=1}^{n} U_i A_i}{\sum_{i=1}^{n} A_i} \tag{11.4}$$

对于一个给定的分位 $q\in(0,1)$，在险价值（VAR）被定义为损失分布的第 q 个分位，并用 $\mathrm{VAR}_q[L_n]$来表示。令 $\alpha_q(Y)$代表随机变量 Y 的分布的第 q 个分位。也就是：

$$\alpha_q(Y)\equiv\inf\{y:\Pr(Y\leqslant y)\geqslant q\} \tag{11.5}$$

在这个更加一般的概念中，我们有：$\mathrm{VAR}_q[L_n]=\alpha_q(L_n)$

账面价值会计下的渐近损失分布

假设银行选择的投资组合是一个无限借贷机会序列第一个具有 n 元素的集合。为了保证这个投资组合中的异质风险会随着资产的加入而逐渐消失，暴露规模的序列必须既不会迅速地膨胀，也不会迅速地缩减为零。我们假设：

$(\mathcal{A}-2)$ A_i 是一个正的常数序列，它满足：

(a) $\sum_{i=1}^{n} A_i \uparrow \infty$ 并且

(b) 存在一个 $\xi > 0$ 满足 $A_n / \sum_{i=1}^{n} A_i = O(n^{-(1/2+\xi)})$

其中阶定义 $O(\cdot)$ 是由 Billingsley (1995, A18) 给出的。$(\mathcal{A}-2)$ 中的约束可以充分保证在整个投资组合暴露中最大的单一暴露所占的份额会随着投资组合中暴露数目的增加而降低为零。实际上，这些约束是非常弱的，并且任何我们可以想像出来的现实世界中大银行的投资组合都满足这些约束。例如，如果所有的 A_i 都是有界的，并且位于一个正的最小规模的下界和一个有限的最大规模的上界之间，那么这些约束都是满足的。

我们的第一个结果是：在非常一般的条件下，L_n 的条件分布随着 n 趋向于无穷而退化为它的条件期望。更一般地，我们能够证明：

命题 1。如果 $(\mathcal{A}-1)$ 和 $(\mathcal{A}-2)$ 满足，那么条件于 $X = x$，$L_n - E[L_n | x] \to 0$，几乎处处成立。

这个命题的证明主要依赖于一个强的大数定理，它的证明在补充资料 11-1 中给出。注意，我们在这里没有约束 A_i 和 U_i 的分布之间的关系，因此例如，如果高质量的贷款也是最大的贷款时，我们不去管 A_i 和 U_i 的分布之间的关系是没有问题的。在这里，我们在系统性风险因子的数目和它们的联合分布上也没有做任何的约束。

命题 1 从直觉上告诉我们：随着投资组合中的每一项资产的暴露份额接近于零，投资组合中的异质风险被完美地分散化了。从极限的概念来说，损失率将收敛于系统性因子 X 的一个固定函数。我们把投资组合的这一极限称为一个无限分散或渐近投资组合。这种说法的一个含义是，在极限上，我们只需要知道 $E[L_n | X]$ 的无条件分布就可以推导出 L_n 的无条件分布。例如，如果我

们希望知道这些损失比率的方差，我们可以参考 $E[L_n|X]$ 的方差：

命题 2。如果（$\mathcal{A}-1$）和（$\mathcal{A}-2$）满足，那么 $V[L_n]-V[E[L_n|X]]\to 0$。

这个命题的证明在补充资料 11－1 中给出来了。

在本质上，一个更加重要的结果是对于任意的 $q\in(0,1)$，随着 n 趋于无穷，无条件损失分布的第 q 个分位会接近于 $E[L_n|X]$ 的无条件分布的第 q 个分位。

我们期望的结果是无条件损失分布具有如下特征：

$$\alpha_q(L_n)-\alpha_q(E[L_n|X])\to 0. \tag{11.6}$$

但是，由于技术上的原因，我们的这个结果只在有约束的方差上才成立。令 F_n 为 L_n 的累积分布函数。我们可以证明：

命题 3。如果（$\mathcal{A}-1$）和（$\mathcal{A}-2$）满足，那么对于任意的 $\epsilon>0$，

$$F_n(\alpha_q(E[L_n|X]+\epsilon)\to[q,1], \tag{11.7}$$

$$F_n(\alpha_q(E[L_n|X]-\epsilon)\to[0,q], \tag{11.8}$$

这个命题的证明在补充资料 11－2 中给出。出于现实的目的，这个命题确保了等式（11.6）是成立的。我们对于命题 3 的字面解释是：如果资本严格大于 $E[L_n|X]$ 的第 q 个分位，那么我们在极限上可以确保资本能够涵盖（或者，至少概念上，可以确保无限接近）损失分布的第 q 个分位或更大的分位。类似地，如果资本严格低于 $E[L_n|X]$ 的第 q 个分位，那么在极限上我们可以确定资本不能涵盖损失分布的第 q 个分位。

补充资料 11－1　　命题 1 和命题 2 的证明

命题 1 的证明需要强的大数定理：假设 $\{Y_n\}$ 是一个独立的随机变量序列和 $\{a_n\}$ 是一个正常数序列。

引理 1　（Petrov，1995，定理 6.7）如果 $a_n\uparrow\infty$ 并且 $\sum_{n=1}^{\infty}(V[Y_n]/a_n^2)<\infty$，那么

$$\frac{1}{a_n}\left(\sum_{i=1}^{n}Y_n-E\left[\sum_{i=1}^{n}Y_n\right]\right)\to 0\quad a.s.$$

我们也可以使用如下引理。

引理 2　如果 $\{b_n\}$ 是一个正常数序列，并且对于 $\rho>1$，$\{b_n\}$ 是 $O(n^{-\rho})$，那么 $\sum_{n=1}^{\infty}b_n<\infty$

这个引理是 Knopp（1956）中定理 3.5.2 的引理，并且对于 $\rho>1$，序列 $1/n^{\rho}$ 是收敛的。

我们现在证明命题 1：令 $Y_n\equiv U_nA_n$ 和 $a_n\equiv\sum_{i=1}^{n}A_i$，对于任意的 x，条件独立性意味着

补充资料 11 -1(续)

$$\sum_{n=1}^{\infty}(V[Y_n \mid x]/a_n^2) = \sum_{n=1}^{n}(A_n/\sum_{i=1}^{n}A_i)^2 V[U_n \mid X]$$

在损失的精算定义下，$|U_n|$在[0,1]是有界的，因此我们对于任何$X=x$，必须有$V[U_n|x]<1$，为了使这个引理在MTM下也成立，假设($\mathcal{A}-1$)提供了$V[U_n|x]$的一个界限，因此，在其他的损失定义下，存在一个有限的常数V^*满足：

$$\sum_{n=1}^{\infty}(V[Y_n \mid x]/a_n^2) \leqslant V^* \sum_{n=1}^{\infty}(A_n/\sum_{i=1}^{n}A_i)^2$$

根据假设($\mathcal{A}-2$)的(b)部分，对于某一$\xi>0$，序列$\{A_n/\sum_{i=1}^{n}A_i\}$是$O(n^{-(1/2+\xi)})$，因此序列$\{(A_n/\sum_{i=1}^{n}A_i)^2\}$是$O(n^{-(1+2\xi)})$，根据引理2，序列之和一定是有限的，根据假设($\mathcal{A}-2$)的(a)部分，我们有$a_n\uparrow\infty$，因此引理1的条件是满足的，损失率$L_n=\sum_{i=1}^{n}Y_i/a_n$，因此命题1得到了证明。

命题2可以通过相同的逻辑证明，我们需要如下的引理：

引理3　令$\{b_n\}$和$\{d_n\}$为实值序列，满足$a_n\equiv\sum_{i=1}^{n}b_i\uparrow\infty$和$d_n\to0$，那么$(1/a_n)\sum_{i=1}^{n}b_id_i\to0$.

这个结果是Petrov(1995，引理6.10)的特例，如果我们让$b_n=A_n$和$d_n=A_n/\sum_{i=1}^{n}A_i$，那么假设($\mathcal{A}-2$)保证了$a_n\uparrow\infty$和$d_n\to0$，因此应用引理3可以得到：

$$\frac{1}{\sum_{i=1}^{n}A_i}\sum_{i=1}^{n}\frac{A_i^2}{\sum_{j=1}^{n}A_j}\to0. \tag{1a}$$

条件方差的标准规则给出了：

$$V[L_n] - V[E[L_n \mid X]] = E[V[L_n \mid X]] = \frac{\sum_{i=1}^{n}A_i^2E[V[U_i \mid X]]}{(\sum_{i=1}^{n}A_i)^2}$$

在精算的定义下，$E[V[U_i|X]$必须小于1，在MTM情形下，根据($\mathcal{A}-1$)我们有$E[V[U_i|X]]<E\gamma(x)]<\infty$，因此，存在一个有限的常数$V^*$满足：

$$E[V[L_n \mid X]]\leqslant V*\frac{\sum_{i=1}^{n}A_i^2}{(\sum_{i=1}^{n}A_i)^2} = V*\frac{1}{\sum_{i=1}^{n}A_i}\sum_{i=1}^{n}\frac{A_i^2}{\sum_{i=1}^{n}A_i}\leqslant V*\frac{1}{\sum_{i=1}^{n}A_i}\sum_{i=1}^{n}\frac{A_i^2}{\sum_{i=1}^{n}A_j}\to0.$$

因为$E[V[L_n|X]]$是非负的，并且受到一个收敛于0的级数控制，因此，它也是收敛于0的。

补充资料 11 -2　　命题 3 的证明

几乎处处收敛意味着依概率收敛(参见 Billingsley,1995,定理 25.2),因此,对于所有 x 和$\epsilon>0$

$$\Pr(|L_n - E[L_n|x]| < \epsilon|x) \to 1 \tag{2a}$$

如果 F_n 是 L_n 的分布函数,那么方程(2a)意味着

$$F_n(E[L_n|x]+\epsilon|x) - F_n(E[L_n|x]-\epsilon|x) \to 1$$

因为 F_n 在[0,1]上是有界的,我们一定有 $F_n(E[L_n|x]+\epsilon|x)\to 1$ 和 $F_n(E[L_n|X] - \epsilon|x)\to 0$。

令 S_n^+ 表示 X 的实现值 x 的集合,并且 $E[L_n|X]$ 低于或等于 L_n 第 9 分位值,也即:

$$S_n^+ \equiv \{x: E[L_n|x] \leqslant \alpha_q(E[L_n|X])\}$$

通过构造可以得到 $Pr(x\in S_n^+)\geqslant q$

根据条件期望的一般规则,我们有

$$\begin{aligned}F_n(\alpha_q(E[L_n \mid X])+\epsilon) &= F_n(\alpha_q(E[L_n \mid X]+\epsilon \mid X \in S_n^+)Pr(X \in S_n^+) \\ &\quad + F_n(\alpha_q(E[L_n \mid X])+\epsilon \mid X \notin S_n^+)Pr(X \notin S_n^+) \\ &\geqslant F_n(\alpha_q(E[L_n \mid X])+\epsilon \mid X \in S_n^+)Pr(X \in S_n^+) \\ &\geqslant F_n(\alpha_q(E[L_n \mid X]+\epsilon \mid X \in S_n^+)q.\end{aligned} \tag{2b}$$

对于所有的 $x\in S_n^+$,我们有

$$F_n(\alpha_q(E[L_n \mid X])+\epsilon \mid X) \geqslant F_n(E[L_n \mid x]+\epsilon \mid x) \to 1$$

从而,根据控制收敛定理(Billingsley,1995,定理 16.4)可以得到

$$F_n(\alpha_q(E[L_n \mid X])+\epsilon \mid X \in S_n^+) \to 1$$

因此,从方程(2b)我们有

$$F_n(\alpha_q(E[L_n \mid X])+\epsilon) \to [q,1]$$

上式正如我们想要的那样是成立的。

证明的另外一个部分是将 S_n^- 相似地定义为

$$S_n^- \equiv \{x: E[L_n \mid X] \geqslant \alpha_q(E[L_n \mid X])\}$$

因此:

$$\begin{aligned}F_n(\alpha_q(E[L_n \mid X])-\epsilon) &= F_n(\alpha_q(E[L_n \mid X])-\epsilon \mid X \notin S_n^-)Pr(X \notin S_n^-) \\ &\quad + F_n(\alpha_q(E[L_n \mid X])-\epsilon \mid X \in S_n^-)Pr(X \in S_n^-) \\ &\leqslant q + F_n(\alpha_q(E[L_n \mid X]-\epsilon \mid X \in S_n^-)Pr(X \in S_n^-)\end{aligned} \tag{2c}$$

对于所有 $x\in S_n^-$,我们有

补充资料 11 -2(续)

$$F_n(\alpha_q(E[L_n \mid X] - \epsilon \mid x) \leqslant F_n(E[L_n \mid x] - \epsilon \mid x) \to 0$$

从而，根据控制收敛定理：

$$F_n(\alpha_q(E[L_n \mid X]) - \epsilon \mid X \in S_n^-) \to 0$$

因此，从方程(2c)得到了我们要求的

$$F_n(\alpha_q(E[L_n|X]) - \epsilon) \to [0,q]$$

命题3的重要性在于：它使我们可以在资产增大时，用$E[L_n|X]$（相对容易计算）的分位来替代相应损失率（相对难以计算）的分位。这里应该强调的是，我们已经得到了这个在投资组合构成上具有最低约束并且具有信用风险本质的结果。资产的违约概率(PD)、预期违约损失率(LGD)和暴露规模的变化可能会非常大。实际上，投资组合不一定只局限于传统的贷款或债券，它还可以包括信用衍生品和担保、结构化金融产品的类别，如抵押债务债券(CDO)和资产支持证券(ABS)等。我们已经为U_i的支撑集划分了界限，但是我们还没有约束条件期望损失函数（即$E[U_i|X]$）的性质。这些函数可能是非连续的或非单调的，并且它们可能对于不同的债务人具有不同的形式。更重要的是，我们没有对风险因子X做出任何限制。X可能是具有任意有限长度和任意分布的一个向量。当我们在X上再加上两个额外的限制时，$E[L_n|X]$的分位就具有一个特别简单和期望的渐近形式。

($\mathcal{A}$-3) 系统性风险因子X是一维的，并且

($\mathcal{A}$-4) 存在一个开集B包含$\alpha_q(X)$，并且存在一个实数$n_0 < \infty$满足

(i)对于任意的i，$E[U_i|x]$对于B中的x是连续的。

(ii)$E[L_n|X]$对于所有的$n > n_0$，在B中的x上是非递增的，并且

(iii)对于所有的$n > n_0$，$\inf_{x \in B} E[L_n|x] \geqslant \sup_{x \leqslant \inf B} E[L_n|x]$并且，

$\sup_{x \in B} E[L_n|x] \leqslant \inf_{x \geqslant \sup B} E[L_n|x]$对于所有的$n > n_0$

直觉上，假设($\mathcal{A}$-3)在X上加入了一个单一的全局商业周期，并把它作为不同暴露之间的所有依存性的来源。假设($\mathcal{A}$-4)保证了$E[L_n|X]$的第q个分位的邻域与X的第q个分位的邻域是相互联系的。如果没有($\mathcal{A}$-4)，那么损失分布的尾部分位将通过一个很复杂的方式依赖于每一个借款人的条件期望损失是如何随X而变化的。避免这一问题的一个更加谨慎的方法是要求对所有的i，$E[U_i|X]$在X上是非递减的。但是这样的要求会排除对冲工具（比如说信用衍生品）和具有反周期的信用风险的债务人。假设

($\mathcal{A}-4$)允许某一 U_iX 负相关于 X,因此只要当 X 接近相关的尾部事件时,这样的工具就不会渐近或加总改变损失对于系统性风险因子的单调依赖性。更进一步,当 x 不位于 $\alpha_q(X)$ 的邻域时,($\mathcal{A}-4$)允许 $E[L_n|X]$ 对于 x 是非连续的或局部非单调的。

为了概念上的方便,我们定义函数 $\mu_i(x) \equiv E[U_i|x]$ 和

$$M_n(x) \equiv E[L_n | x] = \frac{\sum_{i=1}^{n} \mu_i(x) A_i}{\sum_{i=1}^{n} A_i} \tag{11.9}$$

我们现在提出:

命题 4。如果($\mathcal{A}-3$)和($\mathcal{A}-4$)都满足,那么对于 $n > n_0$,$\alpha_q(E[L_n|X]) = E[L_n|\alpha_q(X)] = M_n(\alpha_q(X))$

证明 固定 $n > n_0$,如果 $X \leqslant \alpha_q(X)$,那么 $M_u(X) \leqslant M_n(\alpha_q(X))$,因此

$$\Pr(M_n(X) \leqslant M_n(\alpha_q(X))) \geqslant \Pr(X \leqslant \alpha_q(X)) \geqslant q.$$

固定任意的 $y > M_n(\alpha_q(X))$,并且 $\hat{x} = \sup\{x: M_n(x) \leqslant y\}$,($\mathcal{A}-4$)保证了 $\hat{x}\alpha_q(X)$,从而

$$\Pr(M_n(X) \leqslant y) \leqslant Pr(X < \hat{x}) < q$$

因此:

$$\inf\{y: \Pr(M_n(X) \leqslant y) \geqslant q\} = M_n(\alpha_q(X))$$

这一结论的重要性在于期望算子的线性特征。尽管在一般的情形下,$\alpha_q(E[L_n|X])$是非常复杂的,但是 $E[L_n|\alpha_q(X)]$是个人资产的条件期望损失的一个简单的加权平均暴露。把命题 1、2 和 4 放在一起,我们就得到了一个决定资本要求的简单的并且强有力的规则。对于资产 i,配置每美元账面价值(包含了预期损失)的资本为,$c_i \equiv \mu_i(\alpha_q(X)) + \epsilon$,其中 ϵ 是一个任意小的量。注意这个资本储备只依赖于工具 i 的特征,因而这个规则是投资组合不变的。投资组合的损失会超过资本当且仅当:

$$\sum_{i=1}^{n} U_i A_i > \sum_{i=1}^{n} c_i A_i \tag{11.10}$$

给定我们对于 c_i 的规则和 L_n 的定义:

$$Pr\left(\sum_{i=1}^{n} U_i A_i > \sum_{i=1}^{n} c_i A_i\right) = Pr\left(L_n > \left(\sum_{i=1}^{n} A_i\right)^{-1} \sum_{i=1}^{n} (\mu_i(\alpha_q(X)) + \epsilon) A_i\right)$$

$$= Pr(L_n > E[L_n | \alpha_q(X)] + \epsilon) \to [0, 1-q]$$

因此资本在极限上是充分的,从而正如我们所期望的那样,投资组合的信用损失超过投资组合的资本的概率不会超过 $1-q$。

如果为了减少意愿分位上概率的不连续性而增加额外的多样化条件，那么银行资不抵债的概率在 $\epsilon=0$ 时就会收敛于 $1-q$。实现这个目的的一个简单的条件是要求 X 是连续的和 $U_i(X)$ 的函数具有有界导数。但是，我们的约束较少，因为我们实际上所需要的是确保渐近投资组合的累积损失分布函数是平滑的和在其第 q 个分位的邻域里具有有界导数。如下的条件巧妙地解决了命题 3 在技术上的问题，并且这个条件是充分的。

($\mathcal{A}-5$)存在一个包含 $\alpha_q(X)$ 的开区间，在这个区间里：

(i)系统性风险因子 X 的累积分布函数是连续和递增的。

(ii)对于所有的 i，$\mu_i(x)$ 是可微的，并且

(iii)存在一个实数$\underline{\delta}$，$\overline{\delta}$ 和 $n_0<\infty$，i 对于所有的 $n>n_0$，满足：$0<\underline{\delta}\leqslant M'_n(x)\leqslant\overline{\delta}<\infty$ 对所有 l $n>n_0$

这个假设允许投资组合的一个非微小的部分包含对冲工具或者对于反商业周期借款者的贷款。

在补充资料 11－3 中，我们证明了：

命题 5。如果假设($\mathcal{A}-1$)到($\mathcal{A}-5$)成立，那么 $\Pr(L_n\leqslant E[L_n|\alpha_q(X)])\to q$ 并且 $|\alpha_q(L_n)-E[L_n|\alpha_q(X)]|\to 0$ 成立。

因此对于一个无限分散投资组合，我们建议的这个具有投资组合不变性质的资本规则提供了一个确切的分位值 q 的偿付能力概率。

这一节得出的结果与市场风险环境下资本配置技巧的最新发展是非常一致的。Gourieroux *et al*(2000)，Tasche(2000)和其他一些文献证明了如何对在险价值(VAR)求一阶偏微分。根据本文所用的概念，这个一阶偏微分由下式给出：

$$\frac{d\alpha_q(L_n)}{dA_i}=E[U_i|L_n=\alpha_q(L_n)] \tag{11.11}$$

在命题 5 的假设下，条件 $L_n=\alpha_q(L_n)$ 渐近等价于 $X=\alpha_q(X)$，这意味着边际在险价值(VAR)等于 $\mu_i(\alpha_q(X))$。古里鲁(Gourieroux)要求损失的联合分布是连续的，否则，在险价值(VAR)就不一定是可微的。这就产生了信用风险建模中的一个问题，因为信用风险大多是由离散事件所推动的(如违约事件)。用来得到命题 5 的这个方法允许$\{U_i\}$的分布是离散的或混合的。

补充资料 11－3　　命题 5 的证明

命题 5 的证明要求如下引理：

引理 4　令 Y_1, Y_2 是具分布函数分别为 F_1, F_2 的随机变量，对于所有 y 有所有 $\epsilon > 0$，

$$|F_1(Y) - F_2(Y)| \leq \Pr(|Y_1 Y_2| > \epsilon)$$
$$+ \max\{F_2(Y+\epsilon) - F_2(Y), F_2(Y) - F_2(Y-\epsilon)\}$$

证明　[彼特罗娃的引理(1995，引理 1.8)]

为了应用引理 4，令 $Y_1 = L_n$ 具有分布函数 F_n 和 $Y_2 = E[L_n|X]$ 具有分布函数 $F_n{}^*$，固定一个开集 B 和定值 n_0 和$\underline{\delta}, \bar{\delta}$ 以使假设$(\mathcal{A}-4)$，$(\mathcal{A}-5)$满足。在任何一点 $\hat{x} \in B$，我们有：

$$|F_n(F[L_0 | \hat{x}]) - F_n^*(E[L_n | \hat{x}])| \leq \Pr(| L_n - E[L_n | X] > \epsilon)$$
$$+ \max\{F_n^*(E[L_n | \hat{x}] + \epsilon) - F_n^*(E[L_n | \hat{x}]),$$
$$F_n^*(E[L_n | \hat{x}]) - F_n^*(E[L_n | \hat{x}] - \epsilon)\} \qquad (3a)$$

以上不等式对于任意的 $\epsilon > 0$ 都成立。

对于 $n > n_0$，$(\mathcal{A}-5)$保证了 $M_n(x)$ 在 B 上严格递增，因此对于所有的 $x \in B$，$M_n(X) \leq M_n(X)$ 当且仅当 $X \leq x$，因此 $F_n^*(M_n(x)) = H(x)$，其中 H 是 X 的分布函数。

固定 $\epsilon^* > 0$ 以使$(\hat{x} - \epsilon^*, \hat{x} + \epsilon^*) \subset B$ 对于任何 $\epsilon < \underline{\delta}\epsilon^*$，我们有 $\hat{x} + \epsilon/\delta \in B$。因此，对所有 $n > n_0$，$M_n(\hat{x} + \epsilon/\underline{\delta}) - M_n(\hat{x})$，由于 F^* 是非减函数，这意味着：

$$F_n^*(E[L_n | \hat{x}] + \epsilon) \leq F_n{}^*(M_n(\hat{x} + \epsilon/\underline{\delta})) = H(\hat{x} + \epsilon/\underline{\delta})$$

类似地

$$F_n{}^*(E[L_n | \hat{x}] - \epsilon) \geq F_n^*(M_n(\hat{x} - \epsilon/\underline{\delta})) = H(\hat{x} - \epsilon/\delta)$$

因此，对于所有 $n > n_0$，

$$\max\{F_n^*(F[L_n | \hat{x}] + \epsilon) - F_n^*(E[L_n | \hat{x}]), F_n^*(E[L_n | \hat{x}]) - F_n^*(E[L_n | \hat{x}] - \epsilon)\}$$
$$\leq \max\{H(\hat{x} + \epsilon/\underline{\delta}) - H(\hat{x}), H(\hat{x}) - H(\hat{x} - \epsilon/\delta)\}$$

假设$(\mathcal{A}-5)$也可以使 H 在 B 上是一个连续和递增的函数，因此对于任何 $\eta > 0$，存在一个 $\epsilon > 0$ 满足：

$$\max\{H(\hat{x} + \epsilon/\underline{\delta}) - H(\hat{x}), H(\hat{x}) - H(\hat{x} - \epsilon/\underline{\delta})\} < \eta \qquad (3b)$$

根据命题 1 和控制收敛定理，$L_n - E[L_n|X]$几乎处处收敛于 0，这意味着概率也是收敛的。因此，对任何的 $\epsilon > 0$ 和 $\eta > 0$，存在一个 $n_\epsilon < \infty$ 满足：

$$\Pr(| L_n - E[L_n | X] | \epsilon) < \eta \quad \forall n > n_\epsilon \qquad (3c)$$

把这些结果加在一起，我们有对任何 $\eta < 0$，存在一个 $\epsilon > 0$，使得方程(3b)和方程(3c)对于 $n > \max\{n_0, n_\epsilon\}$ 同时成立，因此有：

补充资料 11－3（续）

$$\lim_{n\to\infty}|F_n(M_n(\hat{x}))-F_n^*(M_n(\hat{x}))|\to 0 \tag{3d}$$

设定 $\hat{x}=\alpha_q(X)$，并且注意 $F_n^*(M_n(\alpha_q(X)))=H(\alpha_q(X))=q$，对于任意的 $\eta<\bar{\delta}\epsilon^*$ 和$n>n_0$，($\mathcal{A}-5$)意味着 $M_n(\alpha_q(X))-\alpha_q(X)-\eta/\bar{\delta}\in B$，因此，根据方程(3d)我们有：

$$|F_n(M_n(\alpha_q(X)-\eta/\bar{\delta}))-F_n^*(M_n(\alpha_q(X)-\eta/\bar{\delta}))|\to 0$$

对于 $n>n_0$，$F_n^*(M_n(\alpha_q(X)-\eta/\bar{\delta}))=H(\alpha_q(X)-\eta/\bar{\delta})<q$，因此存在 $\tilde{n}_-<\infty$ 满足 $F_n(M_n(\alpha_q(X)-\eta/\bar{\delta}))<q$（$n>\tilde{n}_-$）因此，对于所有的 $n>\tilde{n}_-$ 我们有 $F_n(M_n(\alpha_q(X))-\eta)<q$，这意味着$(M_n(\alpha_q(X))-\eta<\alpha_q(L_n)$

根据相同的依据，对于所有的 $\eta<\bar{\delta}\epsilon^*$，存在一个 $\tilde{n}_-<\infty$ 满足 $M_n(\alpha_q(X))+\eta>\alpha_q(L_n)$（$n>\tilde{n}_+$）。因此，对所有 $n>\max\{\tilde{n}_-,\tilde{n}_+\}$，我们有 $|\alpha_q(L_n)-M_n(c_q(X))|<\eta$，从而 η 可以任意地接近于0，命题5的第二个结果也是成立的。

投资组合不变性强依赖于渐近假设和单一系统性风险因子的假设。非渐近完美分散的投资组合没有分散化异质风险，这意味着在险价值（VAR）的边际贡献将依赖于投资组合中的其他部分。从实践角度看，残留的异质风险不一定构成以信用评级为基础的资本配置的障碍。活跃的国际大银行通常（尽管不是一成不变的）非常接近于渐近理想状态。而且，第四节中的技巧可以使我们对非完美的投资组合针对于残余的一致风险做一些简单的调整。

从经验角度看，假设（$\mathcal{A}-3$）并不是没有缺陷的，它只能被稍微地放松。例如，假设某一集合的债务人对于局部风险因子具有相同的依存性。条件于全局的风险因子 X，这个集合内的$\{U_i\}$将不再是独立的，尽管在这个集合外它们会保持独立性。只要组内的暴露在总和上只能解释总投资组合的一个微不足道的部分（也就是说它们可以在不违反（$\mathcal{A}-2$）的前提下加总为一个单一的暴露），那么局部的依赖性就可以忽略。

即使最大的银行在某种水平上也会有地理的和行业的聚集。如果这些大规模的部门不是完美同质的话，那么投资组合不变性的性质就不存在了。例如，我们有两个风险因子并且债务人对于它们中每一个的敏感度可以不同。与一个损失分布给定分位相关的实现值将依赖于投资组合中的特定债务人的集合。从直觉上讲，对 X_1 非常敏感的债务人的一项贷款的合理资本储备将依赖于投资组合中其他债务人是否显著地对 X_1 敏感（在这个情形下多样化收益很小)或者显著地对 X_2 敏感(在这一情形下多样化收益较大)。举个简单的例子,让 X_1 代表美国的商业周期,而 X_2 代表欧洲的商业周期,假设我们将一个严格位于美国的无限分散的投资组合与另外一个渐近无限分散的投资组合合并起来。如果第二个资产也完全是美国的,那么合并这两项资产就不会产生多样化收益,合并的投资组合的资本储备应该等于这两项投资组合的资本储备之和。但是,如果第二项投资组合也包含有欧洲的债务人,那么合并这两项资产就会产生多样化收益(只要 X_1 和 X_2 不是完全一样),并且合并将会导致总体在险价值(VAR)的减少。因此,资本储备将不是投资组合不变的。

最后,注意“分区”在导数中并没有出现。实际上,μ_i 的函数在不同的工具之间并不必然具有相同的形式。将这些分区进行排序,从而得到一个具有有限数目的,在统计上同质的“分区”集合有助于 μ_i 函数从数据中得到校准,但是这个排序对于得到投资组合不变的资本储备不是一个充分的条件。

按市值估价下的渐近损失分布

对于校准和理解而言,实际模型是简单的,并且很自然地,它们与应用于银行贷款账簿的传统账面价值会计是一致的。但是这样的模型忽略了许多信用风险,特别是对于那些具有较长评级历史的工具而言更是如此。因为损失被认为是来自于违约事件,而信用风险的损失没有被意识到,例如当一个两年的 AA 级贷款两年后降级为 BB 时。在按市值计价的损失的概念下,信用风险包括降级(或升级)风险。即使是那些在账面价值基础上报告财务状况的银行,为了控制与具有较长期限的工具相关的额外损失风险,在按市值计价(MTM)的框架下计算资本储备也是合意的。

损失在按市值计价框架下是一个模糊的概念。我们采用了一个广泛使用的传统做法,那就是将资产 i 的损失率定义为将一定时间之内的期望价值和实现的价值之差用无风险利率贴现并除以当前的市场价值而得到的数值。例如 $u_i=0.2$ 表示 20% 的损失,而 $u_i=-0.05$ 表示 5% 的收益。我们也可以应用其他的定义而不改变下面的结果。我们将“暴露规模”A_i 重新定义为当前的市场价值。

信用风险是由于 U 中的不确定性而产生的。正如之前所做的那样，我们假设系统性风险因子 X 和 U_i 条件独立。$\mu_i(x) \equiv E[U_i \mid x]$ 函数的参数化和校准可以使用现存的行业模型，如 CreditMetrics。例如，假设我们有一个具有 G 个非违约级别（级别 $G+1$ 意味着违约）的评级系统，并且对于每一个债务人 i 而言，在一定的时间段里，我们有一个关于级别 g 的无条件转移概率$\bar{p}_i g$。从这些数字中我们可以计算债务人i 的资产回报最低价值 R_i（见等式(11.2)），因而如果 $R_i \leqslant \gamma_{i,G}$，债务人就会违约，而如果 $\gamma_i, g < R_i \leqslant \gamma_{i,g-1}$，债务人就会转移到一个"存活"的级别。变量$(X, \epsilon_1, \epsilon_2, \cdots, \epsilon_n)$是 iid$\mathbb{N}(0,1)$。因此，CreditMetrics 法给出的条件转移概率是：

$$p_{ig}(x) = \Phi((\gamma_{i,g-1} + xw_i)/\sqrt{1-w_i^2}) - \Phi((\gamma_{i,g} + xw_i)/\sqrt{1-w_i^2}) \tag{11.12}$$

并且无条件转移概率决定的最低价值为：$\gamma_{i,g} = \Phi^{-1}(\bar{p}_{i,g+1} + \cdots + \bar{p}_{i,G+1})$

考虑一个在当期到期或者在当期之后到期的零息金融工具的例子。假设当前的价值 A_i 已知，并且令 $v_{i,g}(x)$ 为条件于债务人转移级别 g 的工具的当期价值。在 CreditMetrics 的标准实施过程中，当期的定价是通过扣除未来的合约现金流而得到的，其中每一个级别的价差被当作是给定的或者是已知的。但是，理论上，我们可以允许价差是 X 的一个非随机函数。按市值计价（MTM）的工具价值在当期的条件期望是：

$$\mathrm{MTM}_i(x) = \sum_{g=1}^{G} v_{ig}(x) p_{ig}(x) + \bar{A}_i(1 - E[\mathrm{LGD}_i \mid x]) p_{i,G+1}(x) \tag{11.13}$$

其中 $\bar{A}_i$ 是在违约事件中，银行对于债务人拥有合法要求权的债务规模。息票和其他一些概念可以很容易地引入到这个定价公式中来。条件期望损失函数由下式给出：

$$\mu_i(x) = \frac{exp(-rT)}{A_I}(E[\mathrm{MTM}_i(X)] - \mathrm{MTM}_i(x)) \tag{11.14}$$

其中 T 是到期时间，而 r 是期间 T 的无风险收益率。

前一节的结果可以很容易地应用于按市值计价的框架中。与实际例子相比，按市值计价的损失率不一定是有界的。为了容纳按市值计价的情形，我们修改了假设$(\mathcal{A}-1)$：

$(\mathcal{A}-1)$条件于 X，$\{U_i\}$是独立的。损失的条件二阶矩是存在的，并且是有界的，也就是说，对于所有的 i 和实现的 x 的值，存在一个函数 $\Upsilon(X)$ 满足 $E[U_i^2 \mid x] \leqslant \Upsilon(x) < \infty$。进一步地，$E[\Upsilon(X)] < \infty$。

这个修改后的假设比本章第一部分的那个假设严格地弱。

对于一个像等式(11.4)中定义的具有 n 种资产的给定投资组合，L_n 是当前市场价值的一个百分比，它是投资组合市场价值的信用损失的贴现值。我们发现在放松($\mathcal{A}-1$)的情况下，第二节的所有命题将会继续成立。实际上，补充资料中的证明显然只依赖于修改后的新假设($\mathcal{A}-1$)。该结果决不会依赖于上面为了描述目的而给出的 CreditMetrics 的假设和一般做法。根据之前相同的逻辑，资产 i 的每美元当前市场价值的合适的渐近资本储备是简单的 $\mu_i(\alpha_q(X))$。

对于未分散异质风险的投资组合的资本调整

任何投资组合都不是无限分散的，真实世界的投资组合都具有有限数目的债务人和凹凸形状的暴露规模分布。大的投资组合，像消费者贷款项目，应该非常接近于理想的渐近情形，因而在这样的投资组合中，未分散异质风险的问题也可以忽略。但是，即使对于最大的商业贷款而言，我们也不能做同样的假定。除非为了一个成熟的内部模型方法而放弃评级为基础的资本规则，否则我们就需要一个方法来评价为了涵盖投资组合中没有被分散化的剩余的异质风险，应该给投资组合增加多少资本。

考虑一个同质投资组合，其中没有任何两个工具有相同的条件期望损失函数 $\mu(x)$ 和相同的暴露规模。在假设($\mathcal{A}-3$)，假设($\mathcal{A}-4$)和合适的正规条件下：

$$\alpha_q(L_n) = \mu(\alpha_q(X)) + O(n^{-1}) \tag{11.15}$$

也就是说，一个给定的、有限的、同质的投资组合的在险价值(VAR)与其渐近近似值之间的差异与 $1/n$ 成比例。

根据 Hill and Davis(1968)提出的一个分布序列会收敛于任意的一个可微极限分布的理论，我们可以通过一个推广的 Cornish-Fisher 扩展得到上面的结论。扩展中的第 j 项与 $\alpha_q(L_n)$ 的第 j 个累积分布函数和 L_n 之间的差异成比例。在非常一般的条件下，这些累计分布函数(对于 $j>2$)在 $O(n^{-1})$ 处收敛。这里的主要困难是如何准确地确定一个具体的管制条件的集合，这些管制条件可以确保 Cornish-Fisher 扩展的收敛。

基于 Gourieroux *et al*(2000)的结果，Martin and Wilde(2002)将等式

(11.15)更加严格地推导为在险价值(VAR)在其渐近值上的一个泰勒展开。尽管在 Martin and Wilde(2002)的推导过程中，必需的正则条件仍然有些晦涩，但是他们需要的主要额外条件是：条件方差 $V[U|x]$ 对于 X 是局部连续的和可微的。进一步，Martin and Wilde(2002)证明了 $O(n^{-1})$ 项是由 β/n 给出的，其中：

$$\beta = \frac{-1}{2h(x)}\frac{\mathrm{d}}{\mathrm{d}x}\left(\frac{V[U|x]h(x)}{\mu'(x)}\right)\bigg|_{x=\alpha_q(X)} \tag{11.16}$$

并且 $h(x)$ 是 X 的密度函数。

当然，等式(11.15)本身就是一个渐近的结果。当我们说收敛是以 $1/n$ 的比率进行时，我们的意思是对于足够大的 n，在险价值和它的渐近近似之间的差距在 n 加倍时会缩减一半。使用信用在险价值模型的缺点是为了保证这个关系成立，我们没有办法说明为了使这个条件成立，一个给定的 n 是否足够大。为了证明我们的 $1/n$ 规则对于 n 的实际值和实际模型的校准工作是否有效，我们在一个扩展的 CreditRisk$^+$ 中检查了在险价值的特征。在这个检查中使用 CreditRisk$^+$ 的好处是，这个方法有一个解析的解。我们不仅对任意的 n 可以很快地实施这个模型，而且我们得到的模型结果避免了蒙特卡罗近似的偏差。但是标准的 Credit-Fisk$^+$ 模型假设违约损失率(LGD)是固定的，因而忽略了波动性的潜在重要来源。在一个同质投资组合的特殊例子中，调整这个模型以引入异质清收风险并不困难。

正如在标准 CreditRisk$^+$ 中那样，假设系统性风险因子 X 服从均值为1，方差为 σ^2 的 Gamma 分布。每一个债务人具有相同的违约概率 $\bar{p}$ 和因子负荷 w。投资组合中的每一个债务都具有被标准化为 1 的相同的暴露规模和相等的预期违约损失率。从而条件期望损失函数的函数形式是：

$$\mu(x) = E[\mathrm{LGD}]\cdot\bar{p}(1 + w(x-1)) \tag{11.17}$$

为了引入异质清收风险，假设每一个债务人的违约损失率是从一个具有均值为 λ，方差为 η^2 的 Gamma 分布中抽出来的。这个具体的分布函数是方便的，因为 m 个独立同分布的 Gamma 随机变量之和将服从均值为 $m\lambda$，方差为 $m\eta^2$ 的 Gamma 分布。令 G_m 表示具有这一均值和方差的 Gamma 分布。令 π_m 表示投资组合中会有 m 个资产违约的概率，这些概率通过 CreditRisk$^+$ 的一个一般形式计算出来。因此 L_n 的累积分布函数是：

$$Pr(L_n \leqslant y) = \sum_{m=0}^{\infty} \pi_m G_m(ny) \tag{11.18}$$

在 m 达到 n 之前，π_m 会变得非常之小，以至于等式（11.18）的数理计算没有任何困难。这种情形的一个小缺点是它允许违约损失率超过1。但是，只要 n 不太大，投资组合中的加总损失就性状良好，因此在这种情况下，这个问题可以忽略。

对于这个模型，渐近斜率 β 由下式给出：

$$\beta = \frac{1}{2\lambda}(\lambda^2 + \eta^2)\left(\frac{1}{\sigma^2}\left(1 + \frac{\sigma^2 - 1}{\alpha_q(X)}\right)\left(\alpha_q(X) + \frac{1-w}{w}\right) - 1\right) \tag{11.19}$$

这个公式一般化了 Wilde（2001）在巴塞尔协议使用的具体参数下推导的公式。

为了得到数量上可靠的数据，我们必须对模型作出校准。当根据评级机构的历史业绩数据校准 CreditRisk$^+$ 时，正如 Gordy（2000）那样，我们可以得到 $\bar{p}$ 和 w 之间的一个负的相关关系。作为对比，当通过这些数据校准莫顿模型时，例如 CreditMetrics，违约概率（PD）和敏感性之间没有强的关系。这一点是有意义的，因为我们没有强的理由期望平均资产价值相关性在不同的评级级别上会有系统性的变化。为了在校准中使用这个标准化的事实，我们在 CreditMetrics 中选择了15%这个固定的资产价值相关性系数，并且在每一个级别的内部都计算了级别内部的违约相关性。回到 CreditMetrics 中，我们为 X 的波动率设立了一个保守但又合理的价值 $\sigma = 2$，并且为每一个信用评级校准 w，因此级别内部的违约相关性与来自 CreditMetrics 的值是匹配的。这个校准工作很直观。我们为违约概率选择了标准化的值，并假设违约损失率的均值为0.5，标准差为0.25。我们选择的覆盖目标是损失分布的0.995。

5个信用评级的结果如表11-1所示。最后一栏（$n = \infty$）给出了渐近的资本储备，因此每一栏和最后一栏的差异代表了真实的分散化调整值。即使在只有200个同质债务人的投资组合中，分散化调整值在绝对意义上也很小（小于60个基点）。但是，这个调整值对于投资级别债务人的渐近资本储备而言相对较大。对于200个A级别的同质投资组合，分散化调整值大致等于渐近的储备。

表 11－1　VAR 的收敛性

级别	$\overline{P}$	W	价值 n 下的 $VAR_q[L_n]$					
			200	500	1 000	2 000	5 000	∞
A	0.06	1.011	0.723	0.521	0.445	0.406	0.381	0.364
BBB	0.20	0.836	1.425	1.190	1.106	1.064	1.038	1.020
BB	1.25	0.602	5.217	4.947	4.856	4.810	4.783	4.764
B	6.25	0.415	17.881	17.584	17.485	17.435	17.405	17.385
CCC	17.50	0.295	37.663	37.335	37.226	37.172	37.139	37.117

注意：违约概率和 VAR 是通过百分比表示的，模拟假设 $q=0.995$，$\sigma=2$，$\lambda=0.5$ 和$\eta=0.25$。

图 11－1 显示了理论上的分散化调整值和三个同质投资组合的 $1/n$ 之间的关系。对于一个极端低质量（CCC 级别）的投资组合，这个预期的线性关系直到 $n=200$ 时都能维持。对于一个中等质量（BB 级别）的投资组合，

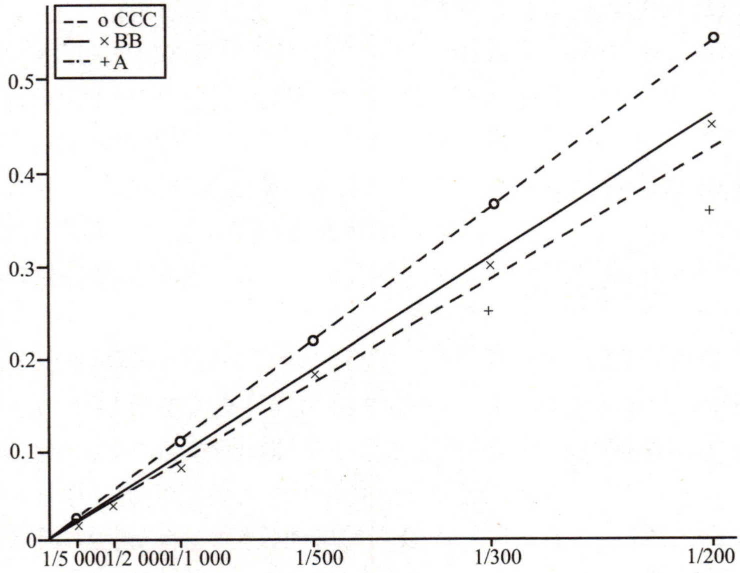

图 11－1　作为 $1/n$ 的线性函数的分散化增值

注意：在扩展的 CreditRisk$^+$ 模型中，真实的分散化增值是通过 3 个符号画出来的。这些符号代表了不同规模的同质投资组合，直线显示了这个模型相应的理论增值。

当 $n<500$ 时，图中存在可发觉的，但同时又可忽略的对于线性关系的偏离。对于一个高质量（A 级别）的投资组合，线性关系的偏离在 $n=1\,000$ 时可发觉，并且当 n 较小时较显著。因为对于凹方向上的线性偏离，一个针对渐近斜率 β 校准的分散化调整值可能会轻微过度调整较小的高质量投资组合的理论最优增加值。

在非同质投资组合中，为了决定一个较小规模的高质量投资组合的分散化调整值，难度会略有增加。Wilde（2001）的方法引入了异质性，等式（11.16）中 $V[U|x]$ 和 $\mu(x)$ 这两项分别变为了 $V[L_n|x]$ 和 $M_n(x)$。一个替代的两步法在实际中的表现好像也不错，并且这种方法更加适合于一个监管环境。这个两步法的第一步是通过匹配分布函数的矩条件，将实际投资组合映射于一个同质的可比较的投资组合。第二步是为可比较的投资组合决定增加值。相同的增值被应用于实际投资组合的资本储备中。

考虑一个具有 n 个异质贷款的投资组合在 B 分区中划分的例子。分区 b 中的每一个贷款都具有相同的违约概率 $\bar{p}_b$，因子负荷 w_b，预期违约损失率 λ_b 和违约损失率的波动率 η_b。暴露的规模 A_i 被允许在一个分区中不同的贷款之间变动。为了度量分区 b 的暴露聚集于一个小数目的贷款集合的程度，我们要求分区内的赫芬达尔（Herfindahl））指数为：

$$H_b \equiv \frac{\sum_{i\in b} A_i^2}{\left(\sum_{i\in b} A_i\right)^2}$$

赫芬达尔指数越高，分区内暴露的聚集程度越大，因此异质化风险的分散就越慢。这个匹配方法使用的是分区水平的投入和整个分区的暴露。在一个具有分区水平报告要求的监管环境中，这种数据结构可能特别方便。

这里的目标是要将可比的投资组合构造为一个具有 n^* 个相同规模，相同违约概率 $\bar{p}^*$，相同因子负荷 w^* 和违约损失率参数 λ^* 和 η^* 的投资组合。理论上，很多矩条件都可以用来做这个映射，但是最好是选用那些具有直觉解释的矩条件。补充资料 11－4 提供了一个基于 5 个矩条件的匹配程序：

- 暴露加权预期违约率。
- 预期投资组合损失率。
- 系统性风险对损失方差的贡献。
- 异质违约风险对损失方差的贡献。
- 异质清收风险对损失方差的贡献。

补充资料 11－4　　　　可比同质投资组合的构造

矩约束条件为把异质投资组合映射为一个同质的、具有 n^* 个相同大小、相同违约率 $\bar{p}^*$、相同因子负荷 w^* 以及相同 LGD 参数 λ^* 和 η^* 的贷款投资组合提供了方便的和直觉的方法。

令 s_b 表示分区 b 持有的整个投资组合的比例 $s_b = \dfrac{\sum_{i\in b} A_i}{\sum_i A_i}$

开始的两个约束使得暴露加权期望违约率等于期望投资组合损失率。

$$\bar{p}^* = \sum_{b=1}^{B} \bar{p}_b s_b \quad 并且 \quad \lambda * \bar{p} * = \sum_{b=1}^{B} \lambda_b \bar{p} b s_b \tag{4a}$$

因此，λ^* 是期望损失率除以期望违约率，即 $\lambda^* = \dfrac{\sum_{b=1}^{B} \lambda_b \bar{p}_b s_b}{\sum_{b=1}^{B} \bar{p}_b s_b}$ (4b)

剩下的矩约束使得不同来源的风险对于损失方差的贡献在实际的或可比的投资组合中是相等的。系统性风险的贡献（即 $V[E[[L|X]])$ 具有简单的形式：

$$V[E[L_n \mid X]] = \sigma^2 \left(\sum_{b=1}^{B} \lambda_b \bar{p}_b w_b s_b \right)^2, V[E[L^* \mid X]] = \sigma^2 (\lambda^* \bar{p}^* w^*)^2,$$

这意味着：

$$w^* = \frac{\sum_{b=1}^{B} \lambda_b \bar{p}_b w_b s_b}{\sum_{b=1}^{B} \lambda_b \bar{p}_b s_b}$$

注意，w^* 是 w_b 的一个简单的期望损失加权平均。

异质风险对于损失方差（即 $E[V[L_n|X]]$）的贡献是：

$$E[V[L_n \mid X]] = \sum_{b=1}^{B} (\lambda_b^2 (\bar{p}_b (1 - \bar{p}_b) - (\bar{p}_b w_b \sigma)^2) + \bar{p}_b \eta_b^2) H_b s_b^2$$

$$E[V[L^* \mid X]] = \frac{1}{n^*} (\lambda^{*2} (\bar{p}^* (1 - \bar{p}^*) - (\bar{p}^* w^* \sigma)^2) + \bar{p}^* \eta^{*2})$$

包含 $\lambda^2(\bar{p}(1-\bar{p}) - (\bar{p}w\sigma)^2)$ 的项表示了异质违约风险的贡献，包含 $\bar{p}\eta^2$ 的项表示了异质清收风险的贡献，通过独立地匹配这两个贡献，我们得到了识别问题所需的两个最终的条件，可比投资组合暴露的大小是：

$$n^* = \left(\sum_{b=1}^{B} \Lambda_b H_b {s_b}^2 \right)^{-1} \tag{4b}$$

其中：

补充资料 11－4(续)

$$\Lambda_b \equiv \frac{\lambda_b^2(\bar{p}_b(1-\bar{p}_b)-(\bar{p}_b w_b \sigma)^2)}{\sigma^{*2}(\bar{p}*(1-\bar{p}^*)-(\bar{p}^* w^* \sigma)^2}$$

最终,可比投资组合的 LGD 的方差是:

$$\eta^{*2} = \frac{\eta^*}{\bar{p}^*}\sum_{b=1}^{B}\eta_b^2\bar{p}_b H_b s_b^2 \tag{4e}$$

在这样的方法中,可比投资组合的每一个参数都由一个明确的线性方程给出,这个线性方程可以解释为异质投资组合特征的一个加权平均。更有意思的是,贷款数目 n^* 可以解释为加权暴露聚集的一个逆度量。最终,可比的同质投资组合的渐近斜率 β^* 由等式(11.19)给出。

这个映射方法需要的投资组合数据将会对被监管机构提出最小的额外报告负担。违约概率、预期违约损失率(ELGD)和总的分区暴露将需要由银行报告出来以计算渐近资本储备。因子负荷和违约损失率(LGD)的波动率可能是 $\bar{\rho}_b$ 和 λ_b 的函数,这实际上就是巴塞尔委员会建议的内部评级法(IRB)。这个方法惟一需要的新的输入变量是分区内部的赫芬达尔指数,这个指数可以很容易地从个体暴露规模中计算出来。

匹配低阶矩条件并不能保证可比投资组合的高阶条件将非常接近于原始异质投资组合的高阶矩条件,损失分布的尾部分位对于高阶矩条件十分敏感,因此这一方法的好坏需要在一个经验上合理的投资组合范围中得到确认。作为一个例子,我们构造了一个具有 600 个债务人的投资组合,这些债务人平等地分配给了 4 个分区。这些分区代表高投资级别、低投资级别、高投机级别和中到低投机级别。敏感性如同前文表 11－1 中那样校准。分区的预期违约损失率被分别设定为 0.3,0.2 ,0.6 和 0.5,并且违约损失率的波动率被设定为 $\eta_b = 0.5\sqrt{\lambda_b(1-\lambda_b)}$。表 11－2 展示了分区级别的参数。

表 11－2　典型投资组合的分区水平参数

	$\bar{p}$	w	λ	η
1	0.05	1.040	0.3	0.229
2	0.50	0.715	0.2	0.200
3	1.00	0.629	0.6	0.245
4	5.00	0.440	0.5	0.250

注意:违约概率是用百分比表示的。

债务 i 的暴露规模被设定为 i^4，也就是对于第一个暴露为 1 美元，对于第二个暴露为 16 美元，对于第三个暴露为 81 美元，以此类推。第一个暴露被分到了第 4 个分区，第二个暴露被分到了第 3 个分区，第三个暴露被分到了第 2 个分区，第四个暴露被分到第 1 个分区，第五个暴露被分到第 4 个分区，以此类推。将投资组合作为一个整体来看，我们发现暴露中最大的 10% 部分解释了大约 40% 的总体暴露，这与 Carey（2001）报告的对于债务聚集的经验拇指规则是相符合的。同时，投资组合暴露被近似地分为了投资级别和投机级别，这使得我们构造的这个投资组合非常像是一个大银行里的典型的商业贷款投资组合。

我们首先得到了可比同质投资组合的参数。可比投资组合拥有 218.7 个债务人，这低于原始投资组合的债务人数目的 40%。每一个债务人具有违约概率 PD = 1.64% 和因子负荷 $w^* = 0.487$。违约损失率（LGD）的期望值为 0.491，波动率为 0.274。通过构造，可比的投资组合在其期望的损失率 0.804% 上与原始的投资组合是匹配的。对于每一个投资组合损失的标准差是 0.918%。一旦可比的投资组合被确定下来以后，渐近斜率 β 在目标分位 q 上就可以被计算出来。最后，我们把原始的投资组合的在险价值（VAR_q）近似地模拟为它的渐近在险价值（VAR）加上 β_q^*/n^*。

基于 q 的三个尾部价值的结果在表 11－3 中给出来了。第 1 行给出了通过直接模拟原始的投资组合得到的在险价值的估计。第 2 行列出了由 $E[L_n|\alpha_q(X)]$ 给出的原始投资组合的渐近在险价值。第 3 行给出了利用等式（11.18）的累积分布函数得到的可比投资组合的在险价值。多样化调整在第 4 行中显示出来了。第 5 行是渐近在险价值和多样化调整的和，从而得到了我们的近似。第 5 行和第 1 行的差异由最后一行给出。

对于 q 的所有价值，这个程序表现得很好。忽略可比投资组合中的相对较少的债务人，由“$1/n$ 规则”的线性近似导致的错误是最小的。当 q = 99.5% 时，我们的近似在险价值超调了其目标约 2.2 个基准点。

我们想要强调的是，多样化调整的理论含义可以同样应用于按市值计价（MTM）模型。可比的同质投资组合参数的简单线性公式依赖于 CreditRisk⁺ 中假设的线性函数的形式。使用更加复杂的具体模型，如 KMV PortfolioManager 或 CreditMetrics，意味着使用更加复杂的映射公式，这些公式的输入变量不需要简化为分区水平的概括统计量（如赫芬达尔指数）。但是利用基于 CreditRisk⁺ 公式的粗糙规则，我们可以合理地期望得到具有可容忍准确性的结果。这里最重要的是，我们必须拥有异质投资组合中有效债务人的一个合理的准确度量。大多数银行的暴露规模分布中具有肥尾性质，并且我们因此必须得到一个人数小于投资组合中总人数的有效的 n^*。

表 11－3　VAR 的直接和近似估计

估计	目标分位 q		
	99.0	99.5	99.9
(1)真实的 VAR	4.577	5.522	7.872
(2)渐近 VAR	4.220	5.109	7.260
(3)可比投资组合的 VAR	4.570	5.535	7.872
(4)分散化增值	0.357	0.435	0.627
(5)近似的 VAR	4.578	5.544	7.886
(6)模拟误差	0.001	0.022	0.014

注意：所有的数字均是百分比，“真实”VAR 通过 300 000 个蒙特卡罗事件模拟。

替代风险度量的渐近特征

资本配置的信用风险模型在行业中的应用几乎一成不变地把在险价值的收敛性等同于合理性。但是，因为在险价值忽略了超过目标分位的损失，所以在险价值具有严重的理论和实践缺点。正如当前的风险度量文献中所强调的那样，在险价值不是次可加的。也就是说，如果 L_A 和 L_B 是银行投资组合 A 和 B 的损失，那么我们可能不会有 $\mathrm{VAR}_q[L_A+L_B]\leqslant \mathrm{VAR}_q[L_A]+VAR_q[L_B]$，这意味着银行 A 和银行 B 的合并可能会提高在险价值。次可加性是由 Artzner *et al*(1999)提出的为保证一致的风险度量的四个要求之一。

在投资组合不变性所需的假定下，$\mathrm{VAR}_q[L_A+L_B]=\mathrm{VAR}_q[L_A]+\mathrm{VAR}_q[L_B]$，因此次可加性在渐近分散的投资组合的合并中保留了下来。但是即使在这种情形下，在险价值也可以通过分割投资组合而被操纵。例如，在损失的精算定义中，一项由单一的违约概率低于 $1-q$ 的贷款组成的投资组合的在险价值 $\mathrm{VAR}_q=0$，但是相同的贷款对于渐近分散投资组合的在险价值具有正的贡献（假设 U 对 X 有正的依赖性）。把这个贷款从较大的投资组合中分离出来并不能改变剩余贷款的在险价值贡献，因此在险价值会明确地减少。

另一个问题是，损失分布的均值保留价差会减少在险价值。这导致了投资组合内部相关性和在险价值之间违反直觉的非单调的关系。相关性会随着敏感性而提高，并且当敏感性从低上升到中等时，在险价值也会如此变动。但是当敏感性被推向越来越高的水平时，损失分布会逐渐变得具有长尾性。然后，在险价值会向着中位值方向缩减，尽管此时灾难性损失概率上升了。在完美的单调损失的极限情形下，违约率要么是0（概率为 $1-\bar{p}$），要么是1（概率为 $\bar{p}$）。如果 $\bar{p}<1-q$，那么 $\mathrm{VAR}_q=0$。

作为在险价值的一个替代方法，Acerbi and Tasche（2002）建议使用推广的条件损失（ES）。这个条件损失（ES）由下式定义：

$$\mathrm{ES}_q[Y]=(1-q)^{-1}(E[Y\cdot 1_{\{Y\geqslant\alpha_q(Y)\}}]+\alpha_q(Y)(q-Pr(Y<\alpha_q(Y)))). \tag{11.20}$$

第一项通常被用作连续变量条件损失的定义。它也被称为是尾部条件期望。第二项是对于在Y的第 q 个分位的一个矫正。在这个定义下，Acerbi and Tasche（2002）证明了条件损失是一个一致的度量，并且它等价于Rockafellar and Uryasev（2002）提出的CVAR。

条件损失具有作为合理标准的一些重要优点。根据Acerbi and Tasche（2002，引理3.3）的理论，条件损失在 q 上是连续的和单调的，因此资本规则的小幅紧缩会导致资本需求的小幅上涨。条件损失对于损失分布的任何均值保持价差是非递减的，因此随着敏感性的上升，条件损失不会下降。

在补充资料11-5中，我们证明了命题6。

命题6。如果假定（$\mathcal{A}-1$）到（$\mathcal{A}-5$）成立，那么 $[\mathrm{ES}_q[L_n]-\mathrm{ES}_q[M_n(X)]|\to 0$

在基于在险价值的资本储备的相同条件下，我们可以立即应用命题6得到基于 $\mathrm{ES}_q[M_n(X)]$ 的资本储备是投资组合不变的。渐近条件损失ES，$\mathrm{ES}_q[M_n(X)]$ 可以被分解为 $(\sum_i c_iA_i)/(\sum_i A_i)$，其中暴露 i 的每美元资本储备是 $c_i=E[U_i|X\geqslant\alpha_q|(X)]$。注意 c_i 只依赖于 U_i 对 X 的依赖，因而 c_i 是投资组合不变的。在许多具体模型中，c_i 有一个解析的解。因此按照条件损失的合理标准来校准以评级为基础的资本储备时，我们不存在操作上的困难。

补充资料 11－5　命题 6 的证明

ES 是损失分布的尾部期望损失，它对于位于 VAR 边界上的点来说是一个正确的项，在 $ES_q[L_n]$ 和 $ES_q[M_n(X)]$ 中，后面那一项会渐近消失，对于 $n>n_0$，变量 $M_n(X)$ 在 $M_n(\alpha_q(X))$ 的邻域里是连续的，根据命题 4，$\alpha_q(M_n(X))=M_m(\alpha_a(X))$，这意味着 $Pr(Mn(X)<M_n(\alpha_q(X)))=q$。根据切比雪夫不等式和假设($\mathcal{A}-1$)，我们有：

$$M_n(\alpha_q(X))^2 \leqslant \frac{E[M_n(X)^2]}{Pr(M_n(X)) > M_n(\alpha_q(X)))} \leqslant \frac{E[\lambda(X)]}{1-q} < \infty$$

因此序列 $\{M_n(\alpha_q(X))\}$ 是有界的，因此：

$$\alpha_q(M_n(X))(q-\Pr(M_n(X) < \alpha_q(M_n(X)))) = 0 \quad \forall_n > n_0$$

尽管 L_n 不需要是连续的，与命题 5 的证明中相似的证据可以证明 $Pr(L_n \geqslant \alpha_q(L_n)) \to 1-q$

命题 5 也给出了 $|\alpha_q(L_n)-M_n(\alpha_q(X))| \to 0$，因此 $\alpha_q(L_N)$ 是渐近有界的。

$$\lim_{n\to\infty} |\alpha_n(L_n)(q-\mathrm{pr}(L_n < \alpha_q(L_n)))| = 0$$

为了完成证明，我们需要证明：

$$|E[L_n \cdot 1_{\{L_n \geqslant \alpha_q(L_n)\}}] - E[M_n(X) \cdot 1_{\{M_n(X) \geqslant \alpha_q(M_n(X))\}}]| \to 0 \qquad (5a)$$

令 $Y_n \equiv (L_n-\alpha_q(L_n))$ 和 $\hat{Y}_n \equiv (M_n(X)-M_n(\alpha_q(X)))$，方程(5a)中的项可以被重新写为：

$$\begin{aligned} E[M_n(X) \cdot 1_{\{M_n(X) \geqslant \alpha_q(M_n(X))\}}] &= E[M_n(X) - M_n(\alpha_q(X))) \cdot 1_{\{M_n(X)-M_a(\alpha_q(X)) \geqslant 0\}}] \\ &\quad + M_n(\alpha_q(X))E[1_{\{M_n(X) \geqslant M_n(\alpha_q(X))\}}] \\ &= E[\max\{\hat{Y}_n.0\}] + M_n(\alpha_q(X))\mathrm{pr}(M_n(X) \geqslant M_n(\alpha_q(X))) \end{aligned}$$

并且类似地：

$$E[L_n \cdot 1_{\{L_n \geqslant \alpha_q(L_n)\}}] = E[\max\{Y_n, 0\}] + \alpha_q(L_n)\Pr(L_n \geqslant \alpha_q(L_n))$$

因为 $|\alpha_q(L_n)-M_n(\alpha_q(X))| \to 0$ 并且

$$\lim_{n\to\infty}\Pr(L_n \geqslant \alpha_n(L_n)) = \lim_{n\to\infty}\Pr(M_n(X) \geqslant M_n(\alpha_q(X))) = 1-q$$

我们有：

$$|\alpha_q(L_n)\Pr(L_n \geqslant \alpha_q(L_n)) - M_n(\alpha_q(X))\Pr(M_n(X) \geqslant M_n(\alpha_q(X)))| \to 0$$

对所有 $y,\hat{y} \in \mathcal{Y}$，$|\max(y,0)-\max(y,0)| \leqslant |y-\hat{y}|$，因此：

$$|E[\max\{Y_n, 0\} - E[\max\{\hat{Y}_n, 0\}]|$$

$$\leqslant E[|Y_n - \hat{Y}_n|] \leqslant E[|L_n - M_n(X)|] + |\alpha_q(L_n) - M_n(\alpha_q(X))|$$

因为每一项都收敛于 0，所以方程(5a)得到了证明。

在险价值的另一个替代方法是 EEL。对于一个随机变量 Y 和一个目标损失率 $\theta>0$。ELL 被定义为：

$$EEL_\theta[Y] \equiv \inf\{y:E[(Y-y)^+] \leqslant \theta\} \tag{11.21}$$

其中 Y^+ 表示 $\mathrm{Max}(Y,0)$。在 EEL 的框架中，一个机构持有了资本（加上储备），因此资产过度部分的期望信用损失低于或等于目标损失率。也就是说，要求的资本是由总暴露的每美元 $\mathrm{EEL}_\theta[L_n]$ 给出的。

EEL 对于损失分布的尾部是敏感的，因此它也拥有条件损失的许多优点。更重要的是，目标率代表了由存款保险机构（例如美国的 FDIC）得出的预期损失，因此基于 EEL 的资本有一个自然的政策解释。但是，不像预期损失，EEL 不能与投资组合不变的资本储备相协调。对于这个问题的一些直觉可以通过根据系统性风险因子的损失给出的同质投资组合的渐近 EEL 得出。假设我们拥有两种类型的贷款，分别表示为"a"和"b"。令 $\mu_a(x)$ 表示条件于 $X=x$，分区 a 的期望损失。通过与定理 6 非常类似的推理，我们可以证明：

$$E[(L_a-y)^+] \rightarrow E[(\mu_a(X)-y)^+]$$

上式对于任何 y 都成立。因此渐近 EEL 资本储备 c_a 被设定下来，已使得 $E[(\mu_a(X)-c_a)^+]$ 等于意愿的目标。对于分区 b，相同分析也给出了 c_b。

现在假设我们有一个来自贷款 a 和 b 的相同数目的混合投资组合。为简化起见，这些贷款的暴露被相等化了。混合投资组合的渐近 EEL 资本由 $\mathrm{EEL}_\theta[\mu_m(X)]$ 给出。通过构造混合资产，我们有：$\mu_m(X)=(\mu_a(X)+\mu_b(X))/2$。如果渐近 EEL 是投资组合不变量，那么 $c_m \equiv (c_n+c_b)/2$ 将满足：

$$\theta = E[(\mu_m(X)-c_m)^+] \tag{11.22}$$

现在引入如下的三角不等式：

引理 5。如果 Y_1 和 Y_2 是同一个概率空间的可积随机变量，那么：

$$E[(Y_1+Y_2)^+] \leqslant E[Y_1^+] + E[Y_2^+]$$

如果 $\Pr(Y_1<0<Y_2) \vee (Y_2<0<Y_1))>0$，那么上面的不等式是严格的。

证明在补充资料 11－6 中给出。

将引理 5 的条件应用于 $Y_i \equiv (\mu_j(X)-c_j)/2$，我们就可以得到：

$$E[(\mu_m(X)-c_m)^+] \leqslant E[((\mu_a(X)-c_a)/2)^+] + E[((\mu_b(X)-c_b)/2)^+] = \theta \tag{11.23}$$

补充资料 11－6　　引理 5 的证明

令$(\Omega,\mathscr{F},p)$是 Y_1 和 Y_2 的概率空间，将 Ω 划分为两个区域

$$B_1 = \{\omega:0 \leqslant \min(Y_1(\omega),Y_2(\omega)) \vee \max(Y_1(\omega),Y_2(\omega)) \leqslant\}$$

$$B_2 = \{\omega:(Y_2(\omega) < 0 < Y_2(\omega)) \vee (Y_2(\omega) < 0 < Y_1(\omega))\}$$

注意到 $B_1 \cup B_2 = \Omega$ 和 $B_1 \cap B_2 = \varnothing$，如果 Y 是(Ω,F,p)上的一个可积随机变量，我们就可以写出：

$$E[Y^+] = \int_{\Omega}\max(Y(\omega),0)P(\mathrm{d}\omega)$$

$$= \int_{B_1}\max(Y(\omega),0)P(\mathrm{d}\omega) + \int_{B_2}\max(Y(\omega),0)P(\mathrm{d}\omega)$$

集合 B 包含了所有使 Y_1 和 Y_2 要么同时正，要么同时为负的元素，在这些条件下 $\max(Y_1(\omega)+Y_2(\omega),0)$ 等于 $\max(Y_1(\omega),0)+\max(Y_2(\omega),0)$

$$\int_{B_1}\max(Y_1(\omega) + Y_2(\omega),0)P(\mathrm{d}\omega)$$

$$= \int_{B_1}\max(Y_1(\omega),0)P(\mathrm{d}\omega) + \int_{B_1}\max(Y_2(\omega),0)P(\mathrm{d}\omega) \tag{6a}$$

集合 B_2 包含了所有使 Y_1 和 Y_2 取不同符号的 ω，因此：

$$\int_{B_2}\max(Y_1(\omega) + Y_2(\omega),0)P(\mathrm{d}\omega)$$

$$\leqslant \int_{B_2}\max(Y_1(\omega),0)P(\mathrm{d}\omega) + \int_{B_2}\max(Y_2(\omega),0)P(\mathrm{d}\omega) \tag{6b}$$

将等式(6a)和(6b)左边和右边相加，我们得到：

$$E[(Y_1 + Y_2)^+] \leqslant E[Y_1{}^+] + E[Y_2{}^+] \tag{6c}$$

如果 $P(B_2) > 0$，那么方程(6b)中的不等式就是严格的，并且因此我们有(6c)中不等式也是严格的。

通常，X 在 $\mu_a(x) = c_a$ 的最低水平的实现值并不等于投资组合 B 的相应最低水平，因此对于 x 值的某个区间，我们将有 $\mu_a(x) - c_a < 0 < \mu_b(x) - c_b$ 或 $\mu_a(x) - c_a > 0 > \mu_b(x) - c_b$。因此，(11.23)中的不等式在大多数情形中都是严格的，这意味着 c_m 对于渐近混合投资组合的资本要求过于严格了。

为了给混合投资组合的资本需求超调了多少提供一个粗略的估计，我们将 EEL 应用于 CrditRisk$^+$ 的渐近单一系统性风险因子的情形中。在补充资料 11－7 中，我们证明了渐近 EEL 在这个模型中具有相对简单的形式。

表 11 -4 给出了不同信用评级的同质渐近投资组合的基于 EEL 和 VAR 的资本要求。每一个评级和 X 的波动率的参数来自于表 11 - 1。表 11 -4 的 EEL 栏和 VAR 栏分别报告了对于一个 $\theta = 0.00002$ 的 EEL 目标和 q = 95.5% 的以 VAR 为目标的资本储备要求。我们选择 θ 的价值以使得位于投资评级和投机评级边界（即在评级 BBB 和 BB 之间）的债务人在两个标准下的资本要求相等。在这个例子中，对于更高（更低）评级所要求的资本储备，EEL 标准产生的结果低于（高于）VAR 产生的结果。

补充资料 11 -7　　CrditRisk⁺ 中的渐近 EEL

我们在 CrditRisk⁺ 单一系统性风险因子框架下推导同质投资组合的渐近 EEL。令 $\bar{p}$ 表示违约概率，λ 表示 LGD，w 表示因子负荷，σ 表示系统性因子 X 的波动性。CreditRisk⁺ 中条件期望损失的具体形式由等式（11.17）给出。随着 $n \to \infty$，L_n 收敛于 $\mu(X)$，因此渐近 EEL 等于解下式得出的 c。

$$\theta = E[(\mu(X) - c)^+] = \int_{\mu^{-1}(c)}^{\infty} (\mu(x) - c)h(x)dx \tag{7a}$$

其中 $h(\cdot)$ 是 Gamma 密度函数，均值为 1，方差为 σ^2，利用 Abramowitz and Stegun（1968，6，5.1，6.5.21）的结果来解这个积分，我们得到：

$$\theta = (\mathrm{EL} - c)(1 - H(\mu^{-1}(c))) + \frac{\mathrm{EL} \cdot w}{\Gamma(1 + 1/\sigma^2)}(\mu^{-1}(c)/\sigma^2)^{1/\sigma^2}\exp\left(\frac{-\mu^{-1}(c)}{\sigma^2}\right) \tag{7b}$$

其中 $H(\cdot)$ 是 Gamma 分布函数，EL 是预期损失（$\overline{\lambda p}$），并且

$$\mu^{-1}(c) = \frac{c - (1 - w) \cdot \mathrm{EL}}{w \cdot \mathrm{EL}}$$

Gamma 分布在几乎所有的数学软件中都可以找到。解决非线性方程的标准方法可以很快找到包含 EEL 目标 θ 的资本比率 c。在 $\sigma = 1$ 的特殊情形下，Gamma 分布退化为指数分布，而方程（7b）简化为：

$$\theta = w \cdot \mathrm{EL} \cdot \exp(1 - \mu^{-1}(c))$$

这得到了闭合形式的解：

$$\mathrm{EEL}_\theta[L_\infty] = c = \mathrm{EL} - w \cdot \mathrm{EL} \cdot (1 + \ln(\theta) - \ln(w \cdot \mathrm{EL}))$$

表 11 -4　　渐近 EEL 和 VAR 资本储备

	EEL	VAR
AA	0.050	0..135
A	0.131	0.248
BBB	0.571	0.709

续表

	EEL	VAR
BB	4.135	3.397
B	19.352	12.657
CCC	45.550	27.390

注意:资本以百分数表示。

我们下一步将构造一个混合的投资组合。在每一种情形下,我们构造一个具有相同贷款规模的渐近投资组合,这个投资组合的一半位于一个分区中,另外一半位于另一个分区中。我们可以很直观地证明对于一个混合投资组合的条件预期损失是:

$$\mu_m(x) = \frac{1}{2}\mu_2(x) + \frac{1}{2}\mu_b(x) = \lambda\bar{p}_m(1 + w_m(x - 1)) \quad (11.24)$$

其中 $\bar{p}_m = (\bar{p}_a + \bar{p}_b)/2, w_m = (\bar{p}_a w_a + \bar{p}_b w_b)/(2\bar{p}_m)$。$\mu_m(x)$具有同质投资组合中相同的形式,因此补充资料 11－7 中的工具可以不加修改地得到应用。四个不同的混合投资组合在表 11－5 中给出。第 3 列给出了混合投资组合的 EEL,而第 4 列给出了对于两个分区同质的投资组合的平均 EEL。最后一列给出了作为第 3 列一个百分比的误差。正如我们期望的那样,当这两个分区非常接近的时候,同质投资组合的资本储备的平均值只超调了正确的混合投资组合资本储备的一个较小的数目(尽管不是可以忽略不计的)。对于评级 A 和 AA 的混合,我们超调的水平低于 3%;对于评级 BB 和 BBB 的混合,我们超调了大约 6.5%。如果距离远的分区被混合的话,超调会变得更大(对于表中的那两个例子,超调超过了 16%)。

表 11－5　混合投资组合的渐近 EEL

分区 a	分区 b	c_m	$(c_a + c_b)/2$	误差(%)
AA	A	0.088	0.090	+2.7
A	B	8.378	9.741	+16.3
BBB	BB	2.210	2.353	+6.5
AA	CCC	19.658	22.800	+16.0

注意:资本变化通过百分比来表示。

小　结

本章提供了渐进单一风险要素框架的基本元素，这个框架已经成为了巴塞尔新协议的内部评级法（IRB）的基础。投资组合在险价值（VAR）的一般解析形式的渐进表示和在险价值（VAR）对于个体暴露的资本配置在渐进单一风险要素的框架下推导出来了。根据这一配置，暴露水平的资本只依赖于暴露的特征而不依赖于暴露的构成。渐进单一风险要素框架的这一个特征给出了基于评级的资本配置，并且也为巴塞尔新协议中的 IRB 方法奠定了基础。此外，这一章还讨论了对于未分散的异质风险的资本调整，这个调整一般被称为分散化调整。

第 12 章
投资组合子项目的经济资本配置

从经济的观点来看，银行投资组合风险产生的潜在损失需要有相应数目的资本来吸收，从而为这些风险保险。这个资本通常称作经济资本。它主要代表了公司股票资本的价值，并且包含了银行持有的涵盖所有损失的资本储备。Matten(1996，第 9 页)将资本的作用描述为针对未来未识别的，甚至相对而言不可能发生的损失的缓冲器，从而使银行能够在相应的能力上运营。

在一个竞争不断加剧、回报不断递减的环境下，银行需要确保有效地使用它们的资本。风险管理的关键目标是确保经济资本被有效地投资于产生最高风险调整业绩的业务线中。作为一个基本的竞争要素，风险管理者需要识别有效投资组合的风险回报，并将它们分解成即将进行的运营业务管理的关键部分。

监管环境的最新发展强化了以合理的方式配置经济资本的重要性。在应用或者想要应用巴塞尔新协议框架提供的基于内部评级方法的金融机构的管理者看来，监管者将会特别检查金融机构是否建立了处理经济资本的充分程序。

子投资组合或业务线的风险和回报贡献为银行投资组合整合的风险回报管理提供了一个基本的管理信息。一方面，单一资产或子投资组合的回报贡献能够很容易地通过直接加到投资组合水平目标回报上的期望边际回报来决定。另一方面，决定整个投资组合中的单一资产或子投资组合的风险贡献似乎是一个更加复杂的问题。为了得到风险调整的风险贡献，投资组合效应和分散化收益必须充分加以考虑。由于投资组合中任何风险贡献都需要有相应数目的经济资本来保险，度量风险贡献的问题可以被认为是等价于配置经济资本的问题。

为了提出一个计算风险贡献的合适方法，一些综合性工作已经展开。

但是从实际的观点来看，资本配置的问题，也就是单一资产对整个投资组合的风险贡献的问题，和这个信息如何在银行的风险回报管理中使用的问题，并不能认为已经完全解决了。为了使用由进行中的业务所提供的合理配置资本的信息，我们需要使用这些适合的模型。这里的主要问题是：在有效的经济资本配置的基础上，如何对充分有限的系统、风险调整价格和风险调整业绩度量做定义。在这一章中，我们将讨论如何以一种与投资组合最优化相协调的方式来实行资本配置。我们给出了资本配置理论概念上的主要发现，这些发现证明，适合于业绩评估的风险贡献的定义只有一种。业绩度量名义上是资产权重方向上潜在风险度量的一个导数。我们还将回顾一些风险贡献，即资本配置如何计算的例子。

本章的结构如下：在背景和模型这一节中给出了一个投资组合模型以后，我们会在风险度量的例子这一节中讨论几个风险度量的例子，风险贡献和可微风险度量这一节包含了上面提到过的业绩度量合适性的结果，风险贡献的例子这一节给出了微分方面的例子，最后一节总结了本章的主要结论。

在下文中，我们将使用如下的定义。对于一个正整数 d，集合 N_d 被定义为：$\mathrm{N}_d \overset{\text{def}}{=} \{1,\cdots,d\}$。对于一个向量：$x \in \mathbb{R}^d$，$x_i$ 是该向量的第 i 个元素。对于 x、$y \in \mathbb{R}^{\mathrm{d}}$，我们用 $x'y \overset{\text{def}}{=} \sum_{i=1}^{d} x_i y_i$ 来表示 x、y 欧式内积。对于 $i \in N_d$，向量 $e^{(i)} \in \mathbb{R}^d$ 表示第 i 个经典单位向量：

$$\mathrm{e}_j^{(i)} = \begin{cases} 1, \text{if } i = j \\ 0, \text{if } i \neq j \end{cases}$$

问题的背景和经济资本模型

我们将讨论一个包含了资产 $1,\cdots,d \geqslant 2$ 的投资组合产生的现金流的模型。我们使用资产这个词来表示“资产或债务”或者这二者之差。因此，一项资产的现金流可能是正的，也可能是负的。

这种资产的例子包括由银行授权的贷款，通过存款重新融资的贷款和银行为了降低风险而撤出资金的违约贷款信用衍生品。对于第一个资产，期望的现金流应该是正的，尽管对于第二个资产而言，它可能是负的。

我们在数学上通过资产的期望利润/损失边际 m_i 和现金流对该边际的偏离来描述资产 i 的现金流 C_i。这意味着：

$$C_i = m_i - X_i \tag{12.1}$$

其中 X_i 是一个可积的随机变量，满足 $E[X_i]=0$。我们将 X_i 称为由资产 i 引起的波动。来自于投资的现金流现在是：

$$C(u) = \sum_{i=1}^{d} u_i C_i = \sum_{i=1}^{d} m_i u_i - \sum_{i=1}^{d} u_i X_i \tag{12.2}$$

对于包含 u_i 单位资产的投资组合，随机变量

$$Z(u) = \sum_{i=1}^{d} u_i X_i \tag{12.3}$$

是投资组合（现金流）的波动。

在负现金流的情形中，除非投资者为了防止资不抵债而为资产配置资本，否则它将会破产。由于这个原因而配置的资本数目称为经济资本。这就是权益对投资贡献的方式。投资的资产期望收益应通过期望现金流和经济资本的比率，作为一个 RORAC 来计算。这证明经济资本对于投资的业绩是重要的。如果经济资本低，那么即使投资组合的期望业绩很好，银行资不抵债的可能性也可能较高。如果经济资本较高，那么投资者的债务人会高兴，但投资的业绩可能十分糟糕。

因此，对于经济资本的定义存在如此多的建议就并不奇怪了。每一个建议都有它的优缺点。

我们将区分一项投资组合的风险和该投资组合的经济资本。正如等式(12.3)定义的那样，风险是对投资组合波动的度量，而经济资本依赖于投资组合波动和利润/损失边际。换句话说，尽管风险将会告诉我们投资组合的现金流对于其期望值的偏离，但是经济资本还会考虑期望值本身。

我们不需要一个对风险概念的一般定义。一项投资组合由一个向量 $u=(u_1,\cdots,u_d)\in U\subset\mathbb{R}^d$ 给出。u_i 可以解释为权重或资产比率。一个风险度量就是一个简单的函数 r: u→ℝ，并且是投资组合 u 的风险。我们不需要在函数 $r(u)$ 上强加任何特殊的性质以使之成为一个风险的度量，但是我们一般假定风险度量是一个可微的函数。同时，当检查哪一个风险度量在实践中被应用于投资组合时，一个很好的建议是考虑 Artzner *et al*(1999)讨论的一些或所有特点。

我们也需要正式地定义一个投资组合的经济资本。下面的例 2 将证明选择 $r(u)-\sum_{i=1}^{d} u_i m_i$ 作为经济资本是合理的，因为在这样一个风险度量

下，现金流低于经济资本这一度量的相反数的概率将会较低。

风险度量的例子

通过一个单一的函数映射一个投资组合集合的风险并不是一个简单的任务。我们需要知道投资组合的一些信息。这样的信息包括基于人们专业知识或者建立在历史数据上的投资组合现金流的统计模型。我们将重点放在从实践角度出发的风险度量的如下三个例子，这三个例子都需要现金流的统计模型。注意从技术的角度讲，这些例子中的假定不是必要的。但是在经济学的框架下这些假定都是合理的。

例 1（标准差）

假设$(X_1,\cdots,X_d)$是一个随机向量(X_i)，对于每一个$i\in N_d$并且满足$\mathrm{var}(X_i)<\infty$，固定$c>0$。

$Z(u)$的定义如等式（12.3）所示：

$$r(u)\stackrel{\mathrm{def}}{=}c\sqrt{\mathrm{var}Z(u))},u\in\mathbb{R}^d \qquad (12.4)$$

上式定义了一个实践中非常流行的标准差风险度量。常数c通常被选择为标准正态分布的95%或99%分位，即c分别为$c=\lambda$和$c=2.33$

例 2（在险价值）

令$(X_1,\cdots,X_d)$是$\mathbb{R}^d$中任意的随机向量。固定$\alpha\in(0,1)$并且定义：

$$Q_\alpha(u)\stackrel{\mathrm{def}}{=}\inf\{z\in\mathbb{R}:P[Z(u)\leqslant z]\geqslant\alpha\},u\in\mathbb{R}^d \qquad (12.5)$$

投资组合波动$Z(u)$的α分位由等式（12.3）定义。那么：

$$r(u)\stackrel{\mathrm{def}}{=}Q_\alpha(u),u\in\mathbb{R}^d \qquad (12.6)$$

上式定义了风险度量的 VAR。

在文献中，对于 VAR 的定义是应使用“纯的”分位还是减掉某个基准后的分位这个问题没有统一的答案。在下面的定义 2 中，对于任意风险度量，在定义回报概念时，我们将使用期望损失或利润作为基准。这么做的原因是基于如下事实：

$$P[C(u)<m'u-Q_\alpha(u)]\leqslant 1-\alpha$$

其中$C(u)$是等式（12.2）中的投资组合现金流。因此，$Q_\alpha(u)-m'u$刚好是银行在α或更大的概率上为了防止出现资不抵债而配置的资本数量。

通常，α 是针对于机构的意愿评级而相应选择的。

例 3（条件损失）

固定 $\alpha \in (0,1)$。假设$(X_1, \cdots, X_d)$是一个随机向量，并且对于每一个 $i \in N_d$ 满足：$E[|X_i|] < \infty$。

注意，对于所有的 $U \in R^d$，我们有类似等式(12.5)中定义的 $Q_\alpha(u)$：

$$P[Z(u) \geqslant Q_\alpha(u)] \geqslant 1 - \alpha \tag{12.7}$$

因此风险度量：

$$r(u) \overset{\text{def}}{=} E[Z(u) \mid Z(u) \geqslant Q_\alpha(u)], u \in \mathbb{R}^d \tag{12.8}$$

得到了很好的定义，它对应于文献中有名的损失风险度量(Schroder，1996)。

Acerbi and Tasche(2002)以及 Rockafellar and Uryasev(2002)讨论了对于与等式(12.8)中的定义相差不大的损失度量(条件损失或条件在险价值 CVAR)的一个一致的修改。为了更加灵活地表达投资者的风险规避程度，非线性风险度量被作为一个更加一致的对条件损失(ES)的推广而被引入到行业中。Tasche(2002，评论 3.8))给出了非线性风险度量的一个例子，非线性风险度量在保证一个固定的偿付能力概率的条件下考虑到了高阶效应。Fischer(2003)描述了推广的准偏离概念的一致风险度量。

马可维茨投资组合理论着重研究了标准差风险度量具有的良好的可微性质。在风险贡献的例子这一节中，我们将会看到 VAR 和 ES 在一个非常一般的框架下也是可微的。

从一般的数学分析来看，当我们研究一个或更多自变量的价值变化的影响时，函数的导数很明显起着重要作用。对于同质风险度量类别而言，这个联系正如下一节所证明(依据著名的欧拉定理)的那样是紧密的。我们需要一个更加一般的对于同质的定义。

定义 1

(i)如果对于每一个 $u \subset U$ 和 $t > 0$，我们有 $tu \in U$，那么集合 $U \in \cdot \mathbb{R}^d$ 就是同质的。

(ii)令 τ 是一个固定的实数。一个函数 $r: U \to \mathbb{R}$ 是 τ 同质的，如果 U 是同质的，并且对于每一个 $u \in U$ 和 $t > 0$，我们有：$t^\tau r(u) = r(tu)$。

命题 1 告诉我们等式(12.9)中可微的 τ 同质函数可以一个经典的方式作为它们导数的加权平均和。

命题 1

令$\varnothing \neq U$是一个$\mathbb{R}^d$中同质开集；$r: U \to \mathbb{R}_i$是一个实值函数。令$\tau \in \mathbb{R}$固定。

(a)如果r是τ同质并且对于某$-i \in N_d$在u_i上是可偏微的，那么导数$\partial r / \partial u_i$是$(\tau - 1)$同质的。

(b)如果r是完全可微的，那么它是τ同质的当且仅当对于所有的$u \in U$：

$$\tau r(t) = \sum_{i=1}^{d} u_i \frac{\partial r}{\partial u_i}(u) \tag{12.9}$$

(c)假设$d \geqslant 2$。令r是一个τ同质的，连续的并且对于$i = 2, \cdots, d$在u_i上可偏微的具有连续导数的函数。那么在集合$U \backslash (\{0\} \times \mathbb{R}^{d-1})$上，函数$r$也是可偏微的，并且是满足等式(12.9)的一个连续的可微函数。

风险贡献和可微风险度量

等式(12.9)是吸引人的，因为它给出了一个将投资组合转化为单一资产而同时保留它们的权重的一个自然的方法。我们有很充分的理由来进行这样的一个转化，其中的一些理由可见 Litterman(1996)和 Zoller(1996)。最重要的理由也许是风险调整业绩评估。在这一节中，我们将证明资产风险贡献的谨慎分配在优化通过预期现金流和经济资本的比率度量的业绩时是有用的。相反，一个不经思考的配置可能会导致对于投资组合管理有误导作用的信号。

由于我们已经有了风险和经济资本的概念，所以我们不需要对风险贡献作任何正式的定义。寻找有意义的风险度量的问题对应于决定从哪一个向量场$a = a(a_1, \cdots, a_n)$： $U \to \mathbb{R}^d$出发可以推断得到风险度量的某一函数$r: U \to \mathbb{R}$最多信息的问题。在一个可微的框架下，答案似乎是明显的：从r的梯度出发。

但是，对于这个问题，更加详细的检查具有指导意义。我们将从定义一个相应被视为一般函数的风险度量回报函数开始我们的讨论。定义 2 意义上的回报函数是有名的风险调整资本的风险调整回报 RARORAC 或者夏普比率。

定义2

令$\varnothing \neq U$是一个$\mathbb{R}^d$中的集合，并且$r:U \to \mathbb{R}$是U上的某一函数。固定任意的$m \in \mathbb{R}^d$。

那么，由下式定义的函数$g = g_{r,m}:\{u \in U: r(u) \neq m'u\} \to \mathbb{R}$：

$$g(u) \overset{\text{def}}{=} \frac{m'u}{r(u) - m'u} \tag{12.10}$$

被称为r的回报函数。

由于我们把经济资本视为补偿未来非预期损失的储备，在计算投资组合的回报时，它应用某一因子来贴现。这个因子应取决于考虑的时间区间的长度和无风险利率。我们不关心这个因子本身，因为我们对于绝对的业绩不感兴趣，我们关注的是相对于其他投资组合或资产的业绩。

如果投资组合$u^{(i)}, i=1,2$的经济资本$r(u^{(i)}) - m'u^{(i)}$是正的，那么很明显，$u^{(1)}$的表现要好于$u^{(2)}$当且仅当$g(u^{(1)}) > g(u^{(2)})$。但是我们也允许经济资本取负值。当考虑那些被银行持有以降低经济资本的具有担保或衍生品的投资组合时，这是合理的。

注意，等式(12.10)中的分子分母符号相反的情形是不现实的。一方面，正的分子和负的分母意味着有人给我们提供了担保，并且这个人甚至为了能够这样做而支付了费用。另一方面，负的分子和正的分母的情形意味着我们为了能够承担其他人的风险而如此仁慈地愿意支付给他们费用。

一个更有趣的情形是等式(12.10)中的分子分母都为负。在这个情形下，$g(u)$描绘了一个交易对手的利润，并且从投资者的角度来说，这个函数值应该尽可能地小。

在解释下面定义的意义时，请读者记住等式(12.10)中的符号的意义，它给出了风险贡献应为数学公式中的投资组合管理给出正确的信号这一原理。

定义3

令$\varnothing \neq U$为$\mathbb{R}^d$中的一个集合，并且$r:U \to \mathbb{R}$是U上的某个函数。

一个向量场$a = (a_1, \cdots, a_d): U \to \mathbb{R}^d$被称为对于具有$r$的业绩度量是合适的，如果它满足如下的两个条件：

(i)对于所有的$m \in \mathbb{R}^d, u \in U, r(u) \neq m'u$成立且$i \in N_d$，下面的不等式也成立：

$$m_i r(u) > a_i(u) m'u \tag{12.11}$$

这意味着存在一个$\epsilon > 0$，对于所有的$t \in (0, \epsilon)$，我们有：

$$g_{r,m}(-te^{(i)}+u) < g_{r,m}(u) < g_{r,m}(te^{(i)}+u) \quad (12.12)$$

(ii)对于所有的 $m\in\mathbb{R}^d, u\in U, r(u)\neq m'u, i\in N_d$ 下面的不等式成立：

$$m_i r(u) < a_i(u)m'u \quad (12.13)$$

这意味着存在一个 $\epsilon>0$，对于所有的 $t\in(0,\epsilon)$，我们有：

$$g_{r,m}(-te^{(i)}+u) > g_{rlm}(u) > g_{r,m}(te^{(i)}+u) \quad (12.14)$$

评论 1

(i)数量 $a_i(u), i\in N_d$，可以被认为是资产 i 的一单位或一份风险贡献，或者被认为是资产 i 的标准化风险贡献。

(ii)等式(12.11)显然等价于：

$$m_i(r(u)-m'u) > (a_i(u)-m_i)m'u \quad (12.15)$$

等式(12.15)与不等式(12.13)相似。不等式(12.15)暗含了投资组合回报 $g(u)$ 与作为确保投资组合收益的投资组合一部分资产 i 的回报之间的关系，这个关系确保投资组合的回报会随着资产 i 的权重在投资组合中的上升而上升。

(iii)在命题 3 中，我们将看到：业绩评价的合适性通常意味着包含有超过一个资产的子投资组合的相似特征。

下面的结果证明，对于一个平滑的函数而言，使用这个函数对业绩做出度量的惟一合适的向量场是这个函数的梯度。对于等式(12.9)的可加关系而言，一个通过梯度的方法而做出的同质风险度量的资本配置被称为欧拉配置。

定理 1

令 $\varnothing\neq U\subset\mathbb{R}^d$ 是一个开集，并且 $r:U\rightarrow\mathbb{R}$ 是一个具有连续导数的可偏微函数。令 $a(a_1,\cdots,a_d):U\rightarrow\mathbb{R}^d$ 为一个连续的向量场，那么这个向量场对于具有 r 的业绩评价是合理的当且仅当：

$$a_i(u) = \frac{\partial r}{\partial u_i}(u), i=1,\cdots,d,\ u\in u \quad (12.16)$$

证明：

注意到对于满足 $u\in U, r(u)\neq m'u, m\in\mathbb{R}^d$ 和任意的 $i=1,\cdots,d$，我们有

$$\frac{\partial g_{r,m}}{\partial u_i}(u) = (r(u)-m'u)^{-2}$$

$$\times\left(m_i r(u) - a_i(u)m'u + \left(a_i(u) - \frac{\partial r}{\partial u_i}(u)\right)m'u\right) \quad (12.17)$$

如果等式(12.16)成立，那么业绩评价的合适性将立即服从等式

(12.17)。

对于等式(12.16)的必要性而言,固定任何的 $i\in N_d$ 我们只需要证明等式(12.16)对于 $u\in U$ 满足 $u_i\neq 0$ 和 $u_j\neq 0(j\neq i)$。现在,这个证明是简单的,但是我们必须注意一些特殊的情形。这些情形是:

(i) $a_i(u)\neq 0, r(u)\neq 0, r(u)\neq u_i a_i(u)$,

(ii) $a_i(u)\neq 0, r(u)\neq 0, r(y)\neq u_i a_i(u)$,

(iii) $a_i(u)=0, r(u)\neq 0$,

(iv) $r(u)=0$, u 的每一个领域都包含了某 $v\in U$ 满足 $r(v)\neq 0$。

(v) $r(v)=0$, 对于 u 的某一领域中所有的 v 都成立。

我们将只给出情形(i)的一个证明,因为(ii)和(iii)的证明几乎是等价的,(iv)来自于连续性,而(v)是显然成立的。

选择任意的 $j\in N_d\setminus\{i\}$ 满足 $u_j\neq 0$,并通过下式定义 $m(t)\in\mathbb{R}^d$:

$$m_i(t)\overset{\text{def}}{=}1$$

$$m_j(t)\overset{\text{def}}{=}\frac{t}{u_j}\left(\frac{r(u)}{a_i(u)}-u_i\right)$$

而且

$$m_1(t)\overset{\text{def}}{=}0\quad \text{for } l\neq i,j$$

那么

$$m(t)'u=t\frac{r(u)}{a_i(u)}+(1-t)u_i$$

并且

$$m_i(t)r(u)-a_i(u)m(t)'u=(1-t)(r(u)-u_i a_i(u))$$

因此,根据合适性和等式(12.17),我们可以选择序列 $t_k\to 1$ 和 $s_k\to 1$,使得对于所有的 $k\in\mathbb{N}$,我们有 $m(s_k)'u\neq r(u)\neq m(t_k)'u$,以及:

$$(1-t_k)(r(u)-u_i a_i(u))+\left(a_i(u)-\frac{\partial r}{\partial u_i}(u)\right)\left(t_k\frac{r(u)}{a_i(u)}+(1-t_k)u_i\right)\geqslant 0$$

并且

$$(1-s_K)(r(u)-u_i a_i(u))+\left(a_i(u)-\frac{\partial r}{\partial u_i}(u)\right)\left(s_k\frac{r(u)}{a_i(u)}+(1-s_k)u_I\right)\leqslant 0$$

成立。

现在令 $k\to\infty$,我们就得到了等式(12.16)。

Denault(2001,第 5 节)应用博弈论证明了在单一同质风险度量的情形中,它的梯度是惟一满足一致性推测的配置法则。德诺尔特(Denault)的结果只能应用于一致的风险度量。类似地，Kalkbrener(2002)证明了在次可加和单一同质风险度量的情形下，只有衍生品会得到不超过相应独立风险的风险贡献。

根据定理1，我们知道如果风险度量是平滑的，我们应使用它的偏导数作为投资组合中的这个资产的风险贡献。否则，我们就有可能得到有关资产利润率的误导信息。让我们重新审视从文献中得到的这一观点下的边际风险的概念。

例4

令 $r:U\to\mathbb{R}$ 为具有资产 $1,\cdots,d$ 的某一投资组合的任意的风险度量。一些作者（参见 Matten，1996，第6章，或 CreditMetrics，1997）建议应用决定个体业务或资产所需资本的所谓边际资本的概念。一般地，资产 $i(i=1,\cdots,d)$ 的边际风险可以定义为：

$$r_i(u) \overset{\text{def}}{=} r(u) - r(u - u_i e^{(i)}), u \in \mathbb{R}^d \tag{12.18}$$

也就是拥有 i 的投资组合风险与不拥有 i 的投资组合风险之间的差异。对于 $i=1,\cdots,d$ 设定：

$$a_i(u) \overset{\text{def}}{=} \frac{r_i(u)}{u_i}, u \in \mathbb{R}^d, u_i \neq 0 \tag{12.19}$$

产生了一个度量资产标准化贡献的向量场 $a=(a_1,\cdots,a_d)$。

如果 r 是可微的，那么通常，a 将不会等同于 r 的梯度。为了看出这一点，注意对于 $u\in\mathbb{R}^d$，通过中值定理，这里存在一个数 $\theta_i(u)\in[0,1]$，$i=1,\cdots,d$，满足：

$$r_I(u) = u_i \frac{\partial r}{\partial u_i}(u - \theta_I(u) u_i e^{(i)}) \tag{12.20}$$

由等式(12.19)和等式(12.20)，我们通常有：

$$a_i(u) \neq \frac{\partial r}{\partial u_i}(u)$$

并且因此由定理1，向量场对于具有 r 的业绩度量是不合适的。如果 r 也是单一风险同质的，那么由命题1(b)，它有如下的良好性质：

$$r(u) = \sum_{i=1}^{d} u_i \frac{\partial r}{\partial u_I}(u)$$

等式(12.20)现在揭示了 $\sum_i^d = 1 r_i(u) = r(u)$ 等式是不太可能成立的。

实际上，我们可以证明：根据例4意义上的边际风险法则，如果风险度量

r 是次可加、单一同质和可微的话，那么风险贡献就不会增加总的经济资本。

命题 2。令 $r: U \to \mathbb{R}$，$U \subset \mathbb{R}^d$ 是一个次可加（即 $r(u+v) \leqslant r(u) + r(v)$）、单一同质和可微的风险度量。那么由等式（12.18）定义的风险贡献 $r_i(u), i=1,\cdots,d$，的总和低估了总体的风险：

$$\sum_{i=1}^{d} r_i(u) \leqslant r(u), u \in U \qquad (12.21)$$

证明：固定任意的 $u \in U$ 和 $i \in \{1,\cdots,d\}$，由命题 1（b）我们可以得到：

$$r(u) = \sum_{j=1, j\neq i}^{d} u_j \frac{\partial r}{\partial u_j}(u) + u_I \frac{\partial r}{\partial u_i}(u) \qquad (12.22)$$

Tasche（2002）的命题 2.5 意味着：

$$\sum_{j=1, j\neq i}^{d} u_j \frac{\partial r}{\partial u_j}(u) \leqslant r(u - u_i e^{(i)}) \qquad (12.23)$$

将等式（12.23）代入到等式（12.22）中得到：

$$r_i(u) = r(u) - r(u - u_i e^{(i)}) \leqslant u_i \frac{\partial r}{\partial u^i}(u) \qquad (12.24)$$

通过增加 $u_i \partial r / \partial u_i(u)$ 这一项，并应用命题 1（b），我们可知命题 2 是成立的。

注意，定理 1 给出了一个计算资产 i 的边际风险的更加有意义的方法，简单的使用差异商数：

$$h^{-1}(r(u + he^{(i)}) - r(u)) \approx \frac{\partial r}{\partial u_i}(u) \qquad (12.25)$$

上式对于某一合适小的 $h \neq 0$ 是成立的。但是，实践经验证明，通过一个类似等式（12.25）的方法达到数理上的稳定性是一个精细的问题。因此，在风险贡献那一节中提到的替代方法是非常有意思的。

对于业绩管理的合适性的概念基于单一资产的考虑，如下的命题说明风险度量的梯度也提供了关于包含有多个资产的子投资组合的利润的有用的信息。

对于任何向量 $\nu \in \mathbb{R}^d$，我们用 $\partial \varphi / \partial v$ 表示函数在方向 ν 上的方向导数：

$$\frac{\partial \varphi}{\partial \nu}(u) = \sum_{i=1}^{d} \nu_i \frac{\partial \varphi}{\partial \nu_i}(u)$$

下面的不等式（12.26）和不等式（12.27）的解释参见前述评论 1（ii）。

命题 3

令 $\varnothing \neq U \subset \mathbb{R}^d$ 是一个开集，并且 $r: U \to \mathbb{R}$ 是一个任意的在 U 上具有连续导数的可偏微函数。令 $\nu \in \mathbb{R}^d \setminus \{0\}$ 是一个任意的权重向量。

(a)对于满足 $r(u)\neq m'u, m\in\mathbb{R}^d, u\in U$：

$$m'\nu r(u)\ > m'u\frac{\partial r}{\partial\nu}(u) \tag{12.26}$$

存在一个 $\epsilon>0$ 使得映射：

$$t\rightarrow g_{r,m}(u+t\nu),(-\epsilon,\epsilon)\rightarrow\mathbb{R}$$

严格递增。

(b)对于满足 $r(u)\neq n'u$ 的所有 $m\in\mathbb{R}^d, u\in U$：

$$m'vr(u)\ < m'u\frac{\partial r}{\partial v}(u) \tag{12.27}$$

存在一个 $\epsilon>0$ 使得映射：

$$t\rightarrow g_{r,m}(u+t\nu),(-\epsilon,\epsilon)\rightarrow\mathbb{R}$$

严格递减。

证明：命题 3 是如下等式的一个直接结果：

$$\frac{\mathrm{d}g}{\mathrm{d}t}(u+t\nu)\mid_{t=0}=(r(u)-m'u)^{-2}\left(m'\nu r(u)-m'\nu\frac{\partial r}{\partial\nu}(u)\right)$$

根据定义 3 和定理 1，读者会预期所有子投资组合的回报都是相等的，如果一个投资组合在最大化回报 $g_{r,m}(u)$ 的意义上是最优的话。一般的，这个结论通过以下定理来陈述。

定理 2

令 $\varnothing\neq U\subset\mathbb{R}^d$ 是一个开集，并且 $r:U\rightarrow\mathbb{R}$ 是一个任意的在 U 上具有连续导数的可偏微函数。

令 $\varnothing\neq I\subset N_d$，满足 $r(v)\neq m'v$ 的 $m\in\mathbb{R}^d$ 和 $v\in U$ 是固定的。

假设存在一个 $\epsilon>0$，对于所有满足 $|u_i-v_i|<\epsilon,\ i\in I$ 和 $u_i=v_i, i\notin I$ 的 $u\in U$，我们有 $r(u)\neq m'u$，并且：

$$g_{r,m}(v)\geqslant g_{r,m}(u) \tag{12.28}$$

那么

$$m_i r(v)\ =m'v\frac{\partial r}{\partial u_i}(v), i\in I \tag{12.29}$$

而且，如果 r 是单一同质的，并且 $I\neq N_d$，那么我们也会有：

$$\left(\sum_{j\notin I}m_j v_j\right)r(v)\ =m'v\sum_{j\notin I}v_j\frac{\partial r}{\partial u_j}(v) \tag{12.30}$$

证明：

等式(12.29)明显来自于定理 1 证明过程中的等式(12.17)。

现在假设 r 是单一同质的。那么根据命题 1(b)：

$$\sum_{j\notin I} v_j \frac{\partial r}{\partial u_j}(v) = r(u) - \sum_{j\notin I} v_j \frac{\partial r}{\partial u_j}(v)$$

上式与等式(12.29)结合起来,这意味着:

$$\begin{aligned}\Big(\sum_{j\notin I} m_i v_j\Big) r(v) &= r(v) m'v - \sum_{j\in I} m_j r(v) v_j \\ &= m'v\Big(r(v) - \sum_{j\in I} v_j \frac{\partial r}{\partial u_j}(v)\Big) \\ &= m'v \sum_{j\notin I} v_j \frac{\partial r}{\partial u_j}(v)\end{aligned}$$

评论 2

如果 $m_i \neq \partial r/\partial u_i(v)$,那么等式(12.29)说明是资产 i 的回报

$$\frac{m_i}{\frac{\partial r}{\partial u_i}(v) - m_i}$$

等于最优的投资组合回报。

相似地,如果 $\sum_{j\notin I} m_j v_j \neq \sum_{j\notin I} v_j \partial r/\partial u_i(v)$,那么等式(12.30)表明子投资组合的回报

$$\frac{\sum_{j\notin I} m_j v_j}{\sum_{j\notin I} v_j \frac{\partial r}{\partial u_j}(v) - \sum_{j\notin I} m_j v_j}$$

也等于投资组合回报。

风险贡献的例子

在这一节中,我们计算在“风险度量的例子”那一节中作为例子的风险度量的导数。我们得出的风险贡献具有一个吸引人的解释:它是给定最差场景下投资组合中资产的现金流的预期值。对于 VAR,通过差分得到的风险贡献与实践中广泛使用的基于协方差的贡献不同。

基于协方差的风险贡献

让我们简单回忆一下最佳线性预期的定义。假设 Y 和 Z 是同一概率空间的二次可积的实随机变量。如果 $\mathrm{var}(Z) > 0$,那么我们能够计算 $Y -$

$E[Y]$在$Z-E[Z]$通过下式所扩展成的线性空间中的投影：

$$\pi_z(z,Y) = \frac{\text{cov}(Y,Z)}{\text{var}(Z)}z, z \in \mathbb{R} \tag{12.31}$$

在随机变量$\pi_z(Z-E[Z],Y)$最小化$Y-E[Y]$和由$Z-E[Z]=z$展成的线性空间的L_2距离的意义上，$\pi_z(Z,Y)$是给定$Z-E[Z]$的条件下$Y-E[Y]$的最佳预期。为z选定一个价值对应于定义投资组合现金流的最差场景。我们首先考虑等式(12.31)中的情形。

例5(例1的继续)

定义$U\subset\mathbb{R}^d$为：

$$U \stackrel{\text{def}}{=} \{u \in \mathbb{R}^d \mid \text{var}(Z(u)) > 0\} \tag{12.32}$$

并且假设$U\neq\varnothing$。那么$U\neq\varnothing$是一个同质的开集。对于$u\in U$定义向量场$a=(a_1,\cdots,a_d):U\to\mathbb{R}^d$为：

$$a_i(u) \stackrel{\text{def}}{=} \pi_{z(u)}(r(u),X_j) = c\frac{\text{cov}(X_i,Z(u))}{\sqrt{\text{var}(Z(u))}}, i=1,\cdots,d \tag{12.33}$$

因此在投资组合波动刚好是例1中定义的风险$r(u)$的条件下，$a_i(u)$是资产i的现金流波动的最佳线性预期。在$u\in U$这一点上，对于$i=1,\cdots,d$；我们有：

$$\begin{aligned}2r(u)\frac{\partial r}{\partial u}(u) &= \frac{\partial r^2}{\partial u}(u)\\ &= c^2\frac{\partial}{\partial u_I}\Big(\sum_{j=1}^{d}\sum_{l=1}^{d}u_ju_l\text{cov}(X_j,X_l)\Big)\\ &= 2c^2\text{cov}(X_i,Z(u))\end{aligned}$$

从而

$$\frac{\partial r}{\partial u_i}(u) = c^2\frac{\text{cov}(X_i,Z(u))}{r(u)} = a_i(u) \tag{12.34}$$

根据定理1，向量场a对于具有r的业绩度量是合适的。而且因为r是单一风险同质的，所以，我们无须计算从命题1(b)中就可以知道：

$$r(u) = \sum_{i=1}^{d}u_ia_i(u), u \in U$$

等式(12.31)中z的价值的另外一个吸引人的选择是$z=Q_\alpha(u)$。这导致了例2中的情形。

例 6(例 2 的继续)

通过等式(12.32)再次定义 $U \subset \mathbb{R}^d$ 并且假设 $U \neq \varnothing$。对于 $u \in U$,我们可以类似于例 5,定义向量场为 $a=(a_1,\cdots,a_d):U \to \mathbb{R}^d$:

$$a_i(u) \overset{\text{def}}{=} \pi_{Z(u)}(r(u),X_i) = \frac{\operatorname{cov}(X,Z(u))}{\operatorname{var}(Z(u))}O_\alpha(u), i=1,\cdots,d \tag{12.35}$$

那么,我们再一次有:$r(u)=\sum_{i=1}^{d}u_i a_i(u), u \in U$。这个决定资产贡献的方法是作为 Overbeck and Stahl(1998)的 6.1 节或 CSFP(1997)的附录 A13 中的一个例子提出来的。我们将在下一节看到,通常我们有 $a_i \neq \partial r/\partial u_i$,并且 a 对于具有 r 的业绩评估而言并不合适。

注意,在服从椭圆(特别是正态)分布的随机向量$(X_1,X_2,\cdots,X_d)$的情形中,当 c 被选择为标准的单一边际分布的 α 分位时,等式(12.33)和等式(12.35)会导致相同的结果。如果$(X_1,\cdots,X_d)$的分布不是正态的,那么例 6 中的 $\partial r/\partial u_i$ 和 a_i 可能会相差很大,在信用投资组合中尤其是这样。

基于风险贡献的分位

在这一节中,我们通过微分来计算与来自例 2 的 VAR 风险度量相关的风险贡献。但是,等式(12.5)的分位函数在 u 上通常是不可微的。为了保证微分的可能性,我们不得不在波动向量$(X_1,\cdots,X_d)$的联合分布上加上某些技术性的假定。这些技术性的假定中,最重要的一个是:波动 X_i 至少必须有一个具有连续的密度函数。

假设(S)

对于固定的 $\alpha \in (0,1)$,我们说一个 $\mathbb{R}^d$ 值的随机向量$(X_1,\cdots,X_d)$满足假设(S),如果 $d \geqslant 2$,并且给定$(X_2,\cdots,X_d)$时 X_i 的条件分布具有密度函数:

$$\varphi:\mathbb{R} \times \mathbb{R}^{d-1} \to [0,\infty),(t,x_2,\cdots,X_d) \to \varphi(t,x_2,\cdots,X_d)$$

这个密度函数满足如下四个条件:

(i)对于固定的 $x_2,\cdots,x_d$,函数在 $t \to \varphi(t,x_2,\cdots,X_d)$ 上是连续的。

(ii)映射

$$(t,u) \to E[\varphi(u_1^{-1}(t-\sum_{j=2}^{d}u_j X_j),X_2,\cdots,X_d)]$$

$$\mathbb{R} \times \mathbb{R} \setminus \{0\} \times \mathbb{R}^{d-1} \to [0,\infty)$$

取有限值,并且是连续的。

(iii)对于每一个 $u \in \mathbb{R} \setminus \{0\} \times \mathbb{R}^{d-1}$:

$$0 < E[\varphi(u_1^{-1}(Q_\alpha(u) - \sum_{j=2}^{d} u_j X_j), X_2, \cdots, X_d)]$$

$Q_\alpha(u)$的定义由等式(12.5)给出。

(iv)对于每一个 $i=2$,映射

$$(t,u) \to E[X_i \varphi(u_1^{-1}(t - \sum_{j=2}^{d} u_j X_j), X_2, \cdots, X_d)]$$

$$\mathbb{R} \times \mathbb{R} \setminus \{0\} \times \mathbb{R}^{d-1} \to \mathbb{R}$$

取有限值,并且是连续的。

注意条件(i)通常既不意味着条件(ii)成立,也不意味着条件(iv)成立。更进一步,(ii)和(iv)可能是合理的,即使随机向量$(X_1, \cdots, X_d)$的成分没有有限的期望。在转到下一个结论之前,我们给出一些使假设 S 满足的情形。

1. $(X_1, \cdots, X_d)$服从正态分布并且它的协方差矩阵是满矢的。

2. $(X_1, \cdots, X_d)$和 φ 分别满足条件(i)和条件(iii),并且对于$(s, v) \in \mathbb{R} \times \mathbb{R} \setminus \{0\} \times \mathbb{R}^{d-1}$,存在某一领域 V 上的随机场:

$$(\varphi(u_1^{-1}(t - \sum_{j=2}^{d} u_j X_J), X_2, \cdots, X_d))_{(t,u) \in V}$$

$$(X_i \varphi(u_1^{-1}(t - \sum_{j=2}^{d} u_j X_j), X_2, \cdots, X_d))_{(t,u) \in V}$$

它们都是一致可积的。

3. $E[|X_I|] < \infty, i=2, \cdots, d, \varphi$ 是有界的,并满足条件(i)和条件(iii)。

4. $E[|X_I|] < \infty, i=2, \cdots, d, X_1$ 和$(X_2, \cdots, X_d)$是独立的,X_1 具有连续的密度f,并满足以下条件:

$$0 < E[f(u_1^{-1}(Q_\alpha(u) - \sum_{j=2}^{d} u_j X_j))]$$

5. 存在一个有限的集合,满足 $M \subset \mathbb{R}^{d-1}$:

$$P[(X_2, \cdots, X_d) \in M] = 1$$

并且条件(i)和条件(iii)也是满足的。

注意情形 3 是情形 2 的一个特例,并且情形 4 和情形 5 分别为情形 3 的特例。情形 4 表明:通过扰动具有某一小的独立噪音的投资组合现金流波动 $Z(u)$,$Q_\alpha(u)$可以转换为可微函数。

命题 4

对于某一给定的 $\alpha \in (0,1)$,令$(X_1, \cdots, X_d)$为一个$\mathbb{R}^d$值的,满足假设(S)的随机向量。设定 $U \overset{\text{def}}{=} \mathbb{R} \setminus \{0\} \times \mathbb{R}^{d-1}$并且定义随机场$(Z(u))_{u \in U}$为:

$$Z(u) \overset{\text{def}}{=} \sum_{i=1}^{d} u_i X_i, u \in U$$

那么函数 $Q_\alpha : U \to \mathbb{R}$：

$$Q_\alpha(u) \overset{\text{def}}{=} \inf\{z \in \mathbb{R} : P[Z(u) \leqslant z] \geqslant \alpha\}, u \in U$$

具有连续导数并且可偏微分。

$$\frac{\partial Q_\alpha}{\partial u_1}(u) = u_1^{-1}\left(Q_\alpha(u) - \frac{E\left[\left(\sum_{j=2}^{d} u_j X_j\right)\varphi\left(u_1^{-1}\left(Q_\alpha(u) - \sum_{j=2}^{d} u_j X_j\right), X_2, \cdots, X_d\right)\right]}{E\left[\varphi\left(u_1^{-1}\left(Q_\alpha(u) - \sum_{j=2}^{d} u_j X_j\right), X_2, \cdots, X_d\right)\right]}\right) \tag{12.36}$$

并且

$$\frac{\partial Q_\alpha}{\partial u_i}(u) = \frac{E\left[X_i \varphi\left(u_1^{-1}\left(Q_\alpha(u) - \sum_{j=2}^{d} u_j X_j\right), X_2, \cdots, X_d\right)\right]}{E\left[\varphi\left(u_1^{-1}\left(Q_\alpha(u) - \sum_{j=2}^{d} u_j X_j\right), X_2, \cdots, X_d\right)\right]} \tag{12.37}$$

$$i = 2, \cdots, d$$

证明　见 Tasche(2000)

评论 3

等式(12.36)和等式(12.37)具有一些有意思的解释。固定 $u \in \mathbb{R} \setminus \{0\} \times \mathbb{R}^d$，并且对于 $z \in \mathbb{R}$ 设定：

$$g_u(z) \overset{\text{def}}{=} E[\varphi(u_1^{-1}(z - \sum_{j=2}^{d} u_j X_j), X_2, \cdots, X_d)]$$

我们不难看到，$g_u / |u_1|$ 是随机变量 $Z(u)$ 的一个连续密度函数。结果，对于 $i = 2, \cdots, d$，函数 $h_u^{(i)}$：

$$h_u^{(i)}(z) = \begin{cases} 0, & \text{如果 } g_u(z) = 0 \\ g_u(z)^{-1} E[X_i \varphi(u_1^{-1}(z - \sum_{j=2}^{d} u_j X_j), X_2, \cdots, X_d)], & \text{如果 } g_u(z) \neq 0 \end{cases}$$

上式提供了 $E[X_i | Z(u) = \cdot]$ 的定义：给定 $Z(u)$，X_i 的条件期望。相似地我们有：

$$E[X_1 \mid Z(u)=z]=u_1^{-1}\left(z-\sum_{j=2}^{d}u_jh_u^{(i)}(z)\right)$$

因此，命题4所说的是：

$$\frac{\partial Q_\alpha}{\partial u_i}(u)=E[X_i \mid Z(u)=Q_\alpha(u)],i=1,\cdots,d \tag{12.38}$$

Hallerbach(2003)给出了等式(12.38)，但是他没有考虑 Q_α 是否可微的问题。Gourieroux(2000)在联合概率密度下，也给出了等式(12.38)。

回忆给定 $Z(u)$ 时 X_i 的条件期望在本质上应该被看作是通过空间 $M\overset{\text{def}}{=}\{f(Z(u))\mid f:R\to\mathbb{R}\ \text{可测}\}$ 的元素给出的 X_i 的最佳线性预期。

正如上面所提到的，给定 $Z(u)$ 时，X_i 的最佳线性期望是通过空间 $\{mZ(u)\mid m\in\mathbb{R}\}\subset M$ 的元素给出的。

现在再一次讨论例2和例6。

例7(例2的继续)

根据4，在假设(S)下，对于 $i=1,\cdots,d$，满足

$$b_i(u)\overset{\text{def}}{=}\frac{\partial r}{\partial u_i}(u)=\frac{\partial Q_\alpha}{\partial u_i}(u) \tag{12.39}$$

的映射 $b_i:\mathbb{R}\setminus\{0\}\times\mathbb{R}^{d-1}\to\mathbb{R}$ 是定义良好的。它们提供了风险贡献的一个向量场，由命题1(b)，这个向量场满足：

$$r(u)=\sum_{i=1}^{d}u_ib_i(u),u\in U$$

并且由定理1，上式对于具有 r 的业务评估是合适的。通过等式(12.38)，我们看到通常来自于例6的向量场 a 与 b 是不相等的，除非随机向量 $(X_1,\cdots,X_d)$ 服从正态分布。

在实践中，估计或者计算等式(12.38)中的条件期望很困难。CreditRisk+投资组合模型是这个规则的一个显著例外。Martin *et al*(2001)建议通过鞍点方法近似地得到VAR的分布。

基于风险贡献的损失

正如在先前提到的那样，对于基于分位的风险，我们在这里通过微分方法来计算与基于损失风险(见例3)相关联的风险贡献。这里再一次存在分位函数在通常情况下不可微的问题。但是，如下的命题表明我们可以在几乎与分位条件相同的假设下对缺口指标求微分。

命题5

令$X_1,\cdots,X_d$和α如命题4中所定义,并且假设:

$$E[|X_i|]<\infty,i=1,\cdots,d$$

像命题4中那样定义$U,Z(u)$和$Q_\alpha(u)$,并且设定:

$$S_\alpha(u)\overset{\text{def}}{=}E[Z(u)\mid Z(u)\geqslant Q_\alpha(u)],u\in U$$

那么S_α在U上是连续的和可偏微的,并且它具有连续的导数。

$$\frac{\partial S_\alpha}{\partial u_i}(u)=E[X_i\mid Z(u)\geqslant Q_\alpha(u)],i=1,\cdots,d \tag{12.40}$$

证明　见Tasche(2000)。

命题5给出了Overbeck and Stahl(1998)的第7节中对损失风险贡献的建议。

例8(例3的继续)

根据命题5,在假设(S)下,对于$i=1,\cdots,d$,映射$a_i:\mathbb{R}\setminus\{0\}\times\mathbb{R}^{d-1}\to\mathbb{R}$与:

$$a_i(u)\overset{\text{def}}{=}\frac{\partial r}{\partial u_i}(u)=\frac{\partial S_\alpha}{\partial u}(u) \tag{12.41}$$

是良好定义的。它们提供了风险贡献$a=(a_1,\cdots a_d)$的一个向量场。根据命题1(b),其满足:

$$r(u)=\sum_{i=1}^{d}u_ia_i(u),u\in U$$

上式对于由定理1给出的具有r的业绩评估是合适的。而且,$a_i(u)$也可以通过下式来计算:

$$a_i(u)=E[X_i\mid Z(u)\geqslant Q_\alpha(u)] \tag{12.42}$$

Yamai and Yoshiba(2001)观察到对于损失度量的风险贡献的估计倾向于不稳定。当投资组合损失分布由蒙特卡罗模拟给出的时候,这个不稳定的问题可以通过重要性取样而解决。对于CreditRisk$^+$投资组合模型的一个相似的分析解释也是可以得到的。

注意,即使假设S不成立,在基于分位和基于损失的风险度量的情形中,我们都能够通过等式(12.38)和等式(12.42)分别定义风险贡献。通过这种方式定义的贡献很可能会适合于它们相应的风险度量。

小　结

为投资组合和单一资产配置经济资本是投资组合管理者的一个基本工作。在这一章中，我们已经证明了：为了得到合理的结果，在经济资本理论方面有所突破的充分的方法论是重要的。其结果是，资本配置的程序必须建立在针对于子投资组合或单一资产的权重应用的风险度量的导数之上。否则，我们就可能在投资组合的业绩质量上得到违反直觉的结果。与其他传统的方法相比，导数方法（或欧拉配置）在数学上的要求更加苛刻。但是，在过去的 3 ~4 年中，相应的计算程序已经有了非常大的进步。其结果就是现代金融机构已经没有什么理由拒绝使用对业绩评估而言是直觉的和合适的经济资本配置方法。

第 13 章
非线性资本配置

投资组合模型有两个主要的目的:度量投资组合的风险(这种风险通常被表示为投资组合的经济资本)和将经济资本配置于子投资组合和单个资产中。信用投资组合建模中的标准方法是将经济资本定义为投资组合损失分布的一个分位。单笔交易的资本要求通常建立在协方差矩阵之上,并且该交易的资本要求通常称为波动率贡献。

从 Artzner *et al*(1997)的工作开始,金融和风险管理深入地讨论了一致风险度量的问题。最近讨论较多的是一个更加一致的资本配置,特别是由 Overbeck(1999), Denault(2001), Bluchm, Overbeck and Wagner(2002), Kurth and Tasche(2003), Kaikbrener, Lotter and Overbeck(2004)推荐的作为配置规则的条件损失配置的应用。

条件损失配置是更一般的一致风险度量即非线性度量的基石。它们是条件损失度量的凸组合,其中条件损失度量的组合可以表示为置信区间从 0 到 1 的概率测度,并且对于这个置信水平而言是一个递增的权重函数。对于这个权重的惟一实质约束是较高的置信水平应该得到更大的权重。在 Acerbi(2002)这篇原创性的论文中,作者给出了根据风险规避而对权重函数所作的解释。根据风险规避要求,这意味着银行对于较高的损失具有较高的意识和规避意愿。

在这一章中,资本配置的公理性方法能够很容易地应用于非线性风险度量是一个已知的事实。这个方法与基于导数或敏感性的资本配置是强相关的。对于解释这种强相关性,我们惟一要做的是描述与权重函数相关的场景的概率密度公式。这由定理 1 给出。

这一章的重点是在一个默顿信用投资组合模型中研究非线性分配,同时我们还会提供一些具体的例子。

非线性风险的度量和配置

一个众所周知的事实是：下面的四个条件就可以定义一个一贯的风险度量。

风险度量就是一个定义在随机变量 X 的集合 V 上的，代表投资组合 X（投资组合是由它们的损失变量识别的）潜在损失的一个正的实值函数 r。数值 $r(X)$ 表示了投资组合 X 中的风险。r 被称作是一贯的，如果它满足下面的四个规则：

1. 次可加性（分散化）

$$r(X+Y) \leqslant r(X)+r(Y)$$

2. 正的一次齐次性（标量）

$$r(aX)=ar(X), a \geqslant 0$$

3. 单调性

$$r(X) \leqslant r(Y) \quad \text{如果 } X<Y\text{（几乎处处成立）}$$

4. 转换性质

$$r(X+a)=r(X)-a$$

凸分析可以证明一个次可加、正的一次齐次函数 r 可以逐点写为所有低于 r 的线性函数的一个最大值。对于风险度量而言，这意味着公理 1 和 2 已经给出了如下的表达式：

$$r(X)=\max\{l(X) \mid l \leqslant r,\ l \text{ 为线性函数}\} \tag{13.1}$$

在损失变量 X 上估计的风险度量将这个相同的数值作为所有低于 r 的线性函数在 X 上估算的最大值。

在概念上，这与在点 X 上估算的函数 r 的梯度或者在点 X 上与 r 重合的 r 的最佳线性近似是相似的。我们在后面将会看到，这个直觉产生了一个合理的资本配置。

期望算子是随机变量的一种典型的线性函数。由 Artzner *et al*（1997），Delbaen（2000）给出的基本结果是：

$$r(X)=\sup\{E_Q[X] \mid Q \in \mathcal{Q}\} \tag{13.2}$$

$\mathcal{Q}=\mathcal{Q}_r$，是密度函数为 dQ/dP 的绝对连续概率测度 $Q \ll P$ 的一个合适的概率测度集合，它与等式（13.1）式中的表达式相似。

集合$\mathcal{Q}$被称为是与 r 相联系的推广场景。如果在某一概率测度上取上确界的话，那么这个概率测度或者它与 P 相关的密度被称为与 r 相关联的推广的事件。这个方法也吻合了风险度量在直觉上的特征，也就是场景或压力分析。对于根据场景的解释而言，具有概率测度的公式是更加自然的，但是对于资本配置的公理性方法而言，表达式(13.1)非常有用。

一个一贯的风险度量的最显著的例子是条件损失（有时被称为是条件 VAR 或尾部条件期望），它由 ES_α 表示。ES_α 度量了高于损失分布 α 分位的平均损失。相关的推广事件可以解释如下：对于每一个损失变量 Y，我们将场景定义为在损失变量超过它的分位的条件下，历史性校准客观目标场景约束。条件损失与这些场景的最大平均损失碰巧是相等的。直觉上：

$$E[L \mid L > q_\alpha(L)] = \max\{E[L \mid Y > q_\alpha(Y)] \mid \text{all} Y \in L_\infty\}$$

即使推广的场景被定义为上确界，在条件损失的情形中，我们还是能够识别最大化事件的密度函数。对此，我们需要对水平 α 上的条件损失作一个一般的正确定义。上面直觉定义的问题是：在分位本身，可能会出现事件正的聚集。在水平 α 上的条件损失的准确定义因此是（参见 Acerbi and Tasche，2002；Kaikbrener *et al*，2004）：

定义 1

$$ES_\alpha := (1-\alpha)^{-2}(E[L1_{\{L>q_\alpha(L)\}}] + q_\alpha(L)\cdot(\mathbb{P}[L \leqslant q_\alpha(L)] - \alpha))$$

我们在这里把分位定义为：

$$q_u(L) = \inf\{x \mid P[L \leqslant x] \geqslant u\}$$

上式是最小的 u 分位。由于 $ES_\alpha = E[Lg_\alpha(L)]$，其中 $g_\alpha(Y)$ 的定义为：

$$g_\alpha(Y) := (1-\alpha)^{-1}(\mathbf{1}_{\{Y>q_\alpha(Y)\}} + \beta_Y \mathbf{1}_{\{Y=q_\alpha(Y)\}}) \tag{13.3}$$

其中 β_Y 是一个实数，并且：

$$\beta_Y := \frac{\mathbb{P}(Y \leqslant q_\alpha(Y)) - \alpha}{\mathbb{P}(Y = q_\alpha Y))} \text{if } \mathbb{P}(Y = q_\alpha(Y)) > 0$$

相关的最大化事件的密度函数是函数 g_α。

根据风险规避而做出的关于这个密度函数的解释在 Artzner(2002) 中给出来了，让我们重新把条件损失推导为分位函数上的一个积分（L 分布的逆函数）。这个积分就是：

$$ES_\alpha = (1-\alpha)^{-1}\int_\alpha^1 q_u(L)\,\mathrm{d}u$$

条件损失的这个内在的风险规避表现为：所有低于 α 分位或者所有超过 α 分位的损失没有权重，也就是说当损失低于 α 分位时就不存在风险规避，并且所有超过 α 分位的损失具有相同的风险规避。因此，与 ES_α 相关的风险规避加权函数就是：

$$w_{ES_\alpha}(u) = (1-\alpha)^{-1}\mathbf{1}_{\{u>\alpha\}} \tag{13.4}$$

从风险管理的观点来看，可能还有其他的权重赋予了某一置信水平 α。如果加权函数是递增的（这个假设是合理的，因为较高的损失将会有较大的风险规避权重），那么我们将得到一个具体的非线性风险度量。

定义 2。令 w 为一个定义于[0,1]的递增函数，满足$\int_0^1 w(u)\,du=1$，那么由下式定义的映射 r_w

$$r_w(L) = \int_0^1 w(u)q_u(L)\,du$$

被称为是一个具有加权函数 w 的非线性风险度量。

非线性风险度量这个名字由下式给出：

$$r_w(X) = \int_0^1 ES_\alpha(1-\alpha)\mu_u(da) \tag{13.5}$$

其中非线性测度 $\mu((0,b]) = w(b)$ (13.6)

当我们想要寻找代表非线性风险度量 r_w 的场景函数时，这个表达式非常有用。

定理 1。与风险度量相关的场景密度等于：

$$L_w := g_w(L) := \int_0^1 g_\alpha(L)(1-\alpha)\mu(d\alpha) \tag{13.7}$$

这里 $g_\alpha(L)$ 由公式(13.3)定义。特别是：

$$r_w(L) = E[LL_w] \tag{13.8}$$

证明：我们有

$$\begin{aligned}
r_w(L) &= \int_0^1 ES_\alpha(L)(1-\alpha)\mu(d\alpha) \\
&= \int_0^1 E[LL_\alpha](1-\alpha)\mu(d\alpha) \\
&= \int_0^1 \max\{E[Lg_\alpha(Y)] \mid Y \in L_\infty\}(1-\alpha)\mu(d\alpha) \\
&\geqslant \max\left\{\int_0^1 E\left[L\int_0^1 g_\alpha(Y)(1-\alpha)\mu(d\alpha)\right] \mid Y \in L_\infty\right\}
\end{aligned}$$

$$= \max\{E[Lg_w(Y)] \mid \forall Y \in L_\infty\}$$
$$\geqslant E[Lg_w(L)]$$

因此

$$r_w(L) = \max\{E[Lg_w(Y)] \mid \forall Y \in L_\infty\} = E[Lg_w(L)]$$

非线性资本配置

让我们回忆一下 Kaikbrener(2002),Kaikbrener *et al*(2004)的方法。从等式(13.1)开始,我们现在可以为每一个 Y 找到一个线性函数 $h_Y = h_Y^r$,满足:

$$r(Y) = h_Y(Y), h_Y(X) \leqslant r(X), \forall X \tag{13.9}$$

与 r 相关的一个分散化的资本配置由下式给出:

$$\Lambda_r(X,Y) = h_Y(X) \tag{13.10}$$

函数 Λ_r 对于第一个变量而言是线性的。并且在投资组合的配置资本总是小于 X 被认为是其自身的子投资组合时配置的资本的意义上,这个函数是分散化的。

$$\Lambda(X,Y) \leqslant \Lambda(X,X) \tag{13.11}$$

通常,我们有如下的两个定理:一个线性的和分散化的,而且在投资组合 Y 中连续的资本配置是由其相关的风险度量,也就是 Λ 的对角价值所惟一决定的。更加具体的说法是,给定投资组合 Y,那么配置于投资组合 Y 的子投资组合 X 的资本是有关风险度量 ρ 在 Y 这个变量上,在 X 方向上的一个导数。

定理 2。令 Λ 是一个线性的、分散化的资本配置。如果 Λ 在 $Y \in V$ 上是连续的,那么对于 $X \in V$:

$$\Lambda(X,Y) = \lim_{\epsilon \to 0} \frac{r(Y + \epsilon X) - \rho(Y)}{\epsilon}$$

如下的定理说明了正一次齐次的、次可加的风险度量和线性的、分散化资本配置之间的等价性。

定理 3。(a)如果对于相关的风险度量 r 而言,存在一个线性的、分散的资本配置,即 $r(X) = N(X,X)$,那么 r 是正一次齐次的和次可加的。

(b)如果 r 是正一次齐次和次可加的,那么正如等式(13.10)中所定义的那样,Λ_r 就是对相关风险度量 r 的一个线性的、分散的资本配置。

因为在非线性的风险度量中,等式(13.9)中的最大线性函数 r_w 可以认为是对来自定理 1 的概率测度的一个积分,我们得到了 $H_Y(X) = E[Xg_u(Y)]$,

并且因此得到了如下的资本配置：

$$\Lambda_w(X,Y) = E[Xg_w(Y)] \tag{13.12}$$

直觉上，配置于交易的资本或者配置于 Y 中的投资组合 X 的资本等于这个资本在与 w 相关的推广的最大事件下的期望值。

一些例子

1. 作为应用非线性度量的第一步，我们可以考虑把不同的权重赋予不同的损失概率水平。这是对于条件损失配置的一个直接的扩展。有的人可能会把99%的条件损失视为一个忽略了低于99%分位的损失的风险规避，并且认为所有超过99%分位的损失都具有相同的影响。从投资者的角度看，这意味着只有高级贷款具有风险资本保险。另一方面，人们也可能会意识到现实中会发生频繁更大的损失，但是人们对于这样的损失的规避会低于他们对于那些稀有事件的规避。

作为一个实际的例子，有人可能会下结论说：接近50%置信水平的损失应该只有0的权重，在50%到99%的损失应该具有 w_0 的权重，而99%以上的损失应该具有 k_1w_0 的权重，并且超过99.9%时权重应该等于 k_2w_0。从50%到99%的第一个批次与一个投资于低级债务中的投资者相对应，从99%到99.9%的批次与一个高级投资者相对应，而99.9%以上的批次则与一个超级投资者或有关监管者相对应。这样，我们就得到了关于 w 的一个阶梯函数：

$$w(u) = w_0\mathbf{1}_{\{0.99>u>0.5\}} + k_1w_0\mathbf{1}_{\{0.999>u>0.99\}} + k_2w_0\mathbf{1}_{\{1>u>0.999\}}$$

参数 w_0 的选择应使得这个积分在 w 上仍为1。

2. 一个更加连续的形式是一个从位于0到1之间的点 u_0 开始，然后递增到1的指数函数：

$$w(u) = \mathbf{1}_{\{u>u_0\}}\exp(\kappa u)$$

κ 是某一常数。

评论

1. 条件损失配置在投资组合的整体资本超过一个特定分位的情形下，为交易 i 的平均损失配置资本。这种配置方法可以解释为一种因果配置。从字面上看，如果使用条件期望的话，那么每一项交易的资本是按照该交易对于整体资本的实际贡献而配置的。在相同的形式下，非线性配置，至少当权重函数是一个阶梯函数的时候，是一个因果配置。在这里，正如条件损失贡献中那样，需要配置资本的未来损失当然从这些简单的条件期望中得到了不同的权重。

2. 从所有的实际损失具有不同的影响或者会带来不同的后期损失的角度来看，在报表中报告的一个大的损失可能会使得后期的损失，由于声誉的影响，超过之前的实际损失，并且可能会伤害到资本基础。另一方面，小的损失直接由收益涵盖，它不会影响资本。因此，对不同损失取不同的权重可能是有用的。

3. 在连续分布的情形下，我们可以重写：

$$\int_0^1 w(u)q_w(L)du = E[w(U)q_u(L) = E[w(F(L))L]$$

那么权重函数的校准可以根据投资组合损失本身而不是损失分布的分位来进行。但是，现在定义在损失变量 L 范围上的新的权重函数必须被转换为 $w_F(x):=w(F(x))$。

具体的实施

在投资组合中实施非线性贡献方法有多种形式。根据 Acerbi(2002)，一个基于蒙特卡罗模拟的非线性度量的实施步骤如下：

令 L^n 是投资组合损失的第 n 个实现值。如果投资组合已经产生了 N 的损失分布场景，我们用 $n:N$ 表示第 n 大损失的指数，该损失本身被表示为 $L^{n:N}$，指数 $1:N, 2:N, \cdots, N:N \in \mathbb{N}$ 通过如下性质定义：

$$L^{1:N} < L^{2:N} < \cdots < L^{N:N}$$

近似的非线性风险度量由下式定义：

$$\sum_{n=1}^{N} L^{n:N} w(n/N) / \sum_{k=1}^{N} w(k/N)$$

因此，模拟一个交易的非线性贡献的一个自然的方式是：

$$\sum_{n=1}^{N} L_i^{n:N} \frac{w(n/N)}{\sum_{n=1}^{N} w(k/N)}$$

我们期望：

$$E[L_i L_w] = \lim_{N\to\infty} \sum_{n=1}^{N} L_i^{n:N} \frac{w(n/N)}{\sum_{n=1}^{N} w(k/N)}$$

另外一个可能的近似依赖于 Kaikbrener *et al*(2004)中提到的对于条件损失贡献的近似,并且在非线性度量 μ 上求积分:

$$E[L_iL_w] = \lim_{N\to\infty}\int_0^1\left(\sum_{n=1}^{N}L_i^{n;N}\frac{w_\alpha(i/N)}{\sum_{n=1}^{N}w_\alpha(k/N)}(1-\alpha)\right)\mu(\mathrm{d}a) \qquad (13.13)$$

如果 L 是一个连续分布,那么我们有:

$$\begin{aligned}E[L_iL_w] &= E[L_i\int_0^1 L_\alpha\mu(\mathrm{d}\alpha)]\\ &= \int_0^1 E[L_i\mathbf{1}_{L>q_\alpha(L)}](1-\alpha)^{-1}\mu(\mathrm{d}\alpha)\\ &= \lim_{N\to\infty}N^{-1}\sum_{n=1}^{N}L_i^n\int_0^1\mathbf{1}_{L^n>q_\alpha(L)}(1-\alpha)^{-1}\mu(\mathrm{d}\alpha) \qquad (13.14)\end{aligned}$$

如果 L 不是连续分布,那么我们必须使用密度函数(13.7),并通过下式近似表示该非线性贡献:

$$E[L_iL_w] \sim N^{-1}\sum_{n=1}^{N}L_i^n g_w(L^n) \qquad (13.15)$$

等式(13.15)中密度函数的实际计算可能非常繁杂。另一方面,在等式(13.13)和等式(13.14)中,针对于 μ 的积分也不简单。如果 w 像例 1 中提到的那样是一个阶梯函数,那么 μ 就是迪卡测度的一个加权平均和,并且非线性风险度量的实施是直观的。

小　结

本章介绍了非线性度量。非线性度量是条件损失度量的一个自然的扩展。条件损失可以表示为一个选定的置信水平之上的投资组合在险价值(VAR)的算术平均。条件损失也可以被认为是一个由位于 0 和 1 之间的在险价值(VAR)的加权平均值,其中权重函数等于 0,如果在险价值(VAR)低于置信水平;而权重函数等于 1 除以资不抵债的概率,如果在险价值(VAR)高于置信水平。非线性度量是处于 0 和 1 之间不同水平的投资组合的 VAR 的加权和,而权重函数是满足一定条件的任意函数。这一章是推广经济资本模型和经济资本理论的一个尝试。

第14章 经济资本建模中的设计选择：损失函数法

经济资本模型是复杂的，并且在它们的设计中，建模者通常把其他一些建模工作的结果作为经济资本模型的输入变量，包括（但是不仅限于）资产水平的违约概率（PD）、违约损失率（LGD）和这些参数在不同资产之间的相关性的估计值。

由于金融机构的内在复杂性，金融机构必须发展评估与经济资本模型的使用，以及与这些模型相关的驱动模型的使用有关的建模风险的方法。根据这个目的而定义的模型风险是指由于模型滥用导致的不正确的预期和不正确的决策。模型风险是在模型的意愿使用和用来建模的熟知手法的框架下估计的。信用风险决策模型是根据样本的设计、建模技巧、验证程序和再验证程序而被评价的。由于所有的模型都不是完美的，模型的损失最好认为是由于模型超出了实用范围或者对于模型不合理的解释和使用而导致的损失。

这一章将讨论有关信用风险的分区或分组以及它们对于经济资本配置潜在影响的问题。对于经济资本模型的初始实用性而言，这样的讨论起了至关重要的作用。我们将讨论与模型的应用范围相关的模型的逻辑结构。

在大多数估计预期损失和资本储备，或者是估计支持一个投资组合的经济资本数目的数量方法中，个体资产的风险评级和违约概率与违约损失率的相关估计值是模型关键的输入变量。我们可以通过使用一系列的技巧，包括简单的描述性统计分析、统计和计量的回归模型以及结构化金融模型，来估计违约概率与违约损失率。无论是什么样的方法，这些度量值几乎都不可能单独地被估计出来，因为对于每一个资产而言，信息都是有限的。因此，资产会被分区或分组从而把投资组合中的资产分到不同的种类或区域中，然后在区域中估计违约概率。这样得出的违约概率的估计是区域内部的资产平均违约概率。

因为可以得出经济资本要求估计值的模型通常在违约概率上是非线性的，因此在一个违约概率评级系统里，分区或分组的程度对于经济资本而言是有含义的。估计问题上存在着一个权衡，因为随着分区规模的上升，在分区内我们可以更加准确地估计分区的平均违约概率，但是，当规模增大时，分区有可能会包含异质的资产，在这种情形下分区的估计就会是有偏的。与之相似的情形是，如果分区的规模太小，那么违约概率的估计误差就更大。

这一章将在经济资本配置和分配的框架下分析这个权衡问题。在分析中，我们使用了巴塞尔协议的具体规定，因为巴塞尔新协议建立在一个非常简化的经济资本模型之上，这个简化的经济资本模型使我们可以在风险暴露水平特征的基础上，计算投资组合的边际资本储备。作为一个用来设定最低监管资本储备要求的工具，渐近单风险因子模型具有令人满意的特点：总的信用风险资本可以计算为暴露水平资本储备之和，而且这个储备是一个只依赖于违约概率、违约损失率和单一投资组合水平的资产相关系数的函数。但是，这个简化并不是没有代价，因为只有在下面提到的条件中，这个简化的模型才能合理地计算投资组合的资本储备：①存在一个促使不同债务人的资产相关的单一的系统性风险因子；②在投资组合中，任何一个暴露都只是总暴露中微不足道的一部分。

巴塞尔新协议的实施过程是：使用大量的资源来定义用于评价金融机构估计违约概率和违约损失率等贷款特征的能力的标准和程序。监管当局正在根据这些促使因子设计具体的、合理的标准。我们的重点不在于有关用来估计经济资本模型的促使因子或估计输入变量的模型的合理性。相对而言，我们的重点在于经济资本模型的应用，我们强调，应使用一个具体的损失函数或价值函数来度量来自于选择一个具有更大或更小分散性的资产分区框架的得和失。具体的替代损失函数的数目和种类非常多，并且最终在业务中用来估计资本要求的方法不是一成不变的。但是，一个自然的出发点是考虑对资产分组或替代分区的估计误差均方对经济资本模型的含义，我们将通过一些数学例子来说明这个含义。

参数估计

首先考虑一个两种不同种类的资产的情形，其中一个资产属于种类 1，另一个资产属于种类 2。其中种类 2 是高风险（更高违约概率）资产。在分区中存在的问题是：为了估计违约概率和资本要求，我们是否应把资产 1 和资产 2 一起放到具有相同风险的分区中。假设每个种类的资产都存在经验样本，种类 1 有 n_1 个观测值，种类 2 有 n_2 个观测值。假设 $n_1 > n_2$（这个条件并不是必须的），因此具有更高风险的资产的经验观测值较少。令 x_1 和 x_2 分别为资产 1 和资产 2 的观测到的平均违约率。现在，假设 x_1 和 x_2 服从均值向量为 θ、方差矩阵为Σ的正态分布。在 n_1 和 n_2 非常大，或者 x_1 和 x_2 是违约率的合适的转换，例如 Logits 模型的时候，这个假设是有意义的。由于我们从实际的比率着手讨论，因此我们现在需要估计两个二元正态概率。注意，这里得到的结果很容易被推广。在这个情形下，方差具有简单的结构：

$$\Sigma_{11} = \theta_1(1-\theta_1)/n_1, \quad \Sigma_{22} = \theta_2(1-\theta_2)/n_2$$

为简化起见，假设 $\Sigma_{12} - \Sigma_{21} = 0$：

把种类 1 和种类 2 的资产一起放到一个分区中，我们将得到单一“约束”估计 x_r：

$$x_r = (n_1x_1 + n_2x_2)/n, \text{其中 } n = n_1 + n_2$$

它的期望是：

$$E[x_r] = (n_1\theta_1 + n_2\theta_2)/n$$

作为 θ_1 和 θ_2 的估计值时的 x_r 的偏差是：

$$E(x_r - \theta_1) = n_2(\theta_2 - \theta_1)/n, \quad E(x_r - \theta_2) = -n_1(\theta_2 - \theta_1)/n$$

这两个估计值都是可取的：较高风险资产的违约概率被低估，而较低风险资产的违约概率被高估。这两个违约概率之间的差异取决于样本的相对大小。如果允许这个估计存在偏差，那么如同无约束估计一样，我们可以得到的更小的方差。x_r 的方差是：

$$\begin{aligned}V(x_r) &= (n_1^2/n^2)\Sigma_{11} + (n_2^2/n^2)\Sigma_{22} \\ &= (n_1\theta_1(1-\theta_1) + n_2\theta_2(1-\theta_2))/n^2 \\ &= (n_1\theta_1(1-\theta_1) + n_2\theta_2(1-\theta_1))/n^2\end{aligned}$$

估计资本要求

我们的重点不在于简单地考虑违约概率估计值的变化或误差，而在于风险资本估计值的变化。正如之前所提到的，我们认为风险资本是由巴塞尔协议建议修改案（BIS，2004）中具体规定的公司、政府和银行（CSB）的风险暴露权重公式所决定的。实际上，通过使用巴塞尔新协议中一个简化形式的权重函数，我们将考虑一个期限固定为一年，并且违约损失率（LGD）=100%的资产。

我们用 $W(\theta):[0,1]\rightarrow[0,1]$ 将资本风险权重（违约损失率的一部分）曲线表示为违约概率的一个函数。我们有：

$$W(\theta)=N[G(\theta)(1-R)^{-0.5}+G(0.999)(R/(1-R))^{-0.5}]-\theta$$

其中 $R=0.12(1+\mathrm{EXP}(-50\theta))$，$N(x)$ 表示一个服从标准正态分布的随机变量的累积分布函数，而 $G(z)$ 表示该累积分布函数的逆函数。通过把出现在 R 公式中的项 EXP（－50）近似为 0，我们对权重函数做了进一步的简化。R 的实际值低于 10^{-20}。注意这个风险权重曲线通常是违约概率的一个凹函数，正如图 14－1 中所示的那样。

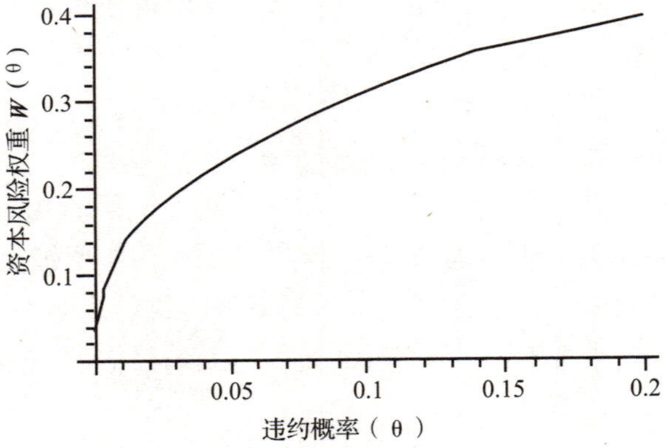

图 14－1 资本风险权重曲线

尽管观测到的无约束违约率通常是真实组违约概率 θ 的一个无偏估

计，但有意思的是，与观测到的违约率相对应的风险权重 $W(X)$ 不是与真实违约概率相对应的风险权重 $W(\theta)$ 的无偏估计。实际上，因为风险曲线是凹的，根据詹生不等式我们有 $E[W(x)]W(E[x])=W(\theta)$。因此违约概率(PD)的无偏估计和对于风险曲线的估计给出了资本的一个更加合适的估计。

损失函数

现在，我们已经可以讨论用来评估分区决策对经济资本估计影响的替代损失函数了。我们希望区分资本配置和资本归属这两个概念。当讨论资本配置的时候，我们指的是在投资组合水平上对总资本的估计，与此相对应的损失函数将主要关注分区之间的平均风险权重的变动。与之相反，资本归属过程重视的是在分区的水平上合理地分配资本，因此估计资本归属的损失函数将由分区水平的资本风险权重变化的加权平均来决定。

资本配置

对于包含有 n_1 个第一类资产和 n_2 个第二类资产的投资组合而言，这个投资组合的平均资本风险权重由下式给出：

$$(n_1W(\theta_1)+n_2W(\theta_2))/n$$

对于凹函数 $W(\,)$，我们使用一个有用的二次近似：

$$W(x)=ax-bx^2+k$$

利用这一近似，在使用无约束的估计 x_2 的时候，平均资本风险权重的期望值为：

$$\begin{aligned}&(n_1/n)(aE[x_1]-bE[x_1]^2-b\Sigma_{11}+k)\\&+(n_2/n)(aE[x_2]-bE[x_2]^2-b\Sigma_{22}+k)\\=&(n_1/n)(a\theta_1-b\theta_1^2-b\Sigma_{11})\\&+(n_2/n)(a\theta_2-b\theta_2^2-b\Sigma_{22})+k\end{aligned}$$

如果违约概率 θ 已知，那么平均资本风险权重将会被正确地计算为：

$$(n_1/n)(a\theta_1-b\theta_1^2)+(n_2/n)(a\theta_2-b\theta_2^2)+k$$

因此，平均资本风险权重中的偏差是负的，并且等于：

$$-b(n_1\Sigma_{11}+n_2\Sigma_{22})/n$$

我们可以类似地计算平均投资组合风险权重的方差：

$$E[n_1(a(x_1-\theta_1)-b(x_1^2-\theta_1^2))+n_2(a(x_2-\theta_2)-b(x_2^2-\theta_2^2))]^2/n^2$$

利用 x_1 和 x_2 之间的独立性假设，并且注意到一般的三阶矩是0，四阶矩是 $3\Sigma_{jj}^2$，这个式子将简化为：

$$(n_1^2(a^2\Sigma_{11}+b^2(3\Sigma_{11}^2))+n_2^2(a^2\Sigma_{22}+b^2(3\Sigma_{22}^2)))/n^2$$

我们现在已经有了足够多的信息来证明：当风险权重是通过把无偏的和无约束的估计值加入到 W 函数中而计算出来的时候，平均风险权重中的MSE是由下式给出的：

$$\begin{aligned}MSE_u = &(b^2(n_1\Sigma_{11}+n_2\Sigma_{22})^2\\&+n_1^2(a^2\Sigma_{11}+3b^2\Sigma_{11}^2)+n_2^2(a^2\Sigma_{22}+3b^2\Sigma_{22}^2))/n^2\end{aligned}$$

现在考虑从拥有这两项资产的分区的约束估计中得到的平均资本风险权重。考虑在 x_r 上计算 W，再一次使用我们对 W 的二次近似，对它取期望得到：

$$E[W(x_r)] = (aE[x_r]-b(E[x_r]^2-bV(x_r)+k)$$

注意，$E[x_r]=(n_1\theta_1+n_2\theta_2)/n, V(x_r)=(n_1^2/n^2)\Sigma_{11}+(n_2^2/n^2)\Sigma_{22}$

因此使用 $W(\theta)$ 的约束估计值 $W(x_r)$ 的偏差由下式给出：

$$\begin{aligned}&a((n_1\theta_1+n_2\theta_2)/n)-b((n_1\theta_1+n_2\theta_2)^2/n^2)\\&-b((n_1{}^2/n^2)\Sigma_{11}+(n_2^2/n^2)\Sigma_{22})\\&-(n_1/n)(a\theta_1-b\theta_1^2)-(n_2/n)(a\theta_2-b\theta_2^2)\end{aligned}$$

$W(x_r)$ 的方差是：

$$\begin{aligned}V(W(x_r)) &= a^2V(x_r)+b^r(3V(x_r)^2)\\&=a^2((n_1^2\Sigma_{11}+n_2^2\Sigma_{22})/n^2)\\&\quad+b^2(3(n_1^2/n^2)\Sigma_{11}+(n_2^2/n^2)\Sigma_{22})^2)\end{aligned}$$

从而 MSE_r 就是方差加上偏离的平方。

围绕 $\theta=0.05$ 的 $W(\theta)$ 的最佳二次近似是：

$$W(\theta) = 0.130922+2.330066\theta-5.174910\theta^2$$

注意，这个二次近似是非常准确的，当 $0.015<\theta<0.1$ 时，它的最大绝对相对误差低于0.2%（也就是作为实际 $W(\theta)$ 一部分的最大误差低于0.002）。

图14－2和图14－3显示了为了分配经济资本，合并或分离资产类别产生的影响。这个图将平均风险权重的两个平均均方误差度量之间的差异表示为投资组合中这两个资产的真实违约率 θ_1 和 θ_2 的函数。图中被画上阴

影的部分是为了表示对于我们考虑的投资组合规模，θ_1 和 θ_2 之间的差异所导致的在约束和无约束的 MSE 中正的（暗灰）或负的（亮灰）差异。当差异是正的时候，为了在总的资本配置中最小化 MSE，一个分散的分区系统对于那些想要汇合资产的银行而言是满意的。类似地，当差异是负的时候，资产种类的汇合导致了较低的 MSE。图 14－2 和图 14－3 之间的比较给出了较大样本规模的影响。正如预期的那样，我们看到当不同分区的违约概率（PD）的值更加接近时，约束估计是更好的。但是，样本规模越大，约束就将变得越不令人满意。

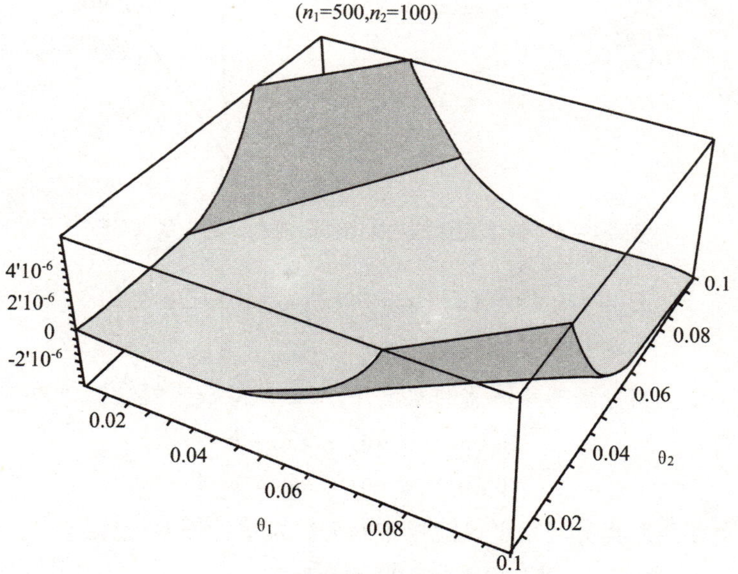

图 14－2　资本配置的约束 MSE 减去无约束的 MSE

资本归属

资本归属关注的是分区水平上估计值的准确性。我们因此希望推导一个对于分区具体的风险权重估计值敏感的损失函数。

当我们为两个资产中的每一个分配资产时，使用无约束估计，分区的具体风险权重的期望值是：

$$E[W(x_1)] = (aE[x_1] - bE[x_1]^2) - b\Sigma_{11} + k)$$
$$= (a\theta_1 - b\theta_1^2 - b\Sigma_{11} + k)$$

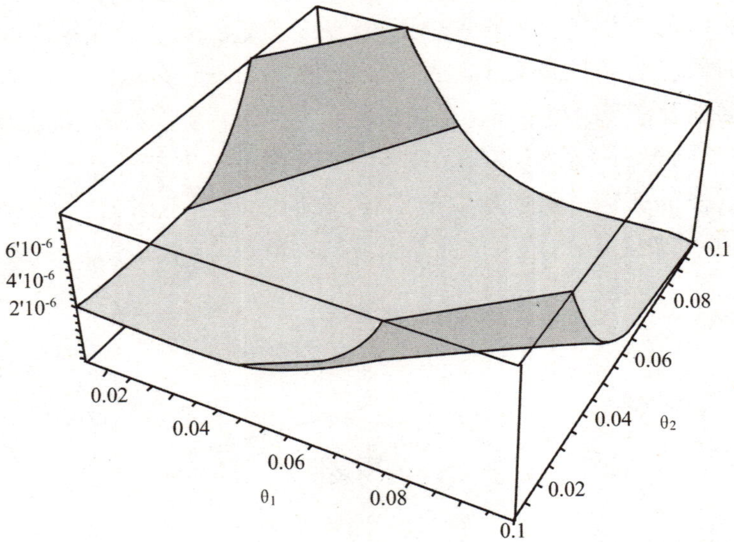

图 14－3　资本配置的约束 MSE 减去无约束的 MSE

$$E[W(x_2)] = (aE[x_2] - bE[x_2]^2 - b\Sigma_{22} + k)$$

$$= (a\theta_2 - b\theta_2^2 - b\Sigma_{22} + k)$$

如果真实的分区的具体违约率已知，那么风险权重就会被计算为：

$$W(\theta_1) = a\theta_1 - b\theta_1^2 + k$$

$$W(\theta_2) = a\theta_2 - b\theta_2^2 + k$$

这允许我们将分区水平风险权重的无约束估计偏差计算为：

$$E[W(x_1) - W(\theta_1)] = -b\Sigma_{11}$$

$$E[W(x_2) - W(\theta_2)] = -b\Sigma_{22}$$

分区水平风险权重估计的方差由下式给出：

$$V[W(x_1)] = E[(a(x_1 - \theta_1) - b(x_1^2 - \theta_1^2))^2]$$

$$V[W(x_2)] = E[(a(x_2 - \theta_2) - b(x_2^2 - \theta_2^2))^2]$$

因为一般的三阶矩为0，四阶矩为3 Σ_{jj}^{-2}，这些式子将简化为：

$$V[W(x_1)] = (a^2\Sigma_{11} + b^2(3\Sigma_{11}^2))$$

$$V[W(x_2)] = (a^2\Sigma_{22} + b^2(3\Sigma_{22}^2))$$

通过增加偏差平方，分区水平的无约束 MSE 由下式给出：

$$\text{MSE}_{u1} = a^2\Sigma_{11} + 4b^2\Sigma_{11}^2$$

$$\text{MSE}_{u2} = a^2\Sigma_{22} + 4b^2\Sigma_{22}^2$$

这允许我们将不同分区的加权平均无约束 MSE 计算为：

$$\mathrm{MSE}_u = (n_1/n)(a^2\Sigma_{11} + 4b^2\Sigma_{11}^2) + (n_2/n)(a^2\Sigma_{22} + 4b^2\Sigma_{22}^2)$$

对于约束的估计值，从之前的结果可以得到：

$$E[W(x_r)] = a((n_1\theta_1 + n_2\theta_2)/n) - b((n_1\theta_1 + n_2\theta_2)/n)^2 - b((n_1^2/n^2)\Sigma_{11} + (n_2^2/n^2)\Sigma_{22}) + k$$

和

$$V(W(x_r)) = a^2((n_1^2\Sigma_{11} + n_2^2\Sigma_{22})/n^2) + b^2(3((n_1^2/n^2)\Sigma_{11} + (n_2^2/n^2)\Sigma_{22})^2)$$

我们把有约束的分区水平的风险权重估计偏差计算为：

$$E[W(x_r) - W(\theta_1)] = a((n_1\theta_1 + n_2\theta_2)/n) - b((n_1\theta_1 + n_2\theta_2)/n)^2 - b((n_1^2/n^2)\Sigma_{11} + (n_2^2/n^2)\Sigma_{22}) - (a\theta_1 - b\theta_1^2)$$

$$E[W(x_r) - W(\theta_2)] = a((n_1\theta_1 + n_2\theta_2)/n) - b((n_1\theta_1 + n_2\theta_2)/n)^2 - b((n_1^2/n^2)\Sigma_{11} + (n_2^2/n^2)\Sigma_{22}) - (a\theta_2 - b\theta_2^2)$$

通过增加方差和偏差的平方，使用约束估计值而得到的分区水平的 MSE 是：

$$\begin{aligned}\mathrm{MSE}_{r1} = {} & a^2((n_1^2\Sigma_{11} + n_2^2\Sigma_{22})/n^2) \\ & + b^2(3((n_1^2/n^2)\Sigma_{11} + (n_2^2/n^2)\Sigma_{22})^2) \\ & + (a((n_1\theta_1 + n_2\theta_2)/n) - b(((n_1\theta_1 + n_2\theta_2)/n)^2 \\ & - b((n_1^2/n^2)\Sigma_{11} + (n_2^2/n^2)\Sigma_{22}) - (a\theta_1 - b\theta_1^2))^2\end{aligned}$$

$$\begin{aligned}\mathrm{MSE}_{r2} = {} & a^2((n_1^2\Sigma_{11} + n_2^2\Sigma_{22})/n^2) \\ & + b^2(3((n_1^2/n^2)\Sigma_{11} + (n_2^2/n^2)\Sigma_{22})^2) \\ & + (a((n_1\theta_1 + n_2\theta_2)/n) - b(((n_1\theta_1 + n_2\theta_2)/n)^2 \\ & - b((n_1^2/n^2)\Sigma_{11} + (n_2^2/n^2)\Sigma_{22}) - (a\theta_1 - b\theta_1^2))^2\end{aligned}$$

不同的分区的加权平均约束 MSE 是：

$$\begin{aligned}\mathrm{MSE}_r = {} & (n_1/n)a^2((n_1^2\Sigma_{11} + n_2^2\Sigma_{22})/n^2) \\ & + b^2(3((n_1^2/n^2)\Sigma_{11} + (n_2^2/n^2)\Sigma_{22})^2) + \\ & + (a((n_1\theta_1 + n_2\theta_2)/n) - b(((n_1\theta_1 + n_2\theta_2)/n)^2 \\ & - b((n_1^2/n^2)\Sigma_{11} + (n_2^2/n^2)\Sigma_{22}) - (a\theta_1 - b\theta_1^2))^2) \\ & = (n_2/n)a^2((n_1^2\Sigma_{11} + n_2^2\Sigma_{22})/n^2) \\ & + b^2(3((n_1^2/n^2)\Sigma_{11} + (n_2^2/n^2)\Sigma_{22})^2)\end{aligned}$$

$$+ (a((n_1\theta_1 + n_2\theta_2)/n) - b(((n_1\theta_1 + n_2\theta_2)/n)^2$$
$$- b((n_1^2/n^2)\Sigma_{11} + (n_2^2/n^2)\Sigma_{22}) - (a\theta_1 - b\theta_1^2))^2)$$

图 14 -4 和图 14 -5 再一次显示了来自于 θ_1 和 θ_2 不同组合的风险权重中的 MSE 差异。

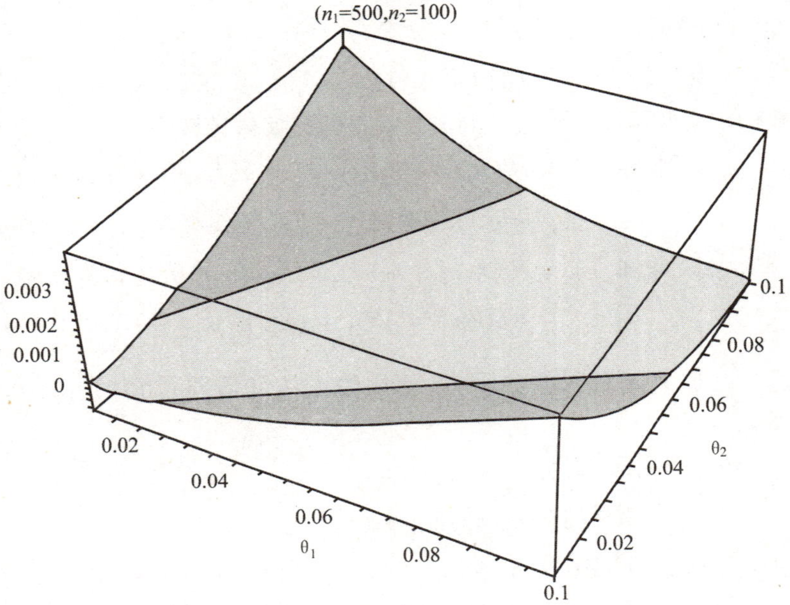

图 14 -4　归属资本的约束 MSE 减去无约束的 MSE

我们又一次看到：只有不同资产的违约概率（PD）非常接近的时候，约束估计才是令人满意的。与总资本的情形对比，这里起作用的不仅仅是违约概率之间的差异。当违约概率比较小的时候，对于它们之间的一个给定的距离，约束估计是不怎么令人满意的。对于分区水平的准确性的关注将会导致银行在实践中更少地把这些估计值组合在一起。

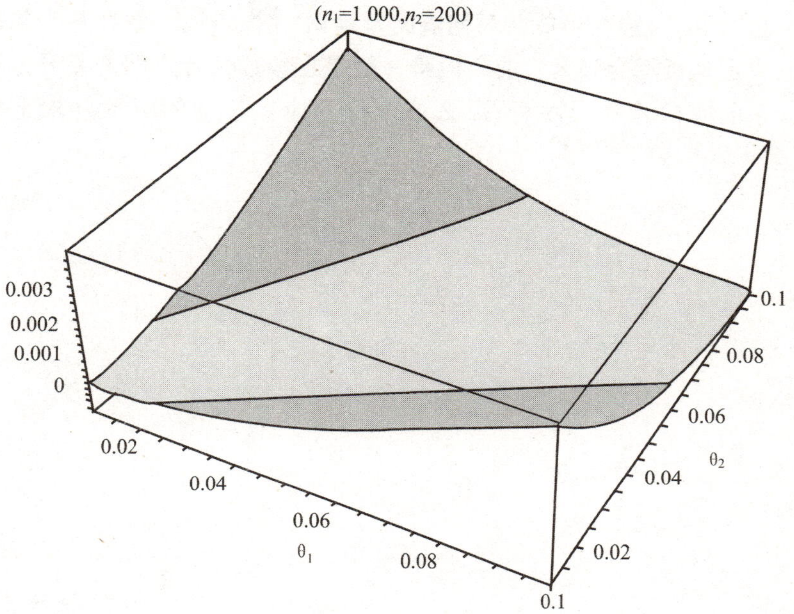

图 14－5　归属资本的约束 MSE 减去无约束 MSE

小　结

通过考虑由于合并数据以提高样本规模而带来的样板方差的下降和为不同资产赋予相同的违约概率带来的偏差之间的权衡，这一章给出了一个评估资本模型的方法。

通过使用巴塞尔协议建议修改案中的具体化规定，我们考虑了在投资组合水平和资产水平估计的资本要求的准确性。我们建议的技巧可以用来定性分析分组或分区带来的资本估计值方差的降低是否超过了其准确性上的损失。尽管我们使用的和得到的数字只对于具体例子而言才是具体的，但是一个标准的相对评级可能是普遍成立的。也就是说，当评价标准是总资本要求估计的准确性的时候，由分组造成的损失较小，当我们对于在分区水平正确地分配资本感兴趣时，分区就更值得关注。

注意，这里并没有建议确定分区过程中分散程度的实际方法，我们只是简单地考虑了如何使用不同的标准来判断汇合分区带来的影响。一个经典的方法是“前向检验”，可能会对均值的差异做一个 t 检验，并在这个检验的基础上决定是否汇合分区。前向检验一般是在参数估计之间的差异上进行的。如果前向检验令人满意，那么这个检验应在估计的资本要求上直接进行。

第 15 章
经济资本管理系统建设规划

总体架构与功能模块规划

总体架构

资本管理系统套件分为四个层级架构：基础数据层、计算引擎层、管理应用层、管理报告层，如图 15 - 1 所示。从数据流的角度来看，又可以演绎为源数据与数据整合层、数据处理层、数据展示层。对应关系分别为：基础数据层是具体对源数据进行基础性的加工处理及数据整合，以供数据计算之用；计算引擎层与管理应用层是处理数据计算的完整过程；管理报告层就是对源数据计算结果进行展示。

整个资本管理系统套件包括监管资本管理与经济资本管理两大系统（如图 15 - 2 和 15 - 3 所示），这两大系统可以相对独立的部署及运行。

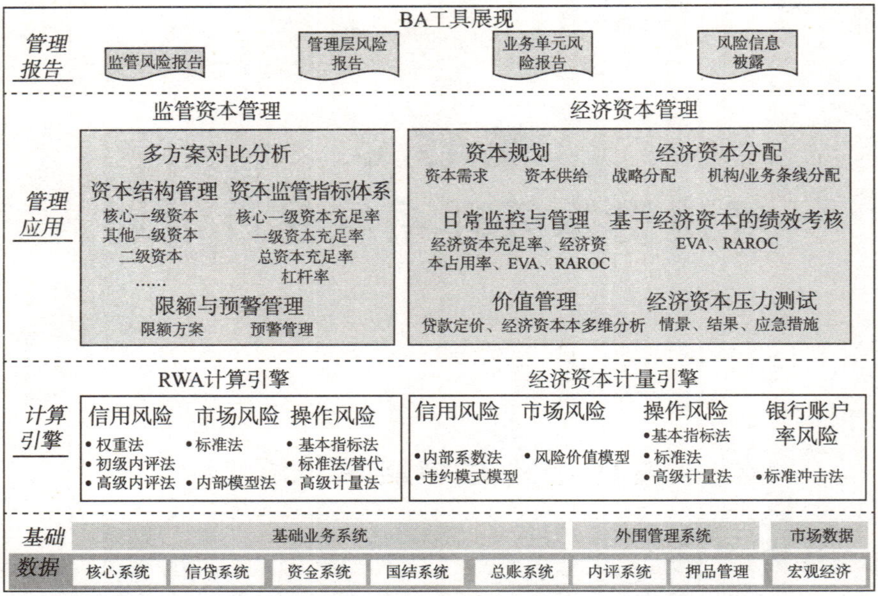

图 15-1 资本管理系统套件

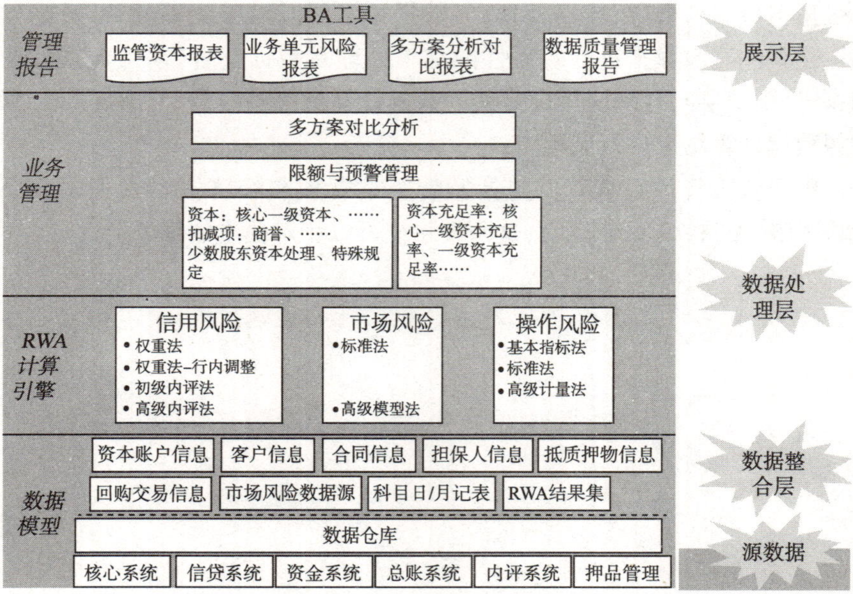

图 15-2 监管资本管理系统架构

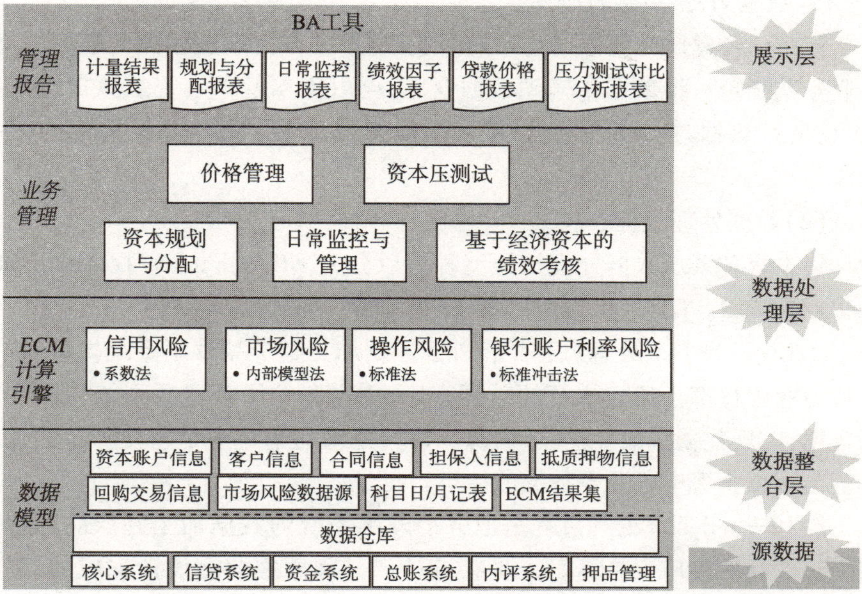

图 15－3　经济资本管理系统架构

功能模块规划

基础数据

(1)数据要求。

商业银行资本管理系统对银行业务的数据要求非常高,特别是几大风险占用风险资本的计量过程中,不仅是数据数量的要求更关注数据的质量。

① 数据来源一:各业务系统。

系统的源数据最初来自于各个业务系统,特别针对没有建设专业数据仓库的商业银行,源数据的来源主要包括:

- 核心系统——提供所有的明细账户数据,各条账户数据包含计量所需的全部属性;
- 信贷系统——提供所有贷款合同信息,客户评级、缓释工具(抵质押物、保证人)、授信额度等;
- 内评系统——提供各债项债务人的内部评级信息,用于初级内部评级法、高级内部评级法的高级计量。
- 总账系统——提供账务数据信息。

② 数据来源二：数据仓库。

针对已经建设专业数据仓库的商业银行，数据需求直接面向数据仓库，各业务系统统一将数据传输到数据仓库，再由资本管理系统从数据仓库抽取，系统对数据进行数据抽取和数据加工，以满足资本管理系统的数据需求。

(2)数据处理流程。

资本管理系统数据处理按照流程可以分为 ETL1(Extract、Transform and Load)和 ETL2。ETL 为“数据抽取、转换、加载”的意思。

ETL1——ETL1 处理过程是将外围数据加工到产品外围系统接口表中。一般商业银行都会建立本行的数据仓库，用来存储所有业务系统传入的业务数据，实现数据集成，统一数据源。数据处理的第一步是建立产品的外围系统与数据仓库中各业务数据的接口。

ETL2——ETL2 处理过程是把各个外围系统的数据加工到产品的接口表中。产品的接口表是开发人员在设计产品程序之前会设计完成的，提交数据处理人员参考便于建立系统正确的取数规则，数据处理人员按照取数规则取数后存入产品接口表中，供产品运行时取数计算。数据处理流程如图 15－4 所示。

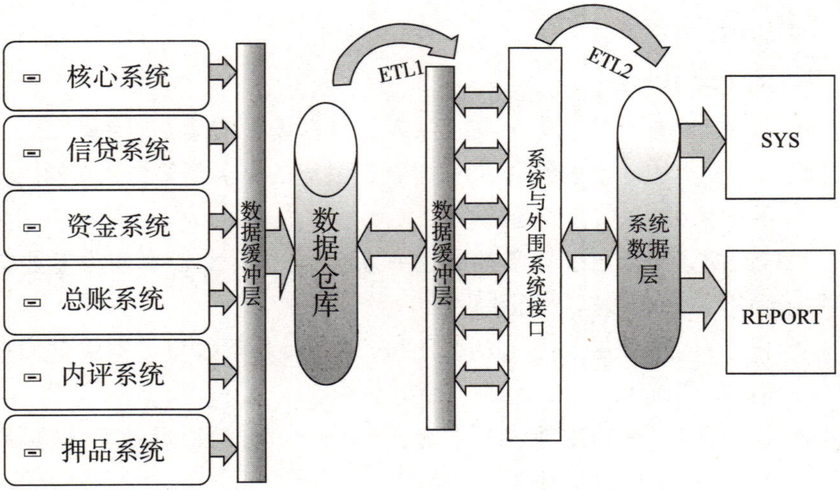

图 15－4 数据处理流程

(3)金融风险数据服务。

商业银行需要拥有非常专业的数据处理团队，提供全方位的金融风险数据服务，实现资本管理系统与业务数据之间的无缝衔接。

经过对相关业务系统的数据整合，将业务数据进行抽取、清洗、转换、加载，存入风险数据平台；在平台上对加工后的数据按系统需求规则进行正确地组织；各应用系统运行时会从数据平台取到规范数据，保证系统有效运行；应用系统运行结果会以图表、报表、多维分析等方式展现信息，供查询。系统的数据服务流程如图 15－5 所示。

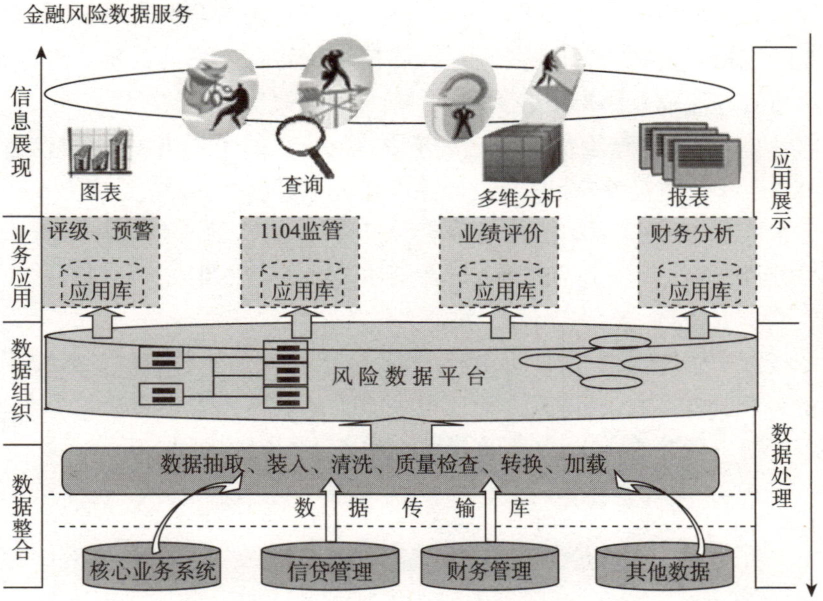

图 15－5　金融风险数据服务流程

计算引擎

总体功能架构中计算引擎类似汽车的发动机，带动着整个资本管理系统的运行，支撑资本管理的管理应用。计算引擎又细分为 RWA 计算引擎和经济资本计算引擎。RWA 计算引擎中的计算规则完全按照《商业银行资本管理办法（试行）》设计，计算一支柱下三大风险的风险加权资产，助力商业银行满足监管要求并提升风险管理水平；经济资本计算引擎完全从行内精细化管理的角度出发，提炼能够反映出该行风险特征的敏感因子，精确计算一支柱甚至二支柱下各类风险的非预期损失。

管理应用

管理应用是架构在计算引擎层之上的延伸应用，具体包括监管资本管理应用与经济资本管理应用。监管资本的管理应用重点在于配置资本结构来源与监管指标、限额与预警管理、多方案对比分析等；经济资本的管理应用更侧重服务于行内特殊的管理需要，如资本规划与分配、日常监控与管理、经济资本多维度分析，以及经济资本的高阶应用，如基于经济资本的绩效考核、价值管理（贷款定价）、经济资本压力测试。

管理报告

资本管理体系的报告主要以报表的形式展现，从内容上来看，主要包括报送监管机构的资本管理监管报表、内部精细化管理之用的经济资本报表、数据质量管理流程及结果报表。

监管报表，从现阶段资本管理监管的要求出发，并行报送两套监管报表，即2004年银监会发布《商业银行资本充足率管理办法》中要求的G41资本充足率汇总表、G42表内加权风险资产计算表、G43表外加权风险资产计算表。并且，2012年银监会发布的《新资本充足率（巴Ⅲ）报表》共计32张也需要同步报送。

经济资本管理报表，由计量至应用，各个子模块都有相应的计算结果展现。相对于监管报表，经济资本管理报表除了从展现内容上有所区别外，更是贴近于行内管理的需求，从展现维度上服务于行内管理要求。

系统建设规划

系统建设的先决条件

整体而言，商业银行需要建立提升管理为主，合规达标为辅的实施战略。实施资本管理不是简单的资本数字游戏，是风险管理能力的升级，更是管理理念的转变。各商业银行需要根据自身实际情况出发，选择与本行经营战略、规模和业务复杂程度等相匹配的全面风险管理体系建设路径。总体来说，需要考虑如下因素：

- 整体规划：考虑监管的合规以及银行实际的精细化管理需求。
- 重点突破：先从对银行风险影响较大的政策、工具、方法和流程等关键环节入手，逐步完善整体风险管理体系。
- 循序渐进：对比大型银行，中小银行风险管理现状及资源等较为薄弱，需要有计划的逐步改善。如风险量化方面，可以先建立基于专家的打分卡模型，待数据充足后再建立更加先进的风险模型。

- 适合至上：中小银行风险管理不能照搬大型银行或国外的经验。如，风险模型开发对于历史数据充足的大行可行且适用，对于中小银行则未必。
- 人才建设：加强优秀人才引进，以促进先进的政策框架、流程及计量工具作用的有效发挥。

系统建设规划

大型商业银行的资本管理起步较早，特别是第一批、第二批巴塞尔新资本协议实施银行早在 2007 年 2 月银监会发布《中国银行业实施新资本协议指导意见》之后就着手开展新资本协议达标的实施工作。中小商业银行资本管理专业化需求尚处于起步阶段，在其管理历史上大都是将监管资本管理与经济资本管理割裂开的，很多银行在日常管理中，专业管理能力不高，更是缺乏管理系统支撑。因此，特别针对中小商业银行建设完善的资本管理体系的具体路径给出建议，如图 15 – 6 所示。

图 15 – 6 表示的资本管理体系建设的阶段工作内容如下：

阶段一：满足资本管理监管的初级达标要求

采用简单的计量方法计算三大风险的风险加权资产或风险资本，满足资本管理监管的初级阶段要求。但无论是新增市场风险、操作风险资本的计算还是调整信用风险加权资产的计算规则和权重，都仅仅涉及一些规则的改变，不会引起银行的管理及业务模式的实质性变革。

阶段二：健全全面风险管理体系，建立内部资本充足评估程序

商业银行全面风险管理能力将不仅仅体现在内部管理和业务运行层面，更将会影响监管当局对其的监管资本要求，从而影响其个体资本监管环境以及相对竞争环境。特别在当前资本市场融资难度不断提高，资本约束不断增强的环境下，良好的全面风险管理能力，将可能的监管资本控制在合理的范围，更显得尤为重要。在这样的背景下，商业银行至少应当根据新的资本管理办法的要求，建立全面风险管理框架，加强风险管理能力，建立完善公司治理、内部资本充足率评估程序，在个体监管资本要求上赢得竞争优势。

在建立健全全面风险管理体系的过程中，以下内容是商业银行需要重

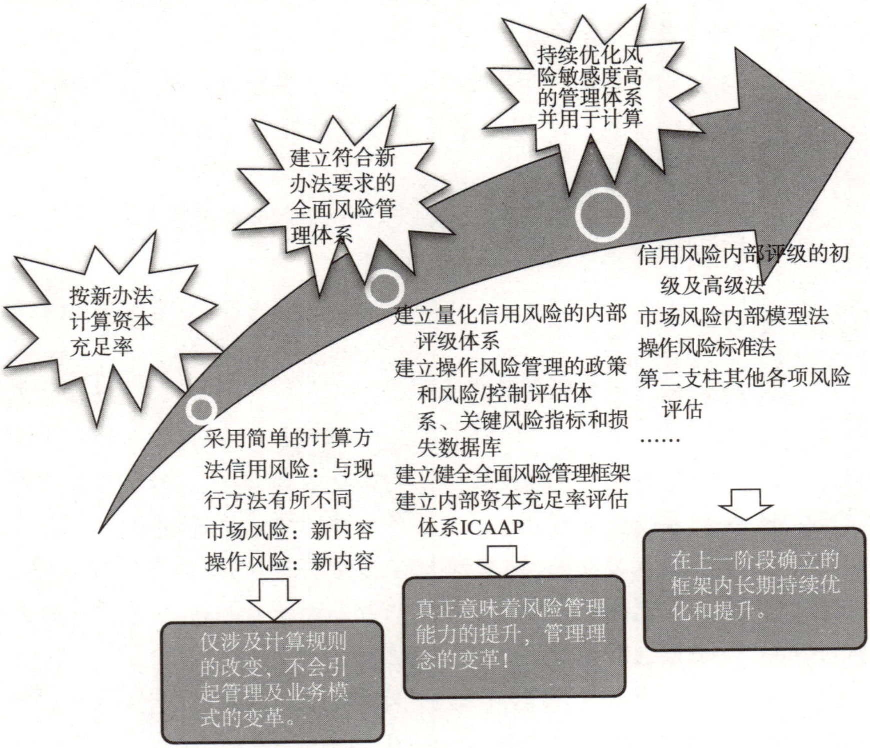

图 15－6 中小商业银行资本管理体系的建设路径

点突破的内容：

明确全面风险管理的职能职责及治理结构，包括董事会、高级管理层、总行管理职能、业务条线等职能在全面风险管理体系中的具体职责。目前多数银行的现状是建立了单一风险的管理体系，尤其是信用风险相关的职能职责和流程已经比较成型，但是缺乏跨风险的整合管理和汇总能力，而新办法希望银行能够打破各单一风险领域独立割裂的状态，使风险管理"化零为整"。

董事会和高管层的决心和意志，建立全面风险管理的组织架构将不可避免地需要对现有机构进行调整，因此需要得到董事会和高级管理层具备一定的决心和意志才能得以顺利推行。

建立面向不同对象的全面风险报告体系，及时将全行完整的风险轮廓呈现给董事会和高级管理层，建立"大局观"。这需要银行将来自各单一风险领域的信息进行精选提炼，形成不同频率和内容的全面风险仪表盘。

阶段三：提升风险计量水平，采用更具风险敏感度的资本计量方法

在审慎监管的指导思想下，标准法提供的风险权重一般趋于保守，偏向于要求银行针对风险计提偏多的资本，而高级计量法由于风险敏感度更高，对于那些风险管理能力强，资产质量好的银行而言，采用高级计量法意味着比标准法能够节约资本占用。

在三大风险中，信用风险资本的占比最高。因此，从资本节约的角度，将会有越来越多的银行有动力针对信用风险建立内部评级体系，在提升内部管理能力实现精细化管理的同时，达到资本节约的目的。

模型开发应当以满足业务和管理需求为首要目标，注重模型结果的应用，实现资本减让应当作为加分项，而非主要决策依据。将模型结果融入日常经营管理决策环节将是监管当局决定是否审批通过的重要因素。

历史数据时间短、数量少等数据匮乏的商业银行在开发高级计量模型时，应当对模型的表现有合理预期，应与具备丰富模型开发经验的服务提供商合作，以经验优势弥补数据缺陷。

在开发模型的同时，还应当确立完善的模型验证体系，以确保能够对模型进行持续优化。

数据集市建设与管理

资本管理涉及产品类型及源业务数据繁多，数据需求数据涉及多个业务源系统，数据映射及数据架构复杂。不同产品所需的信息散落在不同源系统，同一产品的不同债项也来源不同系统，甚至同一债项的信息都来源不同的源系统，因此增加了从数据仓库和源系统到目标数据映射、信息集成的难度和复杂性。风险数据集市架构如图 15－7 所示，各产品类型数据分布如图 15－8 所示。

数据差异分析及数据质量检查

资本管理项目有效实施的重要前提就是检查行内数据的质量，分析行内实际数据与数据需求之间的差异，并逐步清除差异。数据差异分析流程如图 15－9 所示。

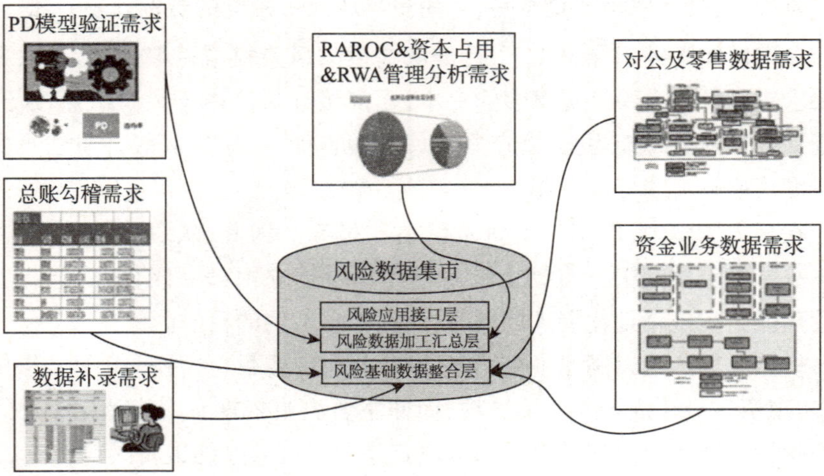

图 15－7　风险数据集市架构

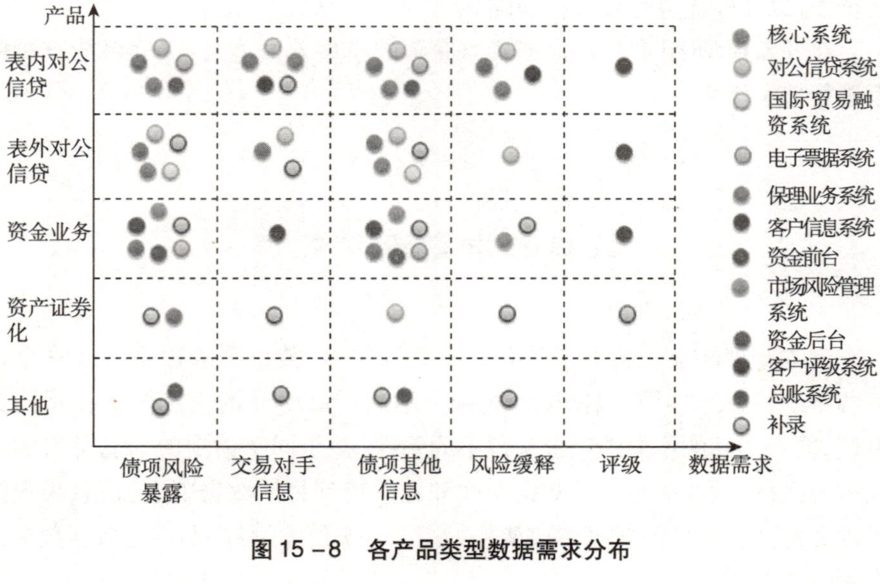

图 15－8　各产品类型数据需求分布

数据分布盘点及目标数据定义

(1)业务系统及数据平台调研；

(2)业务数据分布盘点；

(3)根据资本管理计量要求，定义目标数据需求；

(4)细化债项、交易对手、缓释品、准备金、评级等实体所需各数据项的

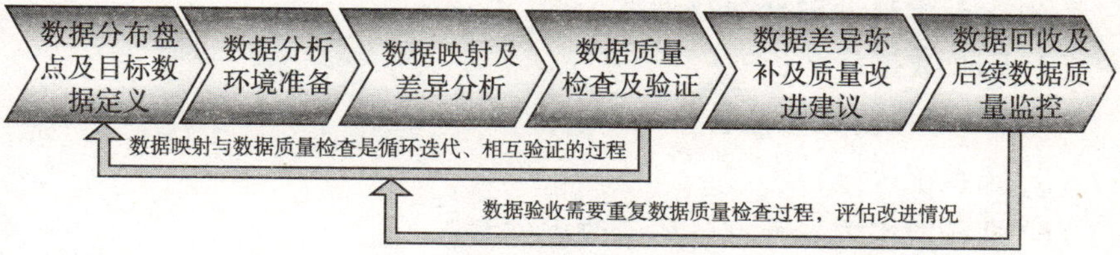

图15－9　数据差异分析流程

定义及数据质量要求；

(5)根据风险管理专题整理目标数据。

数据分析环境准备

资本管理计量涉及较多的异构系统及数据库,需要建立统一的数据差异分析及质量检查平台;异构的系统及数据库增加了平台搭建的复杂度;源系统数据时点的选择要考虑系统间的数据交互。

数据映射及差异分析

(1)建立源与目标的数据映射;
(2)系统级映射;
(3)实体级映射;
(4)数据项级映射;
(5)执行差异根源及影响度分析;
(6)执行第二阶段数据映射;
(7)根据风险管理专题提出的新的目标数据进行第二次数据映射;
(8)评估差异大小,制定弥补方案。

数据质量检查及验证

(1)执行数据质量检查分析;
(2)有效数据的筛选;
(3)关联数据项检查;
(4)数据集成性分析;
(5)编写基于数据特征和业务规则的数据检查程序;
(6)运行数据检查程序,记录数据质量检查结果;
(7)数据映射与质量检查结果验证。

数据差异弥补及质量改进建议

(1)建立数据差异弥补与数据质量改进的长短期方案;

(2)源系统数据增补与数据清洗；

(3)ETL数据清洗；

(4)RWA系统数据补录；

(5)源系统改进；

(6)推行数据差异弥补与质量改进方案；

(7)建立数据质量日常管理与监控机制；

(8)建立问题跟踪与问题解决机制。

数据验收及后续数据质量监控

数据验收及后续数据质量监控流程如图15-10所示，包括：按数据差异弥补及数据质量改进方案，完成数据质量短期改进成果验收；对验收未通过的数据，重复改进过程，直至验收通过；执行日常数据管理，定期评估数据质量；逐渐由数据质量短期改进方案过度到长期改进方案。

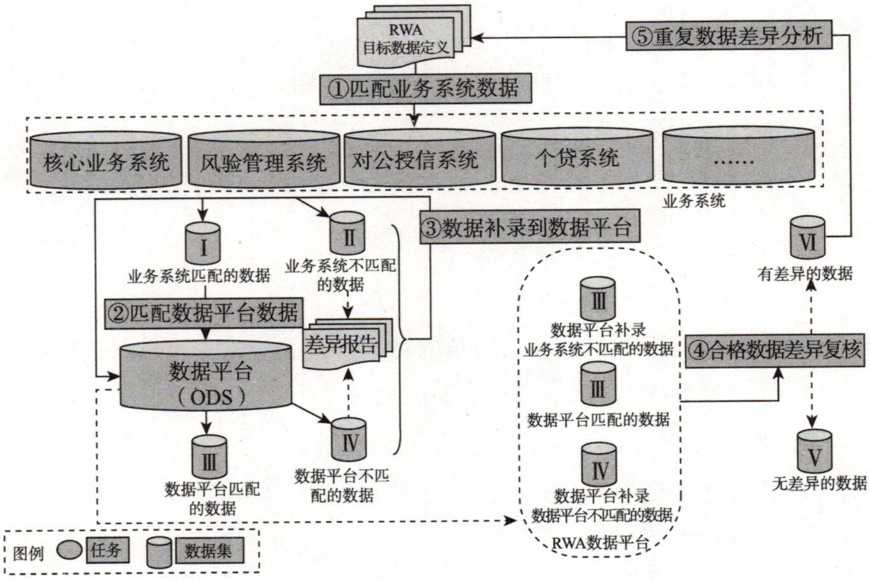

图15-10　数据验收及后续数据质量监控

数据差异分析与质量检查过程

资本管理实施数据差异分析是一个复杂的过程，需要采用螺旋迭代方案逐步清除差异，最终满足数据要求。

数据补录方案建议

如果源系统不能提供资本管理计算需要的目标数据,银行需要手工收集相关数据,并建立数据补录系统。数据采集与补录功能流程参考如图 15 -11所示。

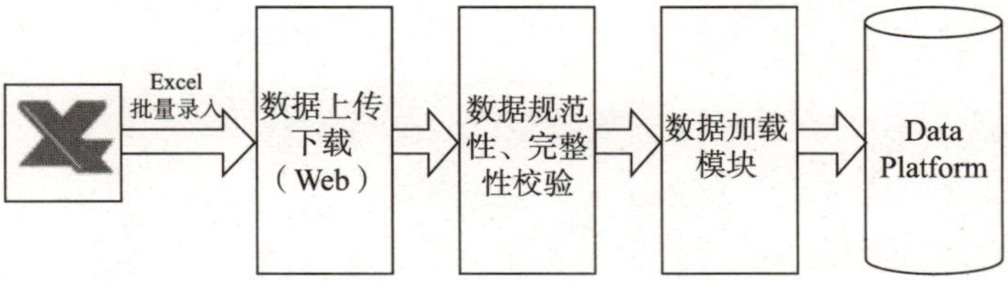

图 15 -11　数据补录功能流程

具体规划数据补录平台时需要考虑数据采集模板设计、数据采集与报送的业务管理制度及数据补录的规范性校验三个方面,数据补录系统方案流程如图 15. 12 所示。

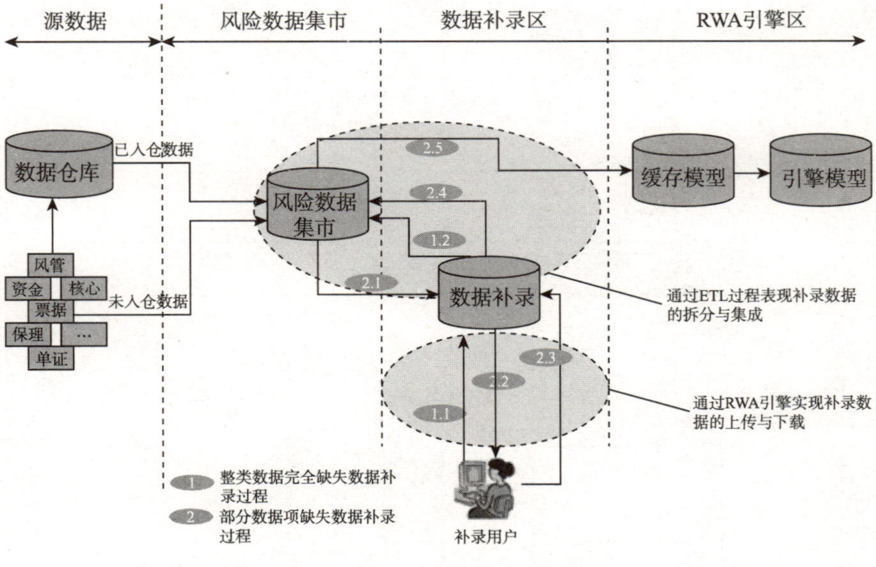

图 15 -12　数据补录方案流程

- 数据采集模板设计的核心包括:

(1)对数据项的拆分和组合;

(2)采集数据对象的详尽定义;

(3)数据采集的控制信息及跟踪信息的定义。

- 数据采集的业务管理与报送制度考虑的因素包括：

(1)采集的业务部门；

(2)填报方式；

(3)填报岗位及权限设置；

(4)采集的时间周期；

(5)出错处理流程。

- 数据补录的规范性与完整性检查数据校验规则：

(1)检查非空字段是否为空；

(2)检查数据格式是否符合指定格式；

(3)检查数据是否在指定值域范围内。

系统数据质量监控与管理方案

系统数据质量监控与管理方案如图 15－13 所示。

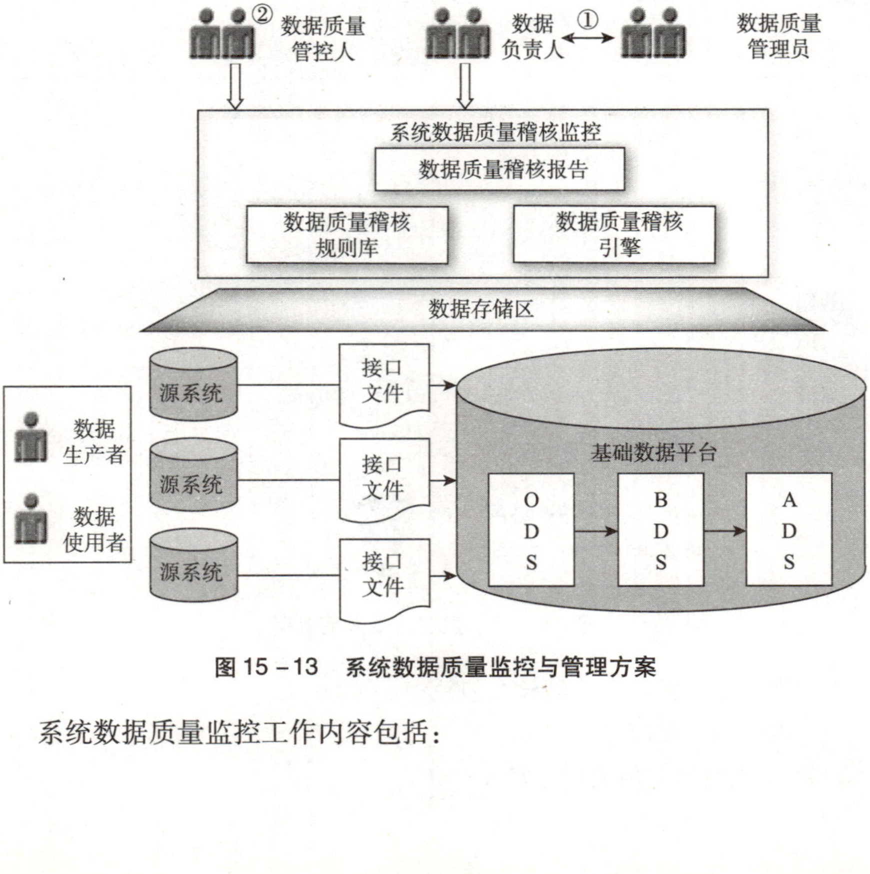

图 15－13　系统数据质量监控与管理方案

系统数据质量监控工作内容包括：

数据质量检查规则确定和维护

(1)数据负责人根据当前业务对数据最新要求,提出数据质量检查规则;

(2)数据质量管理员收集、汇总数据质量检查规则,并协调统一冲突的数据质量检查规则,确定最终版本并录入到规则库中。

数据质量管控

(1)数据质量负责人:向数据质量管控团队提出源系统的数据质量问题。

(2)数据质量管控人:数据质量管控人负责源系统数据质量问题的确定、跟踪和管理。

系统咨询式实施

咨询式实施

实施全面资本管理的过程是一个转换观念和统一思想认识的过程,是一个提高内部管理水平的过程,更是银行转型变革的过程。资本管理中除了监管资本管理外其他管理内容没有标准答案,各银行也没有统一的模式,也绝非“拿来主义”,管理层的需求决定了资本管理实施的内容。

经验表明,观念、思想认识不统一,行动不协调,战略目标不清晰,实施风险及管理会计系统的效果将会大打折扣。同时,前期银行存在数据质量与数据转换的问题,信息管理平台资源匮乏问题,专业人才补充等一系列问题。尽管面临的问题复杂且艰巨,但是终归要迈出艰难的第一步,前提是我们要进行充分的准备,详细地论证。商业银行的转型发展之路已不可逆转,下一步研究如何将资本、风险和回报融合,保障银行持续高速的发展下去,是我们每位必须面对的崭新课题,实施资本管理系统或许是答案之一。

资本管理信息化建设实施过程中,咨询可以推动 IT 系统更有效地落地和应用,咨询担负的不仅仅是提供一份解决方案的责任,更是真真实实地帮助银行解决实际问题,咨询贯穿于整个项目实施过程的始终。资本管理咨询式实施过程组织如图 15 – 14 所示。

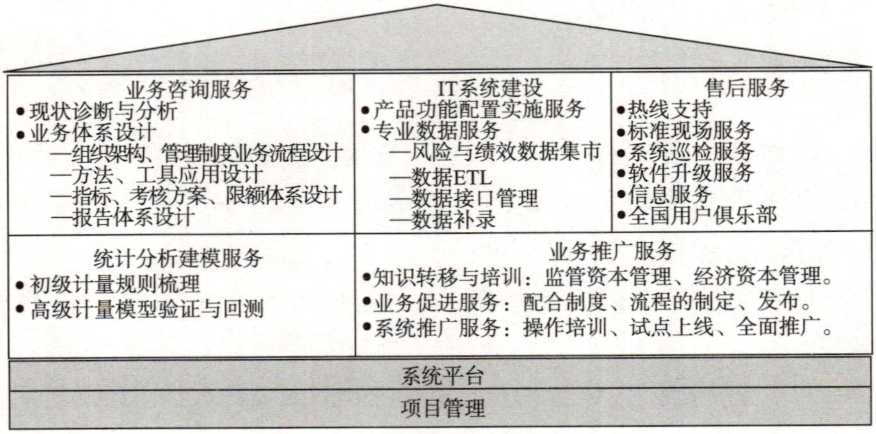

图 15－14 资本管理咨询式实施过程组织

咨询式实施成果

项目预期成果可以从以下三个部分解析：①银行全面资本管理解决方案；②全面资本管理体系构建；③全面资本管理办法及相关管理办法。三项成果完成了商业银行资本管理从理论到实务到工具方法的全过程研究，为成功运行全面资本管理体系并发挥其作用奠定坚实的基础。

随着国内银行业监管新规的推出，商业银行对资本管理活动更加关注，通过不同策略和渠道补充资本，调整银行业务结构，减少风险资产对资本的消耗占用，提高资本充足率水平；努力实现内部精细化资本管理，提升风险管理水平。目前很多大型银行已初步实现全面资本管理，这种资本管理理念在管理实践中日趋完善、成熟，但是各家银行都必须根据自身的风险特征和管理水平搭建相适应的解决方案、管理体系及配套管理办法。

咨询式实施主要成果如下：

全面资本管理解决方案

全面资本管理解决方案主要包括监管资本管理和经济资本管理的业务需求分析，要达成的主要内容如下。

监管资本管理定义、范围与功用 监管资本管理实现按照监管当局的要求，关注本行的资本构成、质量、补充机制，严格计量风险加权资产，目标落在资本充足率、杠杆率等一系列风险指标的监管达标。从系统功能上来看，实现监管资本管理当前情况查询及对未来补充资本后监管指标的达标情况模拟测算。
经济资本管理定义、范围与功用 银行的经济资本管理具有两大功能——管理风险业务和创造价值。经济资本计量从定量角度描述了银行所面临的风险，但是银行在经济资本管理中，只考虑风险是没有意义的，因为银行之所以从事风险业务，投资者之所以从事风险投资，目的都是为各自的投入带来价值增值。经济资本的另一重要功能便是银行的价值管理，成为商业银行制定经营战略的决策依据，是未来商业银行价值管理的核心。银行经济资本在价值增值中的主要功能是：产品定价、业绩衡量和资本配置。促进银行产品合理定价是商业银行的基本功能，而合理准确地衡量业绩又是银行创造价值的基础，资本配置则是银行主动运用经济资本进行指导战略和业务决策。

全面资本管理系统规划

主要包括全面资本管理体系的需求分析、外围配套系统分析以及数据需求分析，要达成的主要内容如下。

全面资本管理体系需求分析 全面资本管理咨询方案转化为系统，还是需要一个业务需求至产品需求的分析过程。分析结果为搭建全面资本管理系统服务。
外围配套系统分析 外围源数据系统的支撑，包括基础的业务系统、数据仓库、基础的管理系统等。 全面资本管理应用系统的集成，资本管理结果应用于绩效考核、产品定价、授信管理等领域，其对应的绩效考核系统、产品定价系统、授信管理系统与资本管理系统的应用集成。为后续搭建全面资本管理的系统服务。
数据需求分析 分析监管资本计算与经济资本计量所需要的基础数据来源、数据质量情况；为后续全面资本管理系统的数据需求服务，对数据质量不符合要求的提前给予解决方案。

全面资本管理体系梳理

主要是对全面资本管理体系现状进行诊断并提出改进建议，要达成的主要内容如下。

全面资本管理体系现状诊断与改进建议
初步梳理银行现有的资本管理体系，包括：治理结构、组织权责、配套制度、管理流程等；对照银监会《商业银行资本管理办法（试行）》的要求和业内先进实践进行差距分析；提出与管理资本系统建设的前提条件：银行资本管理体系构建的原则、内容和改进建议。

资本管理组织、流程与制度

资本管理组织、流程与制度的功能矩阵如图 15－15 所示。

流程	部门	工作内容	制度
①制定风险偏好和最低资本回报率目标	董事会：董事会风险管理委员会、高管层风险管理委员会	• 风险偏好和经风险调整的最低资本回报率目标是我行风险战略的一部分； • 风险偏好体现为最低资本充足率水平以及置信水平。	《资本管理规定》 《经济资本管理办法》 《监管资本管理办法》
②制定资本管理目标	董事会、董事会战略委员会、高管层资产负债委员会	• 总体目标：保持资本、风险和收益之间的商机平衡； • 具体包括监管资本管理目标与经济资本管理目标	《资本管理规定》 《经济资本管理办法》 《监管资本管理办法》
③经济资本规划	资产负债部 参与：计财部、风管部、战投部、业务部门、分支机构	• 基于业务预测、财务预测以及风险预测、形成资态规划结果、体现为三年资本充足率水平、绩效考核目标值； • 制定全行层面的经济资本占用进度计划。	《经济资本规划实施细则》
④经济资本计量	资产负债部、风管部 参与：计财部、信贷管理部、国际业务部、金融市场部、信息科技部	• 确定经济资本计量置信水平； • 对信用风险、市场风险、操作风险以及银行账户利率风险进行计量，并进行风险聚合。	《经济资本计量管理实施规则》
⑤经济资本日常监控及整理	资产负债部 参与：计财部、风管部、战投部、业务部门、分支机构	• 对经济资本充足率、经济占用率、绩效考核指标进行定期监控、分析、报告； • 设定预警区间，制定应对措施；及时预警，提示启动应急管理。	《经济资本计量管理实施规则》
⑥基于经济资本的绩效考核	计财部 参与：资产负债部、风管部、业务部门、分支机构	• 以EVA和RAROC等指标为核心的绩效考核体系； • 有效地评价，为股东创造价值，实现资本、风险和收益的平衡。	《基于经济资本的绩效参核体系实施细则》
⑦监管资本管理		•根据银监会《商业银行资本管理办法（试行）》制定。 •相关制度：《监管资本管理办法》	
⑧资本应急管理与补充	高管层资负委、高管层风管委 参与：资负部、计财部、战投部、风管部、业务部门、分支机构	• 针对各类资本相关的重大事件或突发事件等所导致的资本充足预警情况，根据《资本应急管理办法》的规定，及时采取资本补充、风险缓释以及风险资本结构调整等措施，确保资本充足。	《资本应急管理办法》

图15-15　资本管理组织、流程与制度

小 结

资本“软约束”是指银行缺乏资本管理理念，资本配置对银行的业务开展没有必然的内在关联和制约。解决资本约束软化的唯一途径就是强化资本的“硬约束”，合理配置银行的资本金，提高资本金的运用效率。巴Ⅲ和新资本管理办法表明国际、国内银行监管进入了资本约束的时代，商业银行资本约束的影响逐年加强，银行风险管理与资本管理需不断完善。商业银行加强风险管理和资本管理的有效途径是通过系统建设，掌握方法和工具，应用于业务体系，进而实现先进的风险管理和资本管理理念向业务体系的传导。

作者简介

廖继全，融和友信董事长兼CEO。

融和友信（Ronhe Technology），即北京融和友信科技有限公司，系中国领先的新一代金融管理平台与服务提供商，一家专门为中国金融行业提供“管理咨询”+“IT专业服务”+“金融管理云平台”+“大数据服务”的高新技术企业。

融和友信奉行“以专业力为客户创造价值”的服务理念，“以信息技术与智慧服务助力金融企业实现价值经营与可持续发展”为公司使命，以“成为客户最信赖、成长最快、竞争力最强的中国金融管理信息化企业”为发展愿景。

融和友信创立于2014年，已获两轮风险投资，一支超过100人的高效、高行业口碑团队迅速组建到位，迅即签约93家全国股份制银行、城市商业银行等金融机构客户，全面提供风险管理与新资本达标、RAPM管理会计平台、交易级大总账、全面绩效考核、资产负债管理、资金转移定价、金融产品定价、资金头寸管理等价值经营领域的创新解决方案与信息化服务。

2015年伊始，融和友信正式启动实施为期五年的“睿金融”产品自主研发与股权上市融资计划，继续强化落实“业务创新+管理咨询+自主研发+大数据服务”为一体的商业模式即“融和模式”，加大力度研发金融行业价值经营管理软件（VBM6.x），快速推出基于互联网云计算、大数据技术的融和金融云、友信大数据（YX1.x），并力争通过服务网点全国布局、人才队伍大幅充实、客户口碑持续提升等战略，实现金融客户达到1000家、公司市值达到50亿元的成长目标，使融和友信成为推动金融管理创新转型的引擎，成为资本市场价值投资的典范。